I0825822

COLLECTION MICHEL LEVY

— 1 franc le volume —

Par la poste, 1 fr. 25 cent. — Relié à l'anglaise, 1 fr. 50 cent.

ALEXANDRE DUMAS

— ŒUVRES COMPLÈTES —

LES GRANDS HOMMES EN ROBE DE CHAMBRE

HENRI IV

LOUIS XIII ET RICHELIEU

II

PARIS

MICHEL LÉVY FRÈRES, LIBRAIRES ÉDITEURS

RUE VIVIENNE, 2 BIS, ET BOULEVARD DES ITALIENS, 15

A LA LIBRAIRIE NOUVELLE

ŒUVRES COMPLÈTES

D'ALEXANDRE DUMAS

D'ALEXANDRE DUMAS

PUBLIÉES DANS LA COLLECTION MICHEL LÉVY

	Vol.
Acté	1
Amaury	1
Ange Pitou	2
Ascanio	2
Aventures de John Davys	2
Les Baleiniers	2
Le Bâtard de Mauléon	3
Black	1
La Bouillie de la comtesse Berthe	1
La Boule de neige	1
Bric-à-Brac	2
Un Cadet de famille	3
Le Capitaine Pamphile	1
Le Capitaine Paul	1
Le Capitaine Richard	1
Catherine Blum	1
Causeries	2
Cécile	1
Charles le Téméraire	2
Le Chasseur de sauvagine	1
Le Château d'Eppstein	2
Le Chevalier d'Harmental	2
Le Chevalier de Maison-Rouge	2
Le Collier de la reine	3
La Colombe — Adam le Calabrais	1
Les Compagnons de Jéhu	3
Le Comte de Monte-Cristo	6
La Comtesse de Charny	6
La Comtesse de Salisbury	2
Les Confessions de la marquise	2
Conscience l'Innocent	2
La Dame de Monsoreau	3
La Dame de Volupté	2
Les Deux Diane	3
Les Deux Reines	2
Dieu dispose	2
Le Drame de 93	3
Les Drames de la mer	1
La Femme au collier de velours	1
Fernande	1
Une Fille du régent	1
Le Fils du forçat	1
Les Frères corses	1
Gabriel Lambert	1
Gaule et France	1
Georges	1
Un Gil Blas en Californie	1
Les Grands Hommes en robe de chambre — César	2
— Henri IV, Louis XIII et Richelieu	2
La Guerre des femmes	2
Histoire d'un casse-noisette	1
L'Horoscope	1
Impressions de Voyage :	
— Une Année à Florence	1
— L'Arabie Heureuse	3
— Les Bords du Rhin	2
— Le Capitaine Arena	1
— Le Caucase	3
— Le Corricolo	2
— Le Midi de la France	2

	Vol.
Impressions de Voyage :	
— De Paris à Cadix	2
— Quinze jours au Sinaï	1
— En Russie	4
— Le Speronare	2
— En Suisse	3
— Le Véloce	2
— La Villa Palmieri	1
Ingénue	2
Isabel de Bavière	2
Italiens et Flamands	2
Ivanhoe de W. Scott (*Traduction*)	2
Jane	1
Jehanne la Pucelle	1
Louis XIV et son Siècle	4
Louis XV et sa Cour	2
Louis XVI et la Révolution	2
Les Louves de Machecoul	3
Madame de Chamblay	2
La Maison de glace	2
Le Maître d'armes	1
Les Mariages du père Olifus	1
Les Médicis	1
Mes Mémoires	10
Mémoires d'une aveugle	2
Mémoires de Garibaldi	2
Mémoires d'un médecin (Balsamo)	5
Le Meneur de loups	1
Les Mille et un Fantômes	1
Les Mohicans de Paris	4
Les Morts vont vite	2
Napoléon	1
Une Nuit à Florence	1
Olympe de Clèves	3
Le Page du duc de Savoie	2
Le Pasteur d'Ashbourn	2
Pauline et Pascal Bruno	1
Un Pays inconnu	1
Le Père Gigogne	2
Le Père la Ruine	1
La Princesse de Monaco	2
La Princesse Flora	1
Les Quarante-Cinq	3
La Régence	1
La Reine Margot	2
La Route de Varennes	1
Le Salteador	1
Salvator	5
Souvenirs d'Antony	1
Les Stuarts	1
Sultanetta	1
Sylvandire	1
Le Testament de M. Chauvelin	1
Trois Maîtres	1
Les Trois Mousquetaires	2
Le Trou de l'enfer	1
La Tulipe noire	1
Le Vicomte de Bragelonne	6
La Vie au désert	2
Une Vie d'artiste	1
Vingt ans après	3

CLICHY. — Impr. de MAURICE LOIGNON et Cie, rue du Bac-d'Asnières, 12.

LES

GRANDS HOMMES

EN ROBE DE CHAMBRE

HENRI IV

LOUIS XIII ET RICHELIEU

PAR

ALEXANDRE DUMAS

II

PARIS

MICHEL LÉVY FRÈRES, LIBRAIRES ÉDITEURS

RUE VIVIENNE, 2 BIS, ET BOULEVARD DES ITALIENS, 15

A LA LIBRAIRIE NOUVELLE

1866

LES GRANDS HOMMES EN ROBE DE CHAMBRE

— LOUIS XIII ET RICHELIEU —

VI

Il nous serait difficile de dire où le roi Louis XIII en était de l'importante affaire qui l'occupait en ce moment, quand arriva une lettre datée de Loches, par laquelle la reine mère mandait à son fils qu'ayant souffert à Blois toutes les incommodités d'une véritable prison, elle avait cru devoir prier son cousin, le duc d'Épernon, de la tirer de là, et de permettre qu'elle se retirât à Angoulême.

C'était tout simplement l'annonce d'une guerre civile qui arrivait par la poste.

De Luynes eut grand'peur ; il sentait bien que c'était lui principalement qui était menacé. Il était donc fort triste lorsque, en rentrant chez sa femme, après cette nouvelle reçue, il y trouva un capucin qui l'attendait.

Comme ce n'était point la société ordinaire de la belle Marie de Rohan, de Luynes s'informa quel était cet homme.

C'était François Leclerc du Tremblay, dit le père Joseph, le même qui fut depuis l'Éminence grise.

Il venait offrir à de Luynes un moyen de faire sa paix avec Marie de Médicis.

— Lequel? demanda de Luynes.

— C'est d'envoyer près d'elle monseigneur de Luçon.

— Je crains son ambition, dit de Luynes.

— Bon! répondit le père Joseph, il veut être cardinal, voilà tout.

— Soit, s'il ne désire que cela, répondit de Luynes, on le fera cardinal.

Aussitôt, il écrivit à l'évêque de Luçon de se rendre près de la reine à Angoulême; et, au bas de la lettre, le roi écrivit de sa main : « Je vous prie de croire que ce que dessus est ma volonté, et que vous ne me sauriez faire un plus grand plaisir que de l'exécuter. » Richelieu partit en poste, arriva aux portes d'Angoulême, mais, avant de les franchir, demanda au duc d'Épernon la permission d'entrer dans Angoulême. Cette déférence conquit d'Épernon au pieux évêque, qu'il invita à descendre chez lui. Le lendemain, l'évêque de Luçon était chancelier de la reine mère.

Le père Joseph ne s'était pas trompé : un accord fut ménagé entre le roi et la reine mère. Louis XIII se rendit en personne à Courière, château voisin de Tours et appartenant au duc de Montbazon, et il y trouva Marie de Médicis, qui l'attendait.

— Mon fils, dit la reine mère en apercevant Louis XIII, vous êtes bien grandi depuis que je ne vous ai vu.

— Madame, répondit le roi, c'est pour votre service.

Et, à ces mots, la mère et le fils s'embrassèrent comme des gens qui ne se sont pas vus depuis deux ans.

Deux petits événements arrivèrent sur ces entrefaites, mais qui ne changèrent rien à la marche des choses.

Thémines, qui prétendait que l'évêque de Luçon lui avait

manqué de parole, demanda une explication à ce sujet au marquis de Richelieu, frère aîné de l'évêque de Luçon.

Le marquis de Richelieu n'aimait pas Thémines : l'explication qu'il lui donna fut de mettre l'épée à la main. Thémines en fit autant.

A la troisième passe, le marquis de Richelieu reçut un coup d'épée à travers le corps, et expira sur-le-champ.

Voilà pour le premier événement.

Le second fut ce qu'on appela la *drôlerie* des Ponts-de-Cé.

Ne prenons du traité de paix entre la mère et le fils que ce qu'il nous importe de savoir :

« M. d'Épernon rentrerait en grâce.

L'archevêque de Toulouse et l'évêque de Luçon recevraient chacun un chapeau de cardinal.

Madame Vignerot de Pont-Coulay, nièce de Richelieu, dotée par la reine mère de deux cent mille livres, épouserait Combalet, neveu de de Luynes.

Antoine du Roux de Combalet était fort laid, fort mal bâti; il était tout couperosé, et ne possédait absolument que ce que lui apportait sa femme.

Il en résulta que celle-ci le prit dans une effroyable aversion et que, quand son mari fut tué en combattant contre les huguenots, de peur que, par quelque raison d'État, on ne la sacrifiât encore, elle fit vœu de ne point se remarier et de se faire carmélite.

Dès lors, — sans cependant couper un seul de ses cheveux, qu'elle avait fort beaux, — elle s'habilla aussi modestement qu'aurait pu le faire une dévote de cinquante ans, portant une robe d'étamine, ne levant jamais les yeux, et, dame d'atours de la reine mère, ne bougeant point de la cour avec ce costume-là. Cette manière de faire dura assez longtemps. Mais, comme la jeune veuve semblait devenir de plus en plus belle; que son oncle, de son côté, devenait de plus en plus puissant, elle commença de porter des languettes, laissa passer une boucle, mit un ruban, prit des habits, puis, enfin, établit cette coutume qu'en France les veuves portent toute sorte de couleurs, hors le vert.

Enfin, le duc de Richelieu ayant été déclaré premier ministre, le comte de Béthune la demanda en mariage ; puis le comte de Sault, qui fut, depuis, M. de Lesdiguières.

Mais elle voulait épouser le comte de Soissons, et peut-être la chose se fût-elle faite, si Combalet n'eût été de si petite condition.

Aussi essaya-t-on de faire croire que le mariage n'avait pas été consommé ; et Dulot, qui inventa les bouts-rimés, et que l'on appelait le poëte archiépiscopal, parce qu'il était attaché à la maison du cardinal de Retz, archevêque de Paris, Dulot fit l'anagramme de son nom, et dans *Marie de Vignerot*, trouva : VIERGE DE TON MARI.

Mais tout cela ne décida point M. le comte de Soissons. — Il est vrai que Dulot n'était pas un irréfutable prophète.

Il avait été autrefois prêtre en Normandie.

Là, tout en disant sa messe, il faisait, comme précepteur, l'éducation de l'abbé de Tilliers, beau-frère du maréchal de Bassompierre.

Un jour, soit qu'il fût distrait, soit que la vérité l'emportât, au lieu de dire :

— *Dominus vobiscum !*

Il dit :

— M. de Tilliers, vous êtes un sot !

Il perdit du coup sa place et sa cure. Alors, avec cinq sous dans sa poche, comme le Juif errant, il partit pour Rome, et il en revint avec dix.

Il s'intitulait *cardinal noir*.

Il entra dans la maison du cardinal de Retz, où on le traitait comme un fou ; les laquais ne se gênaient même pas pour lever la main sur lui. Une fois, il se présenta tout furieux dans le cabinet de l'archevêque.

— Monseigneur, dit-il, vos coquins de laquais viennent d'être assez insolents pour me battre en ma présence!

Il se laissait donner des croquignoles sur le nez à un sou la pièce; mais, un jour, comme le marquis de Fosseuse se livrait à cette distraction, il lui prit un accès de rage, et, saisissant une canne, il rossa effroyablement le marquis.

Après quoi, il s'écria tout fier :

— Bon! je me vanterai maintenant d'avoir donné du bâton à l'aîné de la maison de Montmorency!

Il avait la conviction qu'il finirait par être pendu; cela tenait à ce qu'il croyait que toute prédiction écrite devait arriver. On écrivit sur une pierre : *Dulot sera pendu;* puis on enterra la pierre, et, un jour, on déterra cette pierre devant lui.

Il avait pris son parti de cette mort, et, dans presque tous les bouts-rimés qu'il faisait, il constatait que c'était par la corde qu'il devait finir; seulement, lorsqu'on lui disait que ce serait le père Bernard qui l'assisterait dans cette fâcheuse conjoncture, il était fort triste, parce qu'il détestait le père Bernard. Un jour qu'on lui chantait l'antienne accoutumée : « Dulot, tu seras pendu, et ce sera le père Bernard qui t'assistera *in articulo mortis!* »

— Eh bien, non, dit-il, j'aime mieux ne pas être pendu!

Il quitta le coadjuteur pour M. de Metz, et mourut d'un petit coup que lui donna un soldat à la tête, en essayant de lui voler trois ou quatre sous qu'il avait dans sa poche.

En attendant, madame de Combalet renouvelait tous les ans son vœu; elle le renouvela sept ans de suite! ce qui n'empêchait point qu'on ne continuât à médire d'elle et de son oncle.

Richelieu aimait fort les femmes, et craignait le scandale; la parenté justifiait les visites fréquentes; il adorait les fleurs, et madame de Combalet avait, une fois sa robe de carmélite mise à bas, les plus beaux bouquets du monde sur sa gorge découverte.

Un soir, que le cardinal sortait fort tard de chez madame de Chevreuse, on l'entendit, malgré l'heure avancée, dire à son cocher :

— Chez madame de Combalet.

— Si tard ? cria madame de Chevreuse.

— Oui, répondit le cardinal ; peste ! que dirait-elle si je n'y allais ?

Au moment de sa grande brouille avec le cardinal, la reine mère eut l'idée de faire enlever madame de Combalet, un jour que celle-ci devait aller à Saint-Cloud ; car, disait-elle, *il ne lui serait pas difficile de mettre le cardinal à la raison, du moment qu'elle serait maîtresse de tout ce qu'il aimait.*

Le célèbre médecin Guy-Patin, qui avait soigné le cardinal, a écrit sur lui ces lignes :

« Le cardinal, deux ans avant que de mourir, avoit encore trois maîtresses : la première étoit sa nièce ; la seconde étoit la Picarde, à savoir la femme de M. le maréchal de Chaulnes, et la troisième, une certaine belle fille parisienne nommée Marion Delorme. »

Et il ajoute, en forme de sentence :

« Tant il y a que messieurs les bonnets rouges sont de bonnes têtes. — *Verè cardinales isti sunt carnales.* »

M. de Brézé (quoique madame de Combalet fût la nièce de sa femme) en devint amoureux à outrance, et ce fut lui qui répandit une partie des histoires qui coururent sur elle et son oncle.

Il prétendait, devant la reine, qu'elle avait eu quatre enfants du cardinal.

— Oh ! répondit la reine, ne prenez pas les méchancetés de M. de Brézé à la lettre ; il ne faut jamais croire que la moitié de ce qu'il dit.

Et il en résulta cette épigramme :

Philis, pour soulager sa peine,
Hier, se plaignait à la reine
Que Brézé disait hautement
Qu'elle avait quatre fils d'Armand;
Mais la reine d'un air fort doux,
Lui dit : « Philis, consolez-vous !
Chacun sait que Brézé ne se plaît qu'à médire;
Ceux qui pour vous ont le moins d'amitié
Lui feront trop d'honneur, sur tout ce qu'il peut dire,
De ne croire que la moitié. »

Disons quelques mots de ce maréchal de Brézé, qui était si amoureux de madame de Combalet, et qui a joué un si grand rôle à la cour de Louis XIII, comme maréchal de France, et surtout comme beau-frère du cardinal de Richelieu.

Urbain de Maillé, marquis de Brézé, était né vers 1597.

Il épousa la sœur de l'évêque de Luçon, lequel, à l'époque de ce mariage, n'était pas encore cardinal; cette femme était folle : elle croyait avoir un derrière de cristal, ne voulait pas s'asseoir de peur de le casser, et le tenait soigneusement entre ses deux mains, de peur qu'il ne lui arrivât malheur.

Ce que voyant, son mari la voulut renvoyer en province; mais elle, pour rien au monde, n'y voulait retourner.

Son mari, alors, fit ôter tous les meubles de son appartement, et jusqu'aux rideaux de son lit; il la força, par ce moyen, de retourner en Anjou, où elle mourut en 1635.

M. de Brézé fut d'abord capitaine des gardes de la reine Marie de Médicis.

Il alla aux bains dans les Pyrénées; là, il trouva un prêtre de Catalogne ayant avec lui deux petits garçons pris sur la côte d'Afrique par les galères d'Espagne.

Ce prêtre, croyant faire le bonheur des deux enfants, les donna à M. de Brézé. Le marquis fit de l'un son laquais, et le nomma la Ramée. L'autre, qui ne fut point habillé de livrée, se nomma tantôt le Catalan, tantôt Dervois.

Ce dernier lui servit d'abord à porter son fusil à la chasse ; puis, voulant lui faire apprendre un état, M. de Brézé le mit en apprentissage chez un tailleur à Angers ; là, le jeune homme devint amoureux d'une belle fille qui travaillait en linge dans une boutique vis-à-vis de la sienne. Quoiqu'il fût question d'une escapade qu'elle avait faite, en suivant un homme jusqu'en Lorraine, Dervois, qui avait des vues sur elle, l'épousa ; puis, l'ayant épousée, il vint se remettre au service de M. de Brézé.

M. de Brézé était alors maréchal de France et gouverneur d'Angers et de Saumur.

La Dervois avait du sens et de l'esprit : elle empauma le maréchal, et, à partir de ce moment, ce fut fait de lui.

Un jour, il détacha les pendants d'oreilles de la maréchale, et, devant elle, les mit aux oreilles de cette femme. Cela acheva la pauvre folle, qui mourut quelque temps après.

La maréchale morte, la Dervois se mit dans la tête d'épouser le maréchal. Mais comment faire? le maréchal était bien veuf, lui ; mais elle était mariée, elle.

Il y avait un moyen : c'était de faire tuer son mari. Elle y avisa et y réussit.

Comment s'y prit-elle ?

Ce serait difficile à dire.

Tant il y a qu'un soir, le maréchal partit pour aller à l'affût avec Dervois et son garde. Partis à trois, ils ne revinrent que deux : Dervois avait été tué par accident. On ne sut jamais si c'était par le garde ou par le maréchal. — A coup sûr, ce ne fut point par lui-même.

Le fait est que, depuis ce temps, le maréchal avait de singulières visions : à la vue d'un lapin, il s'évanouissait. Parfois il croyait en voir où il n'y en avait pas, et criait :

— Un lapin ! voyez-vous un lapin ?

Mais personne ne voyait rien.

On prétendait que c'était son remords qui le poursuivait.

Comme il était peu sociable, il avait fait écrire sur la porte de la maison qu'il habitait :

Nulli, nisi vocati.

Or, trois avocats, passant pour aller plaider à la ville prochaine, lurent l'inscription et entrèrent.

En les apercevant, le maréchal, selon son habitude, se mit dans une grande colère.

— Qui vous a permis d'entrer ici ? leur cria-t-il ; vous n'avez donc pas lu ce qui est écrit sur la porte ?

— Si fait, monseigneur, répondirent-ils.

— Eh bien ?

— Eh bien, il y a : *Nulli, nisi vocati* (personne, que les avocats). Nous sommes avocats, et nous voici.

Le maréchal les fit rafraîchir ; mais, comme il n'aimait pas les gens d'affaires, il gratta l'inscription, de peur qu'il n'en revînt d'autres.

Il fut envoyé comme vice-roi à Barcelone, et s'était fait le plus magnifique qu'il avait pu, pour que son entrée fît sensation dans la ville.

Il atteignit son but.

Bizarro, en catalan, veut dire galant; quelques Catalans disaient donc, en voyant M. de Brézé si bien attifé :

— *Es muy bizarro este marechal.*

Un gentilhomme de la suite du maréchal, prenant *bizarro* dans le sens français, disait à son compagnon :

— Mais qui diable a donc pu informer tous ces gens-là de l'humeur du maréchal ?

Il disait, en parlant de sa fille, — Claire-Clémence de Maillé-Brézé, — que l'on était en train de marier au prince de Condé, qui fut le grand Condé :

— Il paraît qu'*ils* vont faire la petite princesse.

Ils, c'étaient le roi et le cardinal.

Au reste, le grand Condé, qui marchandait à son futur

beau-père le gouvernement d'Anjou, ne manquait jamais, avant de lui faire visite, à lui, de faire visite à la Dervois. Ce fut par elle qu'il décida le maréchal à cette vente.

Cependant, les amours de M. de Brézé ne s'arrêtaient pas à la Dervois : le maréchal avait, tout au contraire, le cœur fort vagabond. La sénéchale de Saumur avait une nièce qui s'appelait mademoiselle Honorée de Bussy. C'était une fille d'un grand esprit, à qui Molière lisait ses pièces.

Quand *l'Avare* tomba :

— Cela me surprend, que *l'Avare* soit tombé, dit Molière, car une demoiselle de très-bon goût, et qui ne se trompe guère, m'avait répondu du succès.

En effet, on rejoua *l'Avare*, et il réussit, comme on sait.

M. de Brézé faisait donc la cour à mademoiselle de Bussy. Il en était tellement épris, que, l'ayant menée voir, avec sa tante, le sacre d'Angers, il fit faire une tribune tout exprès pour elle, l'y plaça au plus haut degré, et mit des gardes au bas, pour empêcher les attroupements que ne pouvait manquer de faire la beauté de mademoiselle de Bussy.

Le maréchal avait un fils qui portait le titre de duc de Fronsac et fut grand amiral de France; c'était un homme qui n'avait pas même le côté *bizarro* de son père, que le mot soit pris dans le sens catalan ou dans le sens français.

— Quel successeur ! disait en le regardant et en haussant les épaules le cardinal à sa mère.

Il ne succéda pas longtemps au maréchal, car il fut tué le 14 juin 1646, au siége d'Orbitello.

C'était une espèce de petit tyranneau. Il avait fait faire un balustre dans le chœur de l'église du Brouage, où il entendait seul la messe; personne n'y eût osé entrer, pas même une femme. Quand il dînait, on fermait les portes de la ville, afin qu'il ne fût point dérangé par quelque message. Il avait cent gardes à son uniforme et parfaitement montés; avec ces cent gardes, il rançonnait fermiers et marchands.

La veille de sa mort, il voulut savoir s'il avait, en cas d'accident, ce qu'il fallait d'argent comptant ou disponible pour satisfaire ses créanciers ; il établit ses comptes, fit sa balance, et se coucha en disant :

— C'est bien, je suis tranquille maintenant.

Le lendemain, il fut tué.

Sur ces entrefaites, il prit à la mort fantaisie d'arrêter court la fortune du duc de Luynes : elle toucha le favori du bout de l'aile, et tout fut dit ! La chose se passe au siége de Monthaur, sur la Garonne ; une fièvre pernicieuse fut le prétexte, et, le 14 décembre 1621, madame la connétable se trouva veuve. Louis XIII ne regretta pas beaucoup le *roi Luynes*, comme il appelait son favori dans ses moments de mauvaise humeur. Il fut assez de l'avis du poëte inconnu qui fit, sur la prise de Monthaur et la mort du duc de Luynes, le dizain suivant :

> Monthaur est pris, et la Garonne
> Est remise en sa liberté.
> Toutefois, le peuple s'étonne
> Du *Te Deum* qu'on a chanté
> Pour cette victoire notable ;
> Vu, dit-on, que le connétable
> A trouvé la mort en ce lieu.
> Mais, pour dire ce qu'il m'en semble,
> La perte et le gain mis ensemble,
> On a sujet de louer Dieu.

Comme nous le disions, madame la connétable se trouva donc veuve ; mais madame la connétable n'était point de tempérament à rester veuve longtemps : au bout d'un an de veuvage, elle épousa M. de Chevreuse, le second des MM. de Guise, qui étaient quatre fils ; on l'appelait M. de Joinville ; on érigea pour lui la terre de Chevreuse en duché-pairie.

M. de Chevreuse était un cavalier d'excellente mine, il avait assez d'esprit pour un grand seigneur, et du courage, plus, ou tout au moins, autant que personne. Il ne cherchait point le danger, mais, dans le danger, il faisait tout ce qu'il y avait à faire. Au siége d'Amiens, comme il était à la tranchée avec son gouverneur, le brave homme fut tué à ses côtés. Lui, tout aussitôt, et au beau milieu du feu, se mit à fouiller dans les poches du mort, disant qu'il lui semblait juste qu'il héritât de son gouverneur, puisque c'était son père qui le payait.

A cette époque, il n'y avait point de honte à ce que les plus grands seigneurs reçussent de l'argent des femmes. M. de Joinville, jeune, beau, cadet de famille, se mit à exploiter la maréchale de Fervaques, qui, sans enfants, avec une fortune de plus d'un million, était veuve de ce brave maréchal de Fervaques qui faisait donner des lavements d'eau bénite à une religieuse possédée. La maréchale était si bien coiffée du cadet des Guise, qu'elle le fit son héritier, et mourut trois mois après. Elle avait recommandé, par son testament, qu'on l'enterrât dans le caveau de sa famille : M. de Joinville mit le cercueil dans une espèce de diligence, et l'expédia à destination.

Nous retrouverons M. et madame de Chevreuse, à propos du mariage de madame Henriette-Marie de France avec Charles Ier.

Pendant ce temps, les affaires de tout le monde se faisaient : Châtillon était nommé maréchal de France pour avoir ouvert les portes d'Aigues-Mortes à Louis XIII ; Bassompierre était promu au même grade en récompense de son esprit et de ses galanteries, et la Force pour avoir livré Sainte-Foix ; l'évêque de Luçon était élevé à la dignité de cardinal pour avoir trahi la reine mère ; enfin le vieux Lesdiguières devenait connétable, et recevait le cordon du Saint-Esprit pour avoir abjuré.

Occupons-nous d'abord de ce dernier : il est vieux et ne va pas tarder à mourir, étant né en 1543, sous le roi François Ier.

François de Bonne, seigneur de Lesdiguières, était né à Saint-Bonnet près de Champsaur, dans une petite maison qui ressemblait plutôt à une chaumière qu'à un palais. Sa famille était noble et ancienne comme les montagnes du Dauphiné, où elle avait vécu et s'était perpétuée ; mais, comme elles aussi, elle était pauvre.

Ses parents firent de lui un avocat : il fut reçu et plaida au parlement de Grenoble. Mais bientôt il comprit que sa vocation n'était point de combattre avec la parole, et qu'il lui allait mieux de froisser le fer contre le fer.

Il fallait partir ; mais le futur connétable était si pauvre, qu'il n'avait pas le plus mince cheval à mettre entre ses jambes pour marcher à la fortune.

Par bonheur, il y avait dans le village un hôtelier nommé Charlot ; il lui emprunta, sous le prétexte d'aller voir un parent, une jument qui était dans son écurie. — La jument appartenait non point à Charlot, mais à un de ses compères. — Lesdiguières s'engagea à ne la garder que deux ou trois heures, l'enfourcha et disparut.

Vingt ans après, il faisait son entrée dans la province comme gouverneur du Dauphiné, et toutes les populations des villes et des villages accouraient pour voir passer l'enfant du pays, revêtu de cette dignité presque royale.

En traversant son village natal, il s'était arrêté dans une magnifique maison qu'il avait fait bâtir près de la chaumière où il était venu au monde, tout en ordonnant que l'on respectât cette chaumière, et que l'on plaçât la nouvelle maison de telle façon, que, des fenêtres de sa chambre à coucher, il pût voir l'ancienne.

Il était près de se mettre au lit, interrogeant, selon son habitude, ses domestiques sur ce qui s'était passé, sur ce qu'ils avaient vu, sur ce qu'ils avaient entendu, quand l'un d'eux lui dit :

— J'ai entendu un brave homme dire en voyant passer

Votre Seigneurie : « Le diable emporte ce François de Bonne qui m'a causé tant de mal et d'ennui ! »

— Ah ! ah ! fit le gouverneur ; et connais-tu cet homme?

— Je me suis informé de lui, monseigneur.

— Eh bien ?

— Eh bien, c'est un hôtelier du pays.

— Qui se nomme?

— Charlot.

— Charlot !... dit le gouverneur en rappelant ses souvenirs. Je connais cela. Et sais-tu pourquoi il m'envoyait au diable ?

— Monseigneur pense bien que je m'en suis enquis.

— Et tu as su ?...

— Monseigneur, cet homme est un menteur.

— Pourquoi cela ?

— Parce qu'il m'a raconté une chose impossible.

— Laquelle ?

— Je n'ose la redire à monseigneur.

— Dis toujours.

— Eh bien, il prétend que monseigneur, en quittant le pays...

Le domestique hésita.

— En quittant le pays? répéta Lesdiguières.

— Était si pauvre...

— C'est vrai, je n'étais pas riche.

— Que monseigneur lui emprunta un cheval.

— C'est vrai encore ! s'écria le gouverneur.

— Lequel cheval monseigneur ne lui a jamais rendu.

— Par Calvin ! c'est vrai toujours.

— De là, monseigneur, la source de ses ennuis et la malédiction qu'il lançait sur Votre Seigneurie.

— Et cela ?...

— Parce que le cheval n'était pas à lui, monseigneur, mais qu'il appartenait à un voisin; que ce voisin lui a fait un procès; que le procès dure depuis vingt ans; que tout son bien y est engagé, et qu'il est sur le point d'être ruiné.

— Ah! pardieu! dit le gouverneur, voilà, en effet, un homme qui a bien le droit de m'envoyer au diable.

Puis :

— Attends! dit-il.

Et, après un instant de réflexion, Lesdiguières reprit :

— Par ma foi! tu vas m'aller chercher Charlot.

— Charlot ?

— Oui.

— Mais, monseigneur, à cette heure, il est couché.

— Tu le réveilleras.

— Et, une fois réveillé, qu'en ferai-je ?

— Tu l'amèneras ici.

L'ordre était formel.

Le domestique partit; un quart d'heure après, il revenait avec l'hôtelier tout tremblant.

— Ah! ah! dit Lesdiguières, c'est donc toi, Charlot, qui m'envoies au diable le jour où je rentre dans mon pays natal?

Le bonhomme se jeta aux pieds du gouverneur.

— Monseigneur, dit-il, j'ai eu tort, et je m'en repens.

— Tu as eu raison, au contraire! Tiens, voilà cinq cents écus pour l'ennui que je t'ai causé et le mal que je t'ai fait. Quant à ta bique, qui valait bien six deniers, je me charge d'en indemniser le propriétaire. Maintenant, va-t'en et recommande-moi à Dieu, sur qui, j'espère, tu auras plus d'influence que sur le diable.

Et le gouverneur congédia le bonhomme, en ordonnant qu'on lui demandât le nom et l'adresse du propriétaire du cheval.

Il fit venir celui-ci le lendemain, et, effectivement, ainsi qu'il l'avait promis au pauvre aubergiste, il arrangea l'affaire.

Le digne gouverneur n'était pas toujours si bon justicier, comme on va le voir.

Outre M. le connétable, il y avait une madame la connétable; cette madame la connétable, de son nom de fille, s'appelait Marie Vignon; son père était un fourreur de Grenoble.

Elle s'était mariée, en premières noces, à un marchand drapier de la ville, nommé sir Aymon Mathel; elle en avait eu deux filles.

C'était une belle personne, mais sans exagération de beauté.

Son premier amant avait été un nommé Roux, secrétaire de la cour du parlement de Grenoble. Il l'avait donné à M. de Lesdiguières.

Or, elle ne fut pas plus tôt la maîtresse de M. de Lesdiguières, qu'elle prit sur lui un énorme ascendant; cet ascendant était si complet, qu'on lui chercha des causes surnaturelles.

Il y avait alors, à Grenoble, un cordelier nommé Nobilici, qui fut brûlé depuis pour avoir dit la messe sans avoir reçu les ordres. Ce cordelier était sourdement accusé de magie; chacun disait qu'il avait donné un philtre à la maîtresse de Lesdiguières pour se faire aimer de lui.

Quand la femme fut bien sûre de l'amour de M. de Lesdiguières, elle quitta la maison de son mari, et alla loger, non pas chez son amant, mais dans une maison particulière. Pendant qu'elle était séparée de son mari, M. de Lesdiguières en eut deux filles.

Sur ces entrefaites, comme les parents de M. de Lesdiguières s'apercevaient de cette influence croissante, et ne pouvaient deviner où elle s'arrêterait, ils gagnèrent son médecin. Son médecin lui conseilla, pour raison de santé, de changer de maîtresse; puis, comme M. de Lesdiguières ne savait chez quel apothicaire envoyer une pareille ordonnance, le médecin se chargea lui-même de la faire exécuter, et lui présenta une fort belle créature, nommée Pacbon, laquelle était la femme d'un de ses gardes.

Mais on avait compté sans Marie Vignon!

Marie Vignon, — que l'on appelait *la marquise,* pour ne l'appeler ni madame Aymon Mathel, ni madame de Lesdiguières, — Marie Vignon fit, dans la maison même de M. de Lesdiguières, bâtonner sa nouvelle maîtresse ; puis elle alla se jeter aux pieds de M. de Lesdiguières, lui disant qu'elle s'était laissée aller à cet emportement à cause du grand amour qu'elle avait pour lui. M. de Lesdiguières trouva la raison si bonne, que non-seulement il pardonna à la marquise, mais encore qu'il renvoya mademoiselle Pachon, et rétablit la marquise dans tous ses droits. — L'aventure fit bien autrement croire à l'existence d'un philtre.

M. de Lesdiguières voyageait beaucoup, et ses voyages étaient fort entremêlés de batailles, combats et escarmouches.

La marquise le suivit dans ses guerres et dans ses voyages.

Cependant, ce n'était pas sans quelques difficultés que M. de Lesdiguières avait consenti à avoir toujours près de lui ce compagnon de voyage et de guerre. Il fit une tentative pour que le drapier reprît sa femme, offrant, à cette condition, de le nommer intendant de sa maison ; mais le marchand tenait à son honneur plus que n'eût fait, peut-être, un gentilhomme : il ne voulut jamais consentir au marché.

Pendant ce temps, la Vignon avançait ses parents, ce qui est d'un bon cœur ; faisait donner des bénéfices ou des compagnies à sept ou huit frères qu'elle avait, les uns abbés, les autres sergents ; mariait deux de ses sœurs, l'une à un gentilhomme de campagne, l'autre à un capitaine nommé Tonnier ; — puis aussi les deux filles qu'elle avait eues de son premier mari : l'une, en premières noces, à Lacroix, maître d'hôtel de M. de Lesdiguières, et, en secondes noces, au baron de Barry ; l'autre, en premières noces, à un gentilhomme à qui son nom n'a point survécu, en secondes noces, à un autre gentilhomme nommé Monurit, d'avec lequel on la démaria, et, en troisièmes noces, au marquis de Canillac.

Comme on voit, on se mariait beaucoup dans la famille.

Maintenant, voici de quelle façon elle se fit épouser elle-même par M. de Lesdiguières.

On comprend qu'il y avait de la difficulté; cette difficulté était, d'abord et avant tout, l'existence d'un premier mari. Ce mari gênait : on s'occupa de le supprimer.

La marquise, pendant une expédition de M. de Lesdiguières en Languedoc, était, contre son habitude, restée seule à Grenoble ; seule, elle s'ennuya.

Un colonel piémontais, nommé Alard, vint faire des recrues en Dauphiné : il la vit et la cajola ; mais elle fit ses conditions.

Les conditions étaient qu'on la débarrassât de son mari. De quelle façon ? Peu lui importait pourvu qu'elle en fût débarrassée ; cela regardait le colonel.

Le colonel ne connaissait qu'un moyen de se débarrasser des gens qui lui déplaisaient : c'était de les tuer ; il résolut donc de tuer le pauvre drapier.

Racontons comment la chose s'accomplit, et comment la marquise devint madame de Lesdiguières.

Le brave homme de mari avait abandonné son commerce, et s'était retiré à la campagne depuis plusieurs années. L'endroit où il s'était retiré était à une petite lieue de Grenoble, et s'appelait Port-de-Gien.

Un matin, le colonel monta à cheval, accompagné d'un valet. Arrivé de bonne heure à Port-de-Gien, pour lier la conversation, il demande à un berger s'il connaît la maison du capitaine Clavel. — Il va sans dire qu'il n'existait à Port-de-Gien aucun capitaine Clavel, et que la question n'avait d'autre but que dérouter les soupçons du berger.

— Je ne connais pas le capitaine Clavel, répond le berger; mais ne serait-ce pas Mathel que vous voulez dire ?

— Mathel ou Clavel, je ne sais plus bien.

— C'est que voilà la maison de M. Mathel.

— Où?

— Tenez, celle-là.

Et il désignait une maison du doigt.

— Eh bien, dit le Piémontais, conduis-moi et montre-moi ce M. Clavel ou Mathel; car, pour moi, je ne le connais pas.

Le berger quitta son troupeau, fit cent pas avec le Piémontais, et lui montra le brave drapier, qui se promenait seul, le long d'une pièce de terre.

Le Piémontais remercie le berger, lui donne pour boire et le renvoie; puis il va au drapier.

— Monsieur, lui dit-il, c'est bien vous qui êtes M. Aymon Mathel ?

— Oui, monsieur, répondit le drapier.

— Vous en êtes sûr?

— Pardieu !

— C'est que, pour rien au monde, comprenez-vous, monsieur, je ne voudrais me tromper.

Et, ce disant, le Piémontais lui tira à bout portant un coup de pistolet dans la poitrine.

Il n'était pas mort : le valet l'acheva de quelques coups d'épée. Puis maître et valet revinrent en toute hâte à Grenoble.

On trouva le corps, et la justice informa; on arrêta le berger, le valet du mort et une servante qui était sa maîtresse, les premiers soupçons s'étant portés sur eux.

Le berger raconta tout; seulement, il ignorait le nom de l'assassin.

On lui demanda s'il croyait pouvoir le reconnaître; il répondit qu'il n'en faisait aucun doute.

Alors, on le conduisit à Grenoble, et on le mit dans la prison; mais, par la grille de sa fenêtre, il découvrait toute la place Saint-André, une des plus passantes de Grenoble. S'il apercevait son assassin, il devait en donner avis.

Le capitaine Alard passa.

— Voilà mon homme ! s'écria le berger en le désignant.

Cinq minutes après, le capitaine Alard était arrêté et emprisonné.

Le procès allait s'instruire, quand, par la marquise, M. de Lesdiguières fut avisé de ce qui se passait. Il comprit que, l'affaire s'approfondissant, sa maîtresse était horriblement compromise; il partit aussitôt du lieu où il était, gagna vivement Grenoble, entra dans la ville sans être attendu; en vertu de son autorité de gouverneur, il délivra le Piémontais, l'emmena hors de la ville, et, là, lui montra le chemin du Piémont.

Le capitaine Alard ne demanda pas son reste : il ne fit qu'un bond du chemin à la montagne et disparut.

L'aventure donna à M. de Lesdiguières quelque répugnance à épouser la marquise.

Cependant, celle-ci le pressant de légitimer les deux filles qu'elle avait de lui, il se décida à en faire sa femme, cinq ou six ans après l'aventure que nous venons de raconter.

Au moment de monter en voiture pour se rendre à l'église :

— Allons donc faire cette sottise, madame, dit-il, puisque vous le voulez absolument !

Et la sottise s'accomplit.

Quelques jours après, madame la connétable, qui trouvait probablement que son mari ne réchauffait pas suffisamment le lit, le faisait bassiner par sa chambrière, le connétable étant déjà couché. Celle-ci brûla le connétable bien serré à la cuisse; le connétable fit un mouvement.

— Qu'avez-vous, mon ami? lui demanda sa femme.

— Eh ! madame, rien, répondit celui-ci, qui était fort patient à la douleur; seulement, je trouve que vous faites bassiner votre lit un peu bien chaud.

Le connétable avait un secrétaire nommé Besançon, qui faisait des couplets satiriques, et qui fut depuis attaché à monseigneur Gaston d'Orléans, frère du roi.

Voici ce que raconte ce secrétaire sur le jour de la mort et sur la mort même de son maître.

Il travaillait, ce jour-là, avec le connétable à des départs de gens de guerre.

— Il faudrait que nous eussions là M. de Créqui : il nous aiderait, dit Besançon.

— Bon! repartit le connétable, il devrait y être en effet; mais, s'il a trouvé un chambrillon sur son chemin, il ne viendra pas d'aujourd'hui.

Il travailla de bon sens toute la journée; puis, se sentant affaibli, il appela son curé.

— Monsieur le curé, dit-il, faites-moi tout ce qu'il faut.

— Tout ce qu'il faut... pour quoi? demanda le curé.

— Eh! pour faire le grand voyage; je ne vous dis pas que cela presse, mais il est temps.

Le curé le confessa et le fit communier.

— Est-ce là tout ce qu'on fait d'habitude? demanda le connétable.

— On donne encore l'extrême-onction, monseigneur.

— Donnez l'extrême-onction, monsieur le curé; je veux que rien n'y manque.

Et le curé ajouta l'extrême-onction.

— Cette fois, est-ce tout? demanda le connétable.

— Oui, monseigneur.

— Eh bien, en ce cas, adieu, monsieur le curé! en vous remerciant.

Le curé sortit; le médecin s'approcha.

— Ah! c'est vous, lui dit le connétable.

— Oui, monseigneur. J'espère encore...

— Plait-il?

— Je dis que j'en ai vu de plus malades que vous, monseigneur, et qui en ont échappé.

— Oui, dit le connétable, c'est possible; mais ils n'avaient pas, comme moi, quatre-vingt-cinq ans.

En ce moment vinrent des moines à qui il avait déjà donné quatre mille écus, et qui lui promettaient le paradis s'il voulait leur en donner autant encore. Le connétable réfléchit un instant, et, se retournant vers eux :

— Voyez-vous, mes pères, dit-il, si je ne suis pas sauvé pour quatre mille écus, je ne le serai pas pour huit mille... Adieu!

Et, sur ce mot, il mourut le plus tranquillement du monde.

VII

Nous avons dit que Louis XIII faisait des ballets, et le cardinal de Richelieu des comédies.

A cette époque, la danse était à la mode; nous verrons tout à l'heure danser le cardinal.

Nous avons raconté comment Sully, pour se délasser de ses journées de travail, dansait tous les soirs devant ses intimes.

La Vieuville, le surintendant des finances, aimait fort la danse, lui aussi. Quand c'étaient des femmes qui lui venaient demander de l'argent, il leur faisait danser des *courantes;* quand c'étaient des hommes, il faisait des brasses comme un nageur, et répondait :

— Je nage, je nage; il n'y a plus de fonds!

Scapin, qui faisait partie d'une troupe de comédiens que Marie de Médicis avait fait venir de par delà les monts, se présenta un jour chez M. de la Vieuville pour être payé. M. de la Vieuville commence à faire, vis-à-vis du comédien, les mêmes pasquinades qu'il faisait vis-à-vis de tout le monde.

Scapin le laissa aller jusqu'au bout et applaudit; puis :

— Maintenant, *monsou*, dit-il, vous avez fait mon métier; eh bien, à cette *houre*, faites le vôtre.

Au reste, le roi, la veille du jour où il lui avait confié les finances, l'avait invité à dîner avec lui, et lui avait fait manger tout un pot de coings confits. — Le roi, qui faisait ministre un pareil homme, n'aurait-il pas dû en faire venir un second pot pour lui tenir compagnie?

Louis XIII, en voyage, acceptait les bals qu'on lui offrait dans les plus petites villes. Un jour, ou plutôt une nuit qu'il avait accepté pareille invitation, une des danseuses, nommée Catin-Gau, monta sur un siége pour prendre un bout de chandelle de suif dans un chandelier de bois. Il n'y avait dans cette action rien de bien séduisant ; mais le roi Louis XIII n'était point comme les autres hommes : il devint amoureux de cette jeune fille, disant qu'elle avait fait la chose avec tant de grâce, qu'elle lui avait ravi le cœur.

En partant, il lui fit donner dix mille écus, lui recommandant de bien garder sa vertu.

Nous avons raconté ce qu'il avait dit à madame de Chevreuse, qu'il n'aimait ses maîtresses que jusqu'à la ceinture.

En somme, le roi ne fut véritablement épris que de deux personnes : de mademoiselle de la Fayette et de mademoiselle de Hautefort. — Quand nous en serons à l'année 1630, année qui vit naître ces singulières amours, nous raconterons les royales fantaisies de Sa Majesté, et nous dirons jusqu'où elles allaient.

En général, quand il commençait à cajoler une fille, il lui disait :

— Pas de mauvaise pensée!

Quant aux femmes mariées, il ne les regardait même pas ; aussi était-il, à cet endroit, fort sévère pour autrui.

Rebuté un jour des débauches de deux musiciens de sa chapelle, nommés Moulinier et de Justice, il leur fit retrancher la moitié de leurs appointements.

Désespérés, ils allèrent trouver Marais, le bouffon du roi. Marais leur donna une invention pour rattraper la totalité de leurs appointements.

Ils vinrent au petit coucher du roi, à moitié habillés, l'un ayant un pourpoint et pas de haut-de-chausses, l'autre ayant un haut-de-chausses et pas de pourpoint. Ainsi costumés, ils se mirent à danser une sarabande.

— Que veut dire cela, fit le roi, et quelle est cette mascarade?

— C'est, sire, répondit Marais, que des gens qui n'ont que la moitié de leurs appointements ne peuvent s'habiller qu'à moitié.

Le roi rit à la fois du mot et de la chose, et les reprit en grâce.

C'était ce Marais qui disait au roi Louis XIII:

— Sire, il y a dans votre métier deux choses dont je ne m'accommoderais jamais.

— Lesquelles? demanda le roi.

— C'est de manger tout seul, répondit Marais, et de c.... en compagnie.

Et, cependant, Louis XIII faisait des chansons assez lestes; témoin celle-ci, dont il ne nous reste que le refrain:

> Semez graines de coquette,
> Et vous aurez des cocus!

Non-seulement il faisait les paroles de ses chansons, mais souvent aussi il en faisait les airs.

Il est vrai que parfois il faisait les airs et chargeait quelque autre de faire les paroles. C'est ce qui lui arriva un jour qu'il avait fait un air qui lui plaisait fort. Il envoya querir Boisrobert pour lui faire des paroles; c'était au temps où le roi était épris de mademoiselle de Hautefort : Boisrobert fit des paroles sur cet amour.

Le roi les écouta.

— Elles vont bien, dit-il; mais il faudrait ôter le mot de *désirs*, attendu que je ne désire rien.

Puisque nous tenons Boisrobert faisons-le plus amplement connaître à nos lecteurs.

Boisrobert, qui, à l'époque dont nous parlons, avait une trentaine d'années, ne se nommait point Boisrobert : — il s'appelait Métel. Il était né à Caen, vers 1592, était fils d'un procureur huguenot, et fut élevé lui-même dans la religion réformée. Il étudia pour être avocat, et se fit inscrire au barreau de Rouen. Un jour qu'il était en train de plaider, une vieille femme qui faisait un assez mauvais métier le vint avertir qu'une fille l'accusait de lui avoir fait deux enfants. Métel acheva sa plaidoirie, et, sa plaidoirie achevée, se sauva à Paris, prit le nom de Boisrobert, et s'attacha au cardinal du Perron.

Comme il était poëte, la reine mère, tandis qu'elle était à Blois, le manda auprès d'elle, dans l'intention de faire jouer des comédies, pour que M. de Luynes ne la soupçonnât point d'intriguer. On donna au poëte le *Pastor fido* à traduire; mais Boisrobert demanda six mois pour sa traduction. Alors, la reine mère secoua la tête en disant :

— Vous n'êtes pas notre fait, monsieur le Bois.

Depuis ce temps, on l'appela familièrement le Bois; ce qui était plus court que Boisrobert.

Lorsque monseigneur l'évêque de Luçon fut redevenu en faveur, Boisrobert fit tout ce qu'il put pour entrer chez lui; mais l'illustre prélat ne le goûtait aucunement, et, plusieurs fois, gronda ses gens de ne pas le défaire de cet homme qui se trouvait constamment sur son chemin.

Boisrobert, quoiqu'il eût appris cela, l'attendit comme d'habitude, et, s'adressant à lui-même :

— Eh! monseigneur, dit-il, vous laissez bien manger aux chiens les miettes qui tombent de votre table! Est-ce que je ne vaux pas un chien?

Cela ne toucha point encore monseigneur l'évêque.

Alors, Boisrobert, pour vivre, s'avisa d'un expédient : il allait à la porte de tous les grands seigneurs demander de quoi se faire une bibliothèque, désignant les livres qu'il désirait qu'on lui donnât; puis, quand il avait reçu les livres, il les revendait à un libraire qu'il menait avec lui. Il escroqua ainsi cinq ou six mille livres.

Pendant cette course à la sonnette, il s'était présenté chez

M. de Candale, fils du duc d'Épernon, et lui avait demandé de lui donner les *Pères de l'Église.*

— Je n'ai point les *Pères de l'Église*, répondit celui-ci; mais dites à M. de Boisrobert que, s'il veut prendre *le mien*, je le lui donnerai bien volontiers.

Il y avait dans la réponse une petite faute de français, mais un grand seigneur qui fait un mot n'y regarde pas de si près.

Enfin, Boisrobert entra chez M. de Richelieu, et voici à quelle occasion : s'étant, selon son habitude, faufilé près de l'évêque de Luçon, et se trouvant là au moment où celui-ci essayait des chapeaux de feutre, l'évêque en choisit un, et s'en coiffa.

— Me sied-il bien ? demanda-t-il à ceux qui l'entouraient.

— Oui, monseigneur, répondit Boisrobert; mais il vous siérait encore mieux s'il était de la couleur du nez de votre aumônier.

Or, le père Mulot, aumônier de Sa Grandeur, et amateur passionné du bon vin, s'était fait, à force d'en boire, un nez qui, comme l'escarboucle des anciens, avait fini par briller jusque dans les ténèbres.

Le cardinal, qui aimait à se moquer de son aumônier, trouva le mot joli.

— Décidément, dit-il, le Bois, vous avez de l'esprit; je vous attache à ma personne.

Et, de ce jour, le Bois fit partie de la maison de monseigneur l'évêque de Luçon, lequel devait bientôt, effectivement, voir se réaliser le souhait de son flatteur.

Disons quelques mots de ce brave aumônier qui avait eu le bonheur de fournir à Boisrobert la comparaison à laquelle il dut sa fortune.

C'était un bon homme s'il en fut, mais qui n'entendait point raison sur le chapitre du mauvais vin et des dîners refroidis.

Un jour qu'il y avait un bon déjeuner chez l'évêque de

Luçon, M. de Bérulle, depuis cardinal, le prit pour lui servir la messe; mais voilà que M. de Bérulle, moins pressé de déjeuner que Mulot, s'amuse, avant de consacrer, à faire je ne sais combien de méditations. Mulot enrageait, car il comprenait bien que tout serait mangé, ou que ce qui ne serait point mangé serait refroidi. Cependant, il se taisait et servait sa messe en grinçant des dents.

Enfin, M. de Bérulle lambina tant, que le père Mulot n'y put tenir plus longtemps.

— Ah! pardieu! s'écria-t-il, vous êtes un plaisant homme de vous endormir comme cela sur le calice! Croyez-vous que vous en vaudrez mieux, pour nous avoir fait manger notre déjeuner froid et boire notre vin chaud?

Un autre jour que le conseil se tenait à Charenton, dans ce joli pavillon bâti en briques et en pierres de taille, et qui est situé à l'entrée de la ville du côté de Paris, pavillon bâti par Henri IV pour Gabrielle d'Estrées, le père Mulot pria M. d'Effiat, père de Cinq-Mars, et alors premier écuyer, de l'y mener pour une affaire qu'il avait à poursuivre.

Mulot, qu'on savait appartenir à Sa Grandeur, ne fit pas antichambre; mais la chose ne lui servit aucunement, car on lui refusa net ce qu'il demandait.

Fort contrarié de ce mauvais succès, il pria M. d'Effiat de le ramener à Paris.

— Vous avez fini, soit, répondit M. d'Effiat; mais, moi, je n'ai point fini encore.

— Ah çà! dit l'abbé Mulot, vous comptez donc me laisser en aller à pied, vous?

— Non, mais ayez patience; et, quand j'aurai fini, je vous ramènerai en voiture.

— Patience! patience! gronda l'abbé si haut, que M. d'Effiat l'entendit.

— Ah! mons de Mulot, mons de Mulot, dit celui-ci, taisons-nous!

— Et pourquoi cela, *mons Fiat*, *mons Fiat?* répéta l'abbé.

— Comment, *mons Fiat?* s'écria le grand écuyer furieux.

— Oui, *mons Fiat*, reprit l'abbé avec un accent auvergnat qui faisait le bonheur du cardinal de Richelieu, et quiconque allongera mon nom, je lui raccourcirai le sien.

Et, tout en colère, l'abbé Mulot tourna le dos à M. d'Effiat, et s'en revint à pied.

Un jour que le pauvre abbé avait la goutte, son laquais fut arrêté par Gilles Boileau, frère de Boileau-Despréaux, le satirique.

— A propos, lui demanda celui-ci, comment va ton maître?

— Oh! monsieur, il souffre bien!

— Je parie qu'il jure comme un damné.

— Oh! quand à cela, oui, monsieur.

— Fi! un homme d'Église! dit Boileau.

— Monsieur, répondit le laquais, il faut le lui pardonner : il dit qu'il n'a d'autre consolation dans son mal.

— Ne pourrait-il pas prier?

— Il a essayé, mais cela n'a rien fait.

— Alors, qu'il continue, dit Gilles Boileau en s'en allant de son côté.

— Ah! monsieur, répondit le laquais en s'en allant de son côté aussi, il n'a pas besoin de la permission!

Le père Mulot, avant d'être à M. de Luçon, était chanoine de la Sainte-Chapelle. Dans cette qualité, il était simplement ami et serviteur de M. de Luçon.

Après la mort du maréchal d'Ancre, et quand M. de Luçon avait été relégué à Avignon, Mulot vendit tout ce qu'il avait, réunit quatre mille écus, et les porta au proscrit, qui en avait grand besoin. Le proscrit, de retour et en faveur, fit Mulot son aumônier; mais ce titre d'aumônier de Sa Grandeur sonnait mal aux oreilles de Mulot, qui lui préférait probablement celui de chanoine de la Sainte-Chapelle, et, chaque fois qu'on l'appelait *monsieur l'aumônier*, il entrait en rage.

Un jour, le cardinal, qui, ainsi que nous l'avons dit, se plaisait fort à le faire enrager, feignit d'avoir reçu une lettre sur laquelle se trouvait cette suscription :

A monsieur, monsieur Mulot, aumônier de Son Éminence.

Et, rencontrant l'aumônier :

— Tenez, l'abbé, lui dit-il, voici une lettre que je crois être pour vous.

Celui-ci jeta les yeux sur l'adresse, et, se sentant pris de sa répugnance ordinaire pour le titre d'aumônier :

— Quel est le sot qui a écrit cette lettre? dit-il.

— Le sot?

— Oui, le sot, je redis le mot!

— Ouais! fit le cardinal, et si, ce sot, c'était moi?

— Eh bien, quand ce serait vous, ce n'est point la première sottise que vous auriez faite, n'est-ce pas?

Le cardinal s'amusait souvent à mettre l'abbé Mulot, bon mangeur et beau buveur, aux prises avec un gentilhomme de Touraine, nommé la Falloue, et qui était doué des mêmes qualités.

Ce la Falloue avait été placé près du cardinal par le roi pour empêcher qu'on ne l'accablât de demandes, qu'on n'arrivât jusqu'à lui sans avoir quelque chose d'important à lui dire, et peut-être aussi pour lui servir un peu d'espion. — A cette époque, le cardinal n'avait pas encore un maître de chambre et des gardes.

Quand les autres disaient : « Oh! qu'il ferait beau chasser aujourd'hui! — Oh! qu'il ferait beau se promener aujourd'hui! — Oh! qu'il ferait beau jouer à la paume ou danser aujourd'hui! » la Falloue disait :

— Oh! qu'il ferait beau manger aujourd'hui!

Lorsqu'il se mettait à table, son *Benedicite* était :

— Mon Dieu, Seigneur, faites que le dîner que je vais manger soit bon!

Lorsqu'il avait fini de dîner, ses *Grâces* étaient :

— Mon Dieu, Seigneur, faites que je digère bien le dîner que je viens de manger!

Quant à l'abbé Mulot, sans gêne avec le cardinal, on comprend bien qu'il se gênait moins encore avec les étrangers qu'avec Son Éminence; témoin sa réponse à M. le marquis d'Effiat.

Nous avons parlé de ce nez à qui le vin bu avait fini par communiquer sa couleur. En effet, le bon abbé aimait tant le vin, qu'il ne pouvait s'empêcher de faire une aigre réprimande à tous ceux qui n'en avaient pas de bon; si bien que, lorsqu'il dînait en ville, et qu'on lui servait du vin qui n'était pas de son goût, il faisait venir les valets derrière sa chaise, et leur disait :

— Or çà, vous êtes des malheureux!

— Et de quoi, monsieur l'abbé?

— De n'avertir point votre maître, qui peut-être ne s'y connaît point, qu'il se fait du tort de n'avoir pas de bon vin à donner à ses amis.

Nous avons dit avec quelle liberté l'abbé parlait au cardinal. Il est vrai que le cardinal familiarisait plus avec lui qu'avec personne, lui faisant toute sorte de tours dont le pauvre aumônier était quelquefois le mauvais marchand.

Un jour que le cardinal et lui devaient aller ensemble à la promenade, le cardinal s'amusa à mettre des épines sous la selle du cheval de son aumônier. Celui-ci, enfourchant la bête, appuya naturellement sur la selle; les épines entrèrent dans les reins du cheval, lequel se mit à regimber de telle façon, que l'aumônier n'eut que le temps de l'empoigner par le cou, puis, dans un moment de calme, de sauter à terre.

Une fois sur ce plancher solide, l'aumônier regarda autour de lui, et vit le cardinal qui se tenait les côtes de rire.

Lui, ne riait point, il s'en fallait même de beaucoup.

Il alla droit au cardinal, et, lui mettant presque le poing sous le nez :

— Oh! décidément, lui dit-il, vous êtes un méchant homme, monseigneur!

— Chut! dit l'éminentissime riant toujours, chut, mon cher Mulot! ou je vous fais pendre!

— Comment, vous me faites pendre?

— Oui, vous révélez le secret de la confession.

Et ce ne fut pas la dernière fois que le bon chanoine tomba dans cette faute; car, un jour que le cardinal disputait avec lui à table, et le poussait, selon son habitude, pour s'amuser de sa colère :

— Tenez, lui dit Mulot exaspéré, vous ne croyez en rien, pas même en Dieu?

— Comment, je ne crois pas en Dieu?

— Voyons, s'écria l'aumônier, n'allez-vous pas me dire aujourd'hui que vous y croyez, quand, hier, vous m'avez avoué, à confesse, que vous n'y croyiez pas?

Tallemant des Réaux, qui raconte l'anecdote, ne dit point comment le cardinal prit cette plaisanterie de monsieur son aumônier.

Revenons à Boisrobert.

Après avoir eu tant de peine à s'établir avec le cardinal, Boisrobert en était arrivé à lui être tellement indispensable, qu'en mourant, il dit :

— Je me contenterais d'être aussi bien avec monseigneur Jésus-Christ que je l'ai été avec monseigneur le cardinal de Richelieu.

Cette faveur valut à Boisrobert celle d'aller en Angleterre avec M. et madame de Chevreuse, lorsqu'il fut question du mariage de madame Henriette-Marie de France avec le prince de Galles, lequel fut depuis Charles Ier; mais l'air de l'Angleterre, à ce qu'il paraît, ne convenait point à Boisrobert : il tomba malade, et fit, sur sa maladie, une élégie dans laquelle il appelait le climat de l'Angleterre un *climat barbare*.

L'élégie faite, Boisrobert n'eut rien de plus pressé que de

la montrer à madame de Chevreuse. Madame de Chevreuse la prit, la lut, et n'eut rien de plus pressé, de son côté, que de la montrer au comte de Carlisle et au comte Holland, auxquels on prétendait qu'elle montrait bien autre chose.

Le *climat barbare* choqua particulièrement le comte Holland, qui, la première fois qu'il vit Boisrobert, l'en querella devant madame de Chevreuse. Boisrobert était homme d'esprit : il s'excusa en disant qu'il tenait pour barbares tous les lieux où il était malade, et qu'il en eût dit autant du paradis terrestre en pareille occasion.

Ce à quoi il ajouta :

— Mais, depuis que je me porte bien, et que le roi m'a envoyé trois cents jacobus, le climat me semble tout à fait radouci. »

Le comte de Carlisle trouva le mot joli ; mais le comte Holland ne pouvait passer par-dessus le *climat barbare.*

Lorsque madame de Chevreuse reprit le chemin de la France, ces messieurs l'accompagnèrent. A quelques milles de Londres, un coteau se présenta au bord de la Tamise ; comme le chemin était fort rude, on descendit de voiture pour le monter à pied ; à mesure que l'on montait, le site devenait plus beau.

— Oh ! le merveilleux pays ! s'écria Boisrobert en arrivant au sommet.

— C'est pourtant un *climat barbare*, dit lord Holland.

Boisrobert avait acheté en Angleterre quatre haquenées, et, par madame de Chevreuse, il fit demander permission au duc de Buckingham, grand amiral, de les faire passer en France. Lord Holland était là lorsque Buckingham écrivit sur la passe de Boisrobert : *Quatre chevaux.*

— Prêtez-moi la plume, dit-il au grand amiral ; j'ai quelque chose à ajouter.

Buckingham lui prêta la plume, et lord Holland ajouta : *Pour le tirer d'autant plus promptement de ce climat barbare.*

Boisrobert était bon camarade et des plus serviables pour

ses confrères. Mairet, l'auteur de la *Sylvie*, était attaché au duc de Montmorency, dont il recevait quatre cents livres de pension, quand le duc perdit la tête. Mairet, près du duc, et à l'époque de sa puissance, avait rendu de mauvais offices à Boisrobert, s'était raillé de lui, et avait bafoué ses pièces. Néanmoins, sachant Mairet malheureux, Boisrobert oublia tout, alla trouver le cardinal, et lui dit la situation de Mairet, ajoutant :

— Monseigneur, quand il n'y aurait qu'à cause de la *Sylvie*, toutes les dames vous béniront d'avoir fait du bien au pauvre Mairet.

Le cardinal finit par céder, et donna deux cents écus de pension à Mairet. Boisrobert en porta le brevet à Conrard et à Chapelain, qui étaient venus le solliciter en faveur de son ancien ennemi, en disant :

— Je veux qu'il vous en ait l'obligation.

Puisque nous venons de nommer Conrard et Chapelain, disons aussi deux mots de ces hommes, qui eurent — le dernier surtout — une si grande célébrité pendant le XVIIe siècle, que Louis XIV mettait de sa main au bas de l'arrêté qui augmentait sa pension : « Porter de deux mille à trois mille livres la pension de M. Chapelain, le plus grand poëte qui ait jamais existé. »

Jean Chapelain était fils d'un notaire de Paris. Il commença par être précepteur-gouverneur de MM. de la Trousse, fils du grand prévôt. Cette qualité de gouverneur lui avait donné droit de porter l'épée ; et, ne l'étant plus, il avait, cependant, continué de la porter. Cela inquiétait fort ses parents, qui prièrent un de ses amis de l'engager à quitter cette arme ; mais, au lieu de se risquer à cette prière, l'ami prit un biais qui lui réussit. Il attendit Chapelain dans la rue, et, allant à lui :

— Oh ! mon ami, lui dit-il, quel bonheur de te rencontrer et que tu aies ton épée !

— Pourquoi cela ?

— Je viens de ramasser une querelle ; mon adversaire a un ami qui se veut battre à toute force : tu vas me servir de second.

— Impossible ! dit Chapelain ; il faut que je rentre chez moi pour affaires de la plus haute importance.

Et, en effet, il rentra chez lui, mais pour mettre son épée au clou. Depuis, il ne l'en détacha jamais.

C'était un des grands hanteurs de l'hôtel Rambouillet, dont nous aurons bien aussi à nous occuper un peu. Il y fut introduit vers l'époque du siége de la Rochelle, c'est-à-dire en 1627. Madame de Rambouillet racontait, vingt ans après, à Tallemant des Réaux, qu'il avait, le jour où il fit son apparition dans la fameuse chambre bleue, un habit de satin colombin, doublé de panne verte et passementé de petits passements colombins et verts à œil de perdrix, comme on en portait dix ans auparavant. Il avait avec cela les plus ridicules bottes du monde et les plus ridicules bas à bottes ; en outre, il portait du réseau au lieu de dentelle. Plus tard, il avait adopté l'habit noir ; mais il était aussi ridicule avec l'habit noir qu'avec l'habit colombin : c'était au point qu'il avait l'air de n'avoir jamais rien eu de neuf. Le marquis de Pisani avait fait sur lui des vers, perdus depuis, et dont on ne connaît que les deux suivants :

> J'avais les bas de Vaugelas,
> Et les bottes de Chapelain.

C'était surtout la perruque et le chapeau du poëte qui étaient, à ce qu'il paraît, des miracles de vétusté ; et, cependant, — pareil au héros de Murger, qui avait sa pipe pour aller dans le monde, laquelle était encore plus belle que la pipe qu'il avait pour rester chez lui, — Chapelain, avait pour rester chez lui, une perruque et un chapeau bien autrement vieux encore que ceux qu'il avait pour aller dans le monde !

Tallemant des Réaux raconte lui avoir vu, lors de la mort de sa mère, un crêpe qui, à force d'être porté, était devenu feuille morte, et un justaucorps noir moucheté qui venait de sa sœur, avec laquelle il demeurait.

On mourait de froid dans sa chambre, et il n'y faisait du feu que quand l'eau cassait les pots en y gelant.

Avec cela, il était petit, laid de visage et crachotant toujours.

« Je ne comprends pas, dit Tallemant des Réaux, comment ce diseur de vérités, cet homme qui rompt tout le monde en visière, M. de Montausier, en un mot, n'a jamais eu le courage de lui reprocher sa mesquinerie. Souvent je lui ai vu à l'hôtel de Rambouillet, ses mouchoirs si noirs, que cela faisoit mal au cœur. Je n'ai jamais tant ri sous cape, que de le voir cajoler Pellaquin, une belle fille qui étoit à madame de Montausier, et qui avoit bien la mine de se moquer de lui, car il avoit un manteau si usé, qu'on en voyoit la corde à cent pas. Par malheur, c'étoit à une fenêtre où le soleil donnoit, et elle voyoit la corde grosse comme les doigts. »

Et, cependant, Boisrobert racontait que, lors d'un payement qu'il avait fait à Chapelain, celui-ci lui avait renvoyé un sou qu'il y avait en trop.

On disait encore qu'il avait fait donner à Colletet une pension de six cents francs qui lui revenait à lui ; nous raconterons plus tard à quelle occasion.

Chapelain avait, comme dit Tallemant des Réaux, toujours eu la poésie en tête. Il est vrai que Tallemant ajoute, dans ce charmant style du XVIe siècle, si concis et si pittoresque : *Quoiqu'il n'y fût pas né.*

« Cependant, ajoute le même auteur, à force de *retâter*, il a fait deux ou trois pièces fort raisonnables. »

Ces pièces, c'était, d'abord, le *Récit de la Lionne*, pour lequel le grand Balzac lui écrivait, le 3 juillet 1663 :

« Je trouve cette lionne bien heureuse d'avoir le ciel pour amphithéâtre, et d'y être mise par une telle main que la vôtre. Vous la faites grandir si bien et si agréablement, et son rugissement est si doux et si harmonieux dans vos vers, qu'il n'y a pas de musique qui la vaille. »

Puis la plus grande partie de *Zirphée*. — En nommant la *Zirphée* aux lecteurs de 1855, nous leur parlons hébreu. Donnons donc quelques explications qui leur serviront de fil dans le labyrinthe où nous les conduisons.

Madame de Rambouillet avait grand plaisir à surprendre ses habitués; elle fit donc faire, dans cette intention, un grand cabinet avec trois croisées, à trois faces différentes, qui donnaient sur le jardin des Quinze-Vingts, sur le jardin de l'hôtel de Chevreuse, et sur le jardin de l'hôtel Rambouillet; elle fit bâtir, peindre et meubler ce cabinet sans que personne de la grande foule de gens qui allaient chez elle en sût rien : elle faisait passer les ouvriers par-dessus les murailles pour aller travailler de l'autre côté de ces murailles. Un M. Arnauld trouva une échelle dressée, et eut l'idée d'y monter; mais à peine avait-il le pied sur le second échelon, qu'on l'appela. Il répondit à l'appel et n'y pensa plus.

Or, un soir qu'il y avait nombreuse compagnie à l'hôtel, tout à coup, on entendit un grand bruit derrière la tapisserie. La muraille sembla s'ouvrir, et madame de Rambouillet, qui fut depuis madame de Montausier, vêtue superbement, apparut dans un cabinet magnifique et merveilleusement bien éclairé, qui semblait avoir été apporté là par enchantement.

La surprise fut grande: cette surprise excita la verve de Chapelain. Quelques jours après, il fit attacher secrètement dans ce cabinet un rouleau de vélin sur lequel était écrite une ode à *Zirphée*, reine d'Argenne, héroïne des Amadis personnifiés dans le carrousel de la place Royale de 1612.

Dans son ode, dont nous allons, au reste, donner un fragment, Chapelain disait que cette loge qui porta depuis le nom de loge de Zirphée, n'avait été faite que pour mettre

Arthénice à couvert de l'injure des ans. Notons que madame de Rambouillet, que l'on appelait Arthénice, était atteinte d'une foule d'infirmités.

Voici les meilleures stances de cette ode; elles pourront faire juger de la manière de cet homme qui emplit toutes les bibliothèques de ses livres et la moitié du XVIIe siècle de sa renommée, et qui aujourd'hui, connu seulement par les épigrammes de Boileau, n'existe plus, peut-être, que dans la bibliothèque de la rue de Richelieu ; et encore !...

Son vaste cœur, en ces bas lieux,
Pour remplir sa grandeur ne voit rien d'assez ample ;
Et son esprit prodigieux
Est l'exemple public, mais qui n'a point d'exemple.
De douce majesté son corps est revêtu ;
Et qui le détruirait, il détruirait le temple
De l'honneur et de la vertu.

Mais le ciel, d'où vient sa clarté,
Pense à la retirer et l'envie à la terre;
Et, ravissant sa liberté,
Par cent maux pour l'avoir, il lui livre la guerre:
Rien d'un si fier dessein ne le peut divertir ;
Il la veut posséder, et montre le tonnerre
A qui n'y veut pas consentir.

Urgande sut bien autrefois,
En faveur d'Amadis et de sa noble bande,
Par ses charmes fixer les lois
Du temps, à qui les cieux veulent que tout se rende.
J'ai dû faire à vos yeux ce qu'on a fait jadis :
Conserver Arthénice avec l'art dont Urgande
A su conserver Amadis.

Par la puissance de cet art,
J'ai construit cette loge aux maux inaccessible,
Quand, des coups du sort à l'écart,
Franche des changements de l'être corruptible,

Pour qui seule, en roulant, les cieux ne roulent pas,
Bref, où ne montrent pas leur visage terrible
La vieillesse ni le trépas;

Cette incomparable beauté
Que cent maux attaquaient et pressaient de se rendre,
Par cet édifice enchanté
Trompera leur efforts et s'en pourra défendre.
Elle y brille en son trône, et son éclat divin,
De là, sur les mortels, va désormais s'épandre
Sans nuage, éclipse, ni fin.

Enfin, la troisième chose à laquelle Tallemant des Réaux accorde du mérite, c'est l'ode de Chapelain au cardinal de Richelieu, ode qui a été imprimée d'abord à part, puis reproduite dans la publication des *Nouvelles Muses* des sieurs Godeau, Chapelain et Habert; elle avait trente strophes de dix vers chacune.

C'était vers ce temps que notre poëte composait *la Pucelle*. Sur les deux premiers chants, qu'il lisait de tous côtés, M. de Longueville, tout enchanté, lui fit offrir d'être de sa maison. Chapelain répondit qu'il était engagé comme secrétaire de M. de Noailles à Rome.

Chapelain était fort susceptible.

A quelque temps de là, M. de Noailles lui ayant fait une brutalité, il le planta là. M. de Noailles pensa en enrager : il remua ciel et terre pour le ravoir, et le réclama au cardinal; mais Boisrobert, prié d'intervenir, fit souvenir au cardinal qu'il devait être obligé à Chapelain pour son ode; — de sorte que le cardinal resta neutre.

Sur ces entrefaites, M. de Longueville apprit que Chapelain était déferré de son secrétariat d'ambassade; alors il se fit amener le poëte, et, après avoir causé plus d'une heure avec lui, sans lui imposer aucune condition, il lui remit une cassette en lui disant de ne l'ouvrir qu'à son retour. A son retour, Chapelain ouvrit la cassette, et y trouva le brevet d'une pension de deux mille livres, hypothéquée sur tous les biens de M. de Longueville. Chapelain avait, en outre, du cardinal, une pension de mille livres que Boisrobert voulut faire porter à seize cents. Ce sont ces derniers six cents francs que Chapelain fit allouer à Colletet.

La Pucelle fut vingt ans à paraître : pendant vingt ans, tout Paris s'en occupa. Aussi François Payot de Linière, auteur satirique contemporain de Chapelain, fit-il contre lui cette épigramme au moment où l'on annonçait l'apparition du poëme :

> La France attend de Chapelain,
> Ce rare et fameux écrivain,
> Une merveilleuse *Pucelle*.
> La cabale en dit force bien :
> Depuis vingt ans, on parle d'elle ;
> Dans six mois, on n'en dira rien.

Chapelain était furieux de l'épigramme ; il disait tout haut que celui qui l'avait faite méritait des coups de bâton ; mais il ne lui en donna point.

Passons à Conrard.

Valentin Conrard était né à Valenciennes, et fut le premier secrétaire perpétuel et le vrai fondateur de l'Académie française. — Il ne faut pas lui en vouloir : il ne savait probablement pas qu'il faisait de l'Académie un nid à grands seigneurs. — Il était fils d'un honnête bourgeois de Valenciennes qui avait du bien, mais qui, austère observateur des lois somptuaires, ne permettait à son fils de porter ni jarretières, ni roses de souliers, et qui lui faisait couper les cheveux au-dessus de l'oreille : il en résultait que le jeune Conrard avait des jarretières et des roses qu'il ôtait et mettait au coin de la rue. Un jour, ainsi accoutré, il eut la chance de donner contre son père : celui-ci le voulait maudire et chasser de la maison.

Conrard ne reçut aucune éducation, tant son père avait peur qu'il ne se fît écrivain; de là son ignorance complète de la langue latine.

Par malheur, au point de vue de son père, le jeune Conrard était cousin de M. Godeau, évêque de Vence, qui fut aussi de l'Académie française, et qui écrivait des vers érotiques d'une main et des poésies sacrées de l'autre. Ce Godeau avait une grande réputation, et surtout chez le cardinal, devant qui on avait l'habitude de dire, quand on faisait l'éloge d'une pièce de vers, quel que fût son auteur :

— Voilà qui est admirable ! Godeau n'eût pas fait mieux !

Mais le père Conrard vint à mourir, et rien ne gêna plus la vocation du fils, que son peu d'éducation. N'osant entreprendre le latin, il se retourna vers l'italien, qu'il apprit assez bien, et vers l'espagnol, qu'il apprit assez mal. Trop faible pour faire parler de lui par lui-même, il se mit à prêter de l'argent aux gens d'esprit, et se constitua leur commissionnaire; dans le seul espoir de se faire connaître en Suède, il prêta six mille livres au comte de Tott, grand écuyer et ambassadeur du roi de Suède, lequel était à Paris sans un sou.

La rage du bel esprit et la passion des livres le prirent à la fois. Il eut une superbe bibliothèque, la seule peut-être où il n'y eût ni un livre grec, ni un livre latin. Il était à l'affût de tout ce qui se faisait, pour faire comme les autres. Le vent était-il aux rondeaux, il faisait des rondeaux; le temps tournait-il aux satires, il faisait des satires, et ainsi de suite : rondeaux, énigmes, paraphrases. Cette tension continuelle d'esprit lui fit porter le sang à la tête; de sorte que son visage se mit à fleurir comme un parterre au printemps; ce que voyant, il se rafraîchit tellement, que ses nerfs en souffrirent et qu'il en eut la goutte. Il en résulta que, podagre des jambes et enluminé du visage, il souffrait à la fois de la tête et des pieds.

Son obligeance et ses offres continuelles de service étaient presque aussi désagréables que l'eussent été chez un autre l'égoïsme et la sécheresse.

Malleville disait de lui :

— Ne vous semble-t-il pas que Conrard aille par les rues en disant : « Mon amitié ! ma belle amitié ! qui en veut, de mon amitié, de ma belle amitié ? »

Il demandait, en effet, à tous ses amis, des devises sur l'amitié; et, quand il les avait, il les faisait enluminer sur vélin. Il en demanda une à madame de Rambouillet comme aux autres : celle qu'elle lui donna était une vestale dans son temple, attisant le feu sacré; la légende en était : FOVEBO.

Ce grand prêtre de l'amitié se brouilla, cependant, avec Tallemant des Réaux et avec Patru, parce que l'amitié que les deux jeunes gens avaient l'un pour l'autre paraissait l'emporter sur celle qu'ils avaient pour lui, et avec d'Ablancourt, parce que celui-ci lui avait écrit tout simplement : « A monsieur Conrard, secrétaire du roi, » au lieu de : « A monsieur Conrard, secrétaire-*conseiller* du roi. »

Quand le cardinal de Richelieu, soufflé par Conrard, eut l'idée de faire l'Académie, on ne trouva point ainsi tout à coup quarante hommes de mérite pour la fonder. Boisrobert, auquel nous revenons, fut chargé d'y mettre les *passe-volants*: c'est ainsi que l'on nommait les faux soldats non enrôlés, que les capitaines font passer aux revues, pour que l'on croie que leurs compagnies sont complètes. — Ce fut donc Boisrobert qui fut chargé d'y mettre les *passe-volants*. Il ne s'en fit pas faute, et l'on appela les douze ou quinze académiciens qui furent nommés ainsi *les enfants de la pitié de Boisrobert*. Il s'intitulait lui-même *le solliciteur des Muses affligées*, et payait souvent d'avance un ou deux quartiers de leurs pensions à de pauvres diables d'auteurs qui les lui remboursaient à leur loisir.

Bien souvent il se brouilla avec le cardinal pour avoir

parlé trop hardiment, jamais contre, mais toujours en faveur de tel ou tel disgracié. Le cardinal se roidissait contre cette influence ; mais Boisrobert finissait toujours par arriver à son but : il connaissait le faible du cardinal ; il le faisait rire, et, quand le cardinal avait ri, il était désarmé.

On se rappelle le maréchal de Vitry, le meurtrier, disons mieux, l'assassin du maréchal d'Ancre. Eh bien, à son tour, par ce revirement naturel des choses de ce monde, avec de Luynes, son protecteur, il avait non-seulement perdu son crédit, mais encore sa liberté : le cardinal l'avait fait mettre à la Bastille, à propos d'un évêque qu'il avait frappé.

Étant là, Vitry envoya prier Boisrobert à dîner. Malgré les observations qu'on lui fit, Boisrobert y alla.

Ce ne fut point tout : en dînant, le maréchal lui fit promettre de dire au cardinal certaines choses qu'il tenait beaucoup à ce que le cardinal sût.

Le soir du même jour, Boisrobert, comme de coutume, entra chez le cardinal.

— Ah ! c'est toi, le Bois, lui dit celui-ci.

— Oui, monseigneur.

— Eh bien, quelles nouvelles?

— Je dirai d'abord à Votre Éminence que j'ai fait aujourd'hui la plus grande chère du monde.

— Bon ! aurais-tu dîné avec la Fallone ?

— Non, monseigneur; je doute même que Votre Éminence devine où j'ai dîné.

— Où as-tu dîné, le Bois ?

— A la Bastille, monseigneur.

— Ah ! ah ! fit le cardinal en rechignant ; chez M. du Tremblay, son gouverneur ?

— Non, monseigneur ; chez M. de Vitry, son prisonnier.

— Chez M. de Vitry !

Et le cardinal fronça le sourcil.

Boisrobert ne fit pas semblant de s'en apercevoir.

— Vous n'avez pas idée, monseigneur, comme il est devenu savant, continua-t-il.

— Vraiment ! fit le cardinal ; et sur quoi, savant ?

— Sur les choses sacrées... Il m'a prouvé, par des passages des Pères, que frapper un évêque n'était pas un crime.

— Ah ! le Bois, dit le cardinal, vous vous faites donc le censeur du roi ? vous faites donc le petit ministre ?

— Monseigneur...

— Le roi a blâmé l'action du maréchal, et veut qu'il en soit puni ; et je vous trouve bien insolent d'être de l'avis de M. de Vitry, contre celui du roi et le mien.

— Vous avez raison, monseigneur, dit Boisrobert en s'inclinant, et jamais plus je ne parlerai des affaires d'État... Ah ! je disais donc, à propos de cela, que monseigneur m'avait donné cette commission...

Et il se mit à rendre compte au cardinal de la commission que le maréchal lui avait donnée ; puis, le récit achevé :

— Monseigneur, continua-t-il, on m'a encore chargé de vous dire...

— Le Bois, ce qu'on vous a chargé de me dire, est-ce affaire d'État ?

— Non, monseigneur, non... On m'a encore chargé de vous dire que M. le maréchal de Vitry donnera cent mille écus à sa fille, le jour où vous lui ferez l'honneur de lui donner un mari de votre main.

— Le Bois, s'écria le cardinal courroucé, tout beau, je vous prie !

— Ah ! cela me rappelle que monseigneur m'avait encore donné telle commission...

Et Boisrobert se mit à raconter cette seconde commission comme il avait fait de la première ; mais, tout à coup, s'arrêtant :

— Attendez, monseigneur, j'ai encore en charge de vous dire...

— Par qui? par M. de Vitry?

— Oui, monseigneur, qui a un grand garçon bien fait, bien nourri, qu'il vous offre; ordonnez de lui comme vous voudrez.

— Ah! le Bois, pour cette fois, c'est trop fort!

— Pardon, monseigneur; mais M. le maréchal m'avait chargé d'une troisième commission: cette commission était...

— Voyez-vous le vilain! s'écria le cardinal; il me dira tout sans que je puisse me fâcher.

Et, en effet, Boisrobert lui dit tout; seulement, le cardinal se fâcha.

Voilà donc Boisrobert brouillé avec lui. Par bonheur, Citois, le médecin du cardinal, était des amis de Boisrobert: le lendemain, comme le cardinal était à Rueil, et que sortait d'auprès de lui quelqu'un qui l'avait fort ennuyé:

— Citois, demanda-t-il, avez-vous là quelqu'un qui me distraie de ce marouflo?

— Monseigneur, je n'ai que Boisrobert.

— Boisrobert? Je lui avais interdit la maison. Qui l'a fait entrer dans l'antichambre?

— Moi, monseigneur; je l'ai trouvé tantôt dans le parc: il allait se jeter à l'eau si je ne l'en eusse empêché.

— Il se repent, alors?

— Amèrement, monseigneur!

— Faites-le donc venir.

Boisrobert, qui écoutait à la porte, entra aussitôt, fit cent contes au cardinal, et ils furent meilleurs amis que jamais.

Aussi, quand ils étaient brouillés, et que le cardinal était malade:

— Tous mes remèdes ne feront rien, disait Citois, s'il n'y entre dix ou douze grammes de Boisrobert.

Il y avait de par le monde une pauvre fille, nommée mademoiselle de Gournay, qui dut de ne pas mourir de faim à cette infatigable obligeance de Boisrobert.

Mademoiselle de Gournay était une vieille fille de Picardie, demoiselle de bonne maison. A l'âge de dix-neuf ans, elle avait lu les *Essais* de Montaigne, et avait désiré connaître l'auteur. Justement, sur ces entrefaites, Montaigne vint à Paris ; aussitôt, s'étant enquise de son adresse, elle l'envoya saluer et lui déclarer l'estime qu'elle faisait de sa personne et de ses livres. Lui la vint voir le lendemain, et, la trouvant si jeune et si enthousiaste, lui offrit *l'affection et l'alliance de père à fille ;* ce qu'elle reçut avec gratitude. En conséquence, elle s'intitulait la fille d'alliance de Montaigne.

Elle faisait des vers, pas trop mauvais, s'il faut en croire un échantillon qui nous reste. Il s'agit de ce quatrain sur Jeanne d'Arc :

Peux-tu bien accorder, vierge du ciel chérie,
La douceur de tes yeux et ce glaive irrité ?
— La douceur de mes yeux caresse ma patrie,
Et ce glaive en fureur lui rend sa liberté.

Boisrobert connaissait mademoiselle de Gournay, et, sachant qu'elle était dans la détresse, il résolut de la faire secourir par le cardinal. A cet effet, il montra à Son Éminence, un jour qu'elle était de bonne humeur, le quatrain que nous venons de citer. Le cardinal le lut et y applaudit ; Boisrobert lui nomma alors mademoiselle de Gournay.

— Mademoiselle de Gournay, dit le cardinal, qui connaissait tout son Paris littéraire, n'est-ce pas l'auteur de *l'Ombre?*

— Justement, monseigneur.

Et, en effet, mademoiselle de Gournay avait publié un volume intitulé : *l'Ombre, ou les Présents de mademoiselle de Gournay.*

— Tu me l'amèneras après-demain, le Bois.

Le Bois, tout enchanté, alla annoncer cette bonne nouvelle à mademoiselle de Gournay, et la prévenir que, le surlendemain, il la viendrait prendre pour la conduire chez Son Éminence.

Il ne faut pas demander si la vieille fille se tint prête pour l'heure dite. On arriva au Palais-Cardinal, et l'on fut reçu sans retard.

Le cardinal accueillit la bonne vieille fille avec un compliment composé tout entier de vieux mots tirés de son *Ombre*. Elle vit bien que le cardinal voulait rire; mais, sans se déconcerter :

— Vous riez de la pauvre vieille, dit-elle; mais riez, riez, grand génie! ne faut-il pas que le monde tout entier contribue à votre divertissement?

Le cardinal, étonné de cette présence d'esprit, lui fit ses excuses; puis, se tournant vers Boisrobert :

— Il faut faire quelque chose pour mademoiselle de Gournay, dit-il.

— C'est bien pour cela, répondit celui-ci, que je l'amène à Votre Éminence.

— Eh bien, reprit le cardinal, je lui donne deux cents écus de pension.

— Bon pour elle, monseigneur, et elle vous en remercie; mais elle a des domestiques.

— Ah! elle a des domestiques?

— Oui, une fille noble ne peut se servir elle-même, Votre Éminence comprendra cela.

— Je le comprends... Et quels domestiques a-t-elle?

— Elle a mademoiselle Jamyn! répondit Boisrobert.

— Mademoiselle Jamyn! qu'est-ce que cela?

— La bâtarde d'Amadis Jamyn, page de Ronsard.

— Je donne cinquante livres par an pour la bâtarde d'Amadis Jamyn, page de Ronsard, répondit le cardinal.

— Bon pour Jamyn, et mademoiselle de Gournay vous en remercie en son nom; mais elle a encore mamie Piaillon.

— Qu'est-ce que mamie Piaillon? demanda le cardinal.

— C'est la chatte de mademoiselle de Gournay, répondit Boisrobert.

— Je donne vingt livres de pension à mamie Piaillon, répondit l'éminentissime, mais à la condition qu'elle aura des tripes.

— Elle en aura, dit Boisrobert, et mademoiselle de Gournay vous en remercie au nom de mamie Piaillon, monseigneur; mais...

— Comment, le Bois! dit le cardinal, il y a encore un *mais?*...

— Oui, monseigneur; mais mamie Piaillon a chatonné.

— Combien de chatons?

— Cinq, monseigneur.

— Ouais! fit le cardinal, mamie Piaillon est bien féconde! N'importe, le Bois, j'ajoute une pistole pour chaque chaton.

Et mademoiselle de Gournay, enchantée, heureuse et sauvée de la misère pour le reste de sa vie, s'en alla avec quatre pensions : une de deux cents écus pour elle; une de cinquante écus pour Jamyn; une de vingt livres pour mamie Piaillon, et une d'une pistole pour chacun des chatons!

Avouez, chers lecteurs, que le cardinal ne vous apparaissait point tout à fait sous cet aspect-là.

Aussi, mademoiselle de Gournay était-elle fort reconnaissante à Boisrobert, qu'elle appelait toujours le bon abbé; seulement, elle le craignait à cause de ses contes.

Il disait, de sa protégée, qu'elle avait un râtelier de dents de loup marin; qu'elle l'ôtait pour manger et le remettait, ensuite, pour parler plus facilement; puis que, quand les autres parlaient à leur tour, elle l'ôtait de nouveau et se dépêchait de doubler les morceaux; enfin, que, quand les autres avaient fini, elle le remettait pour dire aussi son mot et sa tirade.

Mamie Piaillon a eu les honneurs de l'histoire, non-seulement dans Tallemant des Réaux, mais encore dans l'abbé de Marolles; ce qu'en dit celui-ci est même venu jeter quelques doutes sur le sexe de cet intéressant animal, et ne tendrait pas à moins qu'à faire accuser Boisrobert et mademoiselle de Gournay de supercherie, puisqu'un matou n'aurait pas pu chatonner.

Voici ce qu'en dit l'abbé de Marolles :

« *Le Piaillon* de mademoiselle de Gournay, en douze années qu'il a vécu près d'elle, ne fut pas délogé une seule nuit de sa chambre pour courir dans les gouttières comme les autres chats. »

Vous comprenez le trouble qu'une pareille dissidence jeta parmi les commentateurs. Par bonheur, à force de recherches, un archéologue retrouva deux vers de mademoiselle de Gournay adressés à Piaillon; dans ces vers, elle l'appelait *donzelle*. C'était donc Tallemant des Réaux qui avait raison, et l'abbé de Marolles qui avait tort; c'était donc *mamie Piaillon*, et non pas *le Piaillon;* c'était donc une chatte, et non pas un chat; mamie Piaillon pouvait donc avoir chatonné, quoiqu'elle ne courût point sur les gouttières, — et ce fut sans remords aucun que mademoiselle de Gournay dut jouir des cinq pistoles accordées par le cardinal aux cinq chatons.

VIII

Ce qui donnait à Boisrobert cette influence sur le cardinal, c'était le privilége qu'il avait de faire rire, avec ses contes, un homme qui riait peu.

Racan et Voiture étaient surtout les héros des contes de Boisrobert.

Disons d'abord ce qu'était Racan ; puis nous raconterons à nos lecteurs quelques-uns des contes que Boisrobert racontait au cardinal.

Racan était de bonne maison : il s'appelait Honorat de

Rueil, marquis de Racan. Il était né en 1589, quatre ans après la mort de Ronsard, trente-quatre ans après la naissance de Malherbe. Son père était chevalier de l'Ordre et maréchal de camp; il avait acheté un moulin qui était un fief, le jour même où naquit l'auteur des *Bergeries* : il voulut que ce fils portât le nom du moulin qu'il venait d'acheter. — Le moulin s'appelait *Racan*.

Racan commandait les gens d'armes du maréchal d'Effiat. Cela le faisait vivre ; car il ne pouvait rien tirer de son père, dont les affaires étaient très-embrouillées, et qui lui laissa une succession dont il lui fut impossible de tirer parti. Plus tard, il fut riche.

Il avait été page de notre vieil ami Bellegarde, et cela n'avait pas eu lieu sans quelque tache à ses mœurs ; mais madame de Bellegarde — ce qui dut le réhabiliter dans l'esprit de ses accusateurs — lui laissa vingt mille livres de rente, sur quarante qu'elle avait. Racan avait déjà trente à trente-cinq ans lorsque cette succession lui arriva. Jusque-là, il avait souvent été bien à l'étroit.

Boisrobert le trouva une fois à Tours, où il était occupé à faire des vers pour un petit commis qui avait promis de les lui payer deux cents livres; Racan ne pouvait s'en tirer. Boisrobert lui prêta les deux cents livres, et Racan n'eut pas besoin de faire les vers. C'était, comme on le voit, une véritable providence que ce brave Boisrobert.

Un jour, Conrard trouva Racan dans un cabaret borgne, et le voulut faire déloger.

— Oh! dit-il, non pas, je suis bien *iti*. Je dîne *poul* tant, et, le *soil*, on me *tlempe* le soupe *poul lien*.

Afin de comprendre ce baragouin, il faut savoir que Racan ne pouvait prononcer ni les C ni les R; il prononçait les C comme les T, et les R comme les L.

Il s'attacha à Malherbe, dont il devint l'élève, et l'écolier profita si bien des leçons, qu'il donna de la jalousie au maître.

Malherbe lui enviait particulièrement cette stance d'une pièce intitulée : *Consolation adressée à M. de Bellegarde, sur la mort de M. de Thermes, son frère* :

Il voit ce que l'Olympe a de plus merveilleux ;
Il voit dessous ses pieds ces flambeaux orgueilleux
Qui tournent à leur gré la Fortune et sa roue ;
Il voit, comme fourmis, marcher nos légions
Dans ce petit amas de poussière et de boue,
Dont notre vanité fait tant de régions.

Au reste, Racan était de race versifiante, sinon poétique : son père et sa mère faisaient des vers ; il est vrai qu'ils n'étaient pas bons (les vers). Lui, tout enfant, et aux pages chez M. de Bellegarde, en faisait déjà. La pièce intitulée *Stances contre un vieillard jaloux*, et qui commence par ces mots :

Vieux corps tout épuisé de sang et de moelle,

est de ce temps-là.

C'étaient les comédies de Hardy, qu'il voyait représenter à l'hôtel de Bourgogne, où il avait ses entrées comme page de M. de Bellegarde, qui lui montaient la tête à la poésie, et, cela, quoique, comme Conrard, il ne sût pas le latin. L'ode d'Horace *Beatus ille* — qu'au reste, on ne retrouve pas dans ses œuvres — fut mise en vers par lui, sur une traduction de son parent le chevalier de Rueil.

Si le génie a en lui-même sa puissance qui triomphe de tout, jamais cette puissance ne fut mieux caractérisée que dans Racan ; car, hors la poésie, il semblait n'avoir pas le sens commun.

Il avait la mine d'un fermier normand ; il bégayait et n'avait jamais su prononcer son nom ; bon homme, du reste, sans fiel, sans méchanceté, sans finesse.

Mais distrait que c'était merveille !

Voici quelques-unes de ses distractions :

Un jour qu'il était couché avec Bussy-Lamet, son cousin, en train de lire un petit livre déjà devenu fort rare de son temps, il se sentit pris, ni plus ni moins que le Malade imaginaire, d'un besoin tout à fait réel. Il s'en va au cabinet, comme dit Molière, tout lisant, car la lecture l'intéressait fort, continue de lire en faisant ce qu'il avait à faire, puis, la chose terminée complétement, jette son livre par le trou, et revient avec un papier devant son nez, croyant revenir avec son livre.

— Que diable avez-vous là? lui demanda Bussy-Lamet.

— Pardieu! répond Racan, c'est *la Flance moulante*, un *livle* bien *intélessant* et bien *tulieux*.

Pour toute réponse, Bussy-Lamet lui pousse le bras, et lui met le nez en contact direct avec le papier.

Ce fut alors seulement que Racan s'aperçut de sa distraction.

Une fois, en pensant à autre chose, il mangea tant de pois, qu'il en faillit mourir d'indigestion. Aussi ne cessait-il de répéter, tout en prenant son émétique :

— Voyez-vous ces *totins* de *latais ti* me voient manger des pois à en *tlever* et *ti* ne *m'aveltissent* point.

Une autre fois, il allait à la campagne voir un de ses amis; il était seul et monté sur un grand cheval. Une nécessité pareille à celle qui avait entraîné la perte de *la France mourante* le força de descendre de cheval. Il fallut remonter; le cheval était haut sur jambes, et pas de montoir. Racan prit le cheval par la bride et continua son chemin à pied.

Arrivé à la porte de son ami, il trouve enfin un montoir.

— Ah! dit-il, c'est bien *heuleux !*

Et, remontant sur son cheval, il tourne bride, et s'en revient chez lui sans avoir seulement demandé à son ami comment il se portait.

Un jour qu'il avait couché dans la même chambre que Malherbe et Yvrande, — Yvrande était un gentilhomme brelon, disciple de Malherbe et page de la grande écurie; — un jour, disons-nous, qu'il avait couché dans la même chambre que Malherbe et Yvrande, il se lève le premier, prend les chausses d'Yvrande pour son caleçon, met les siennes par-dessus, et sort en disant où il allait, selon son habitude, de peur qu'il n'oubliât d'y aller, — et, dans ce cas, ses amis le lui rappelaient.

Cinq minutes après, Yvrande veut s'habiller à son tour.

Plus de chausses!

— Ah! s'écrie-t-il, c'est ce coquin de Racan qui les aura prises!

Et, prenant à son tour, et malgré ses cris, celles de Malherbe, il se met à courir sans pourpoint après Racan, qu'il rejoint au coin de la place Royale.

— Ah! vous voilà donc! dit-il tout essoufflé et lui posant la main sur l'épaule.

— Oui, me voilà, répond Racan, *q'avez*-vous à me *dile?*

— J'ai à vous dire que vous avez le derrière plus gros aujourd'hui qu'hier.

— Il est possible que j'aie *attlapé* une fluxion, répond Racan; il y des *coulants d'ail* dans cette *chamble.*

— Et c'est pour cela que vous avez mis mes chausses sous les vôtres?

Racan se regarde, et, se trouvant, en effet, plus gros que de coutume :

— C'est possible, dit-il; mais, si cela est, je vais vous les *lendle* à l'instant; je ne suis pas un *voleul.*

Et Racan s'assure de la chose.

— Ah! c'est, ma foi *vlai!* dit-il, c'est, ma foi, *vlai!*

Et, sans s'inquiéter où il est, s'appuyant contre une borne, il défait ses chausses d'abord, puis celles d'Yvrande, les lui rend, repasse les siennes, et continue son chemin, fendant, d'un front étonné, les flots de la foule, qui se demandait quels pouvaient être ces deux hommes, l'un en bras de chemise, et l'autre, pendant un temps, en chemise tout à fait, qui faisaient leur toilette au coin de la rue.

C'étaient Yvrande et Racan.

Une après-dînée qu'il pleuvait à torrents, Racan arrive chez M. de Bellegarde, où il logeait, trempé comme un potage; et, pensant rentrer dans sa chambre, il entra dans celle de madame de Bellegarde.

Madame de Bellegarde était à un coin du feu, et madame de Lorges à l'autre.

Le laquais de Racan le suivait; et, voyant que son maître se trompait, il allait l'en avertir, quand les deux dames lui firent signe de se taire, prévoyant quelque nouvelle distraction de ce maître rêveur.

En effet, Racan n'y manqua pas.

Ne remarquant ni l'une ni l'autre de ces dames, il se fait débotter, ôte ses chausses, et dit à son laquais :

— Va nettoyer mes bottes; il y a bon feu, je *felai* sécher ici mes chausses et mes bas.

Le laquais sort.

Racan s'approche du feu, met bien proprement ses bas sur la tête de madame de Bellegarde, et ses chausses sur celle de madame de Lorges, approche un fauteuil, s'assied et sèche sa chemise.

— Eh bien, Racan, lui dit madame de Bellegarde, que faites-vous?

Racan tressaille, regarde à droite et à gauche, voit madame de Lorges coiffée de ses chausses et madame de Bellegarde coiffée de ses bas.

— Oh! mesdames, s'écrie-t-il, que d'*extuses!* je vous avais prises pour deux chenets.

Un jour, il devait aller faire une chasse au perdreau avec un prieur de ses amis. Les deux chasseurs devaient partir après vêpres.

Racan arrive une heure trop tôt.

— Mais, mon cher, lui dit le prieur, vous oubliez qu'il faut que je dise vêpres.

— Eh bien, dites-les ; je vous les servirai.

Le prieur accepte, croyant que Racan va quitter sa carnassière et son fusil. Pas du tout : il le retrouve tout harnaché dans le chœur, ayant de plus son chien en laisse ; et Racan, dans cet attirail, chanta le *Magnificat* tout au long.

A propos de chasse, Racan avait trouvé un chasseur tout aussi distrait que lui : c'était M. de Guise.

Un jour qu'ils étaient à Tours ensemble, M. de Guise lui dit :

— Allons à la chasse, Racan.

Ils y allèrent, et, de tout le jour, ils ne se quittèrent point.

Le lendemain, M. de Guise rencontre son compagnon de la veille, et lui dit :

— Vous avez bien fait de ne pas venir hier à la chasse avec moi, Racan : nos chiens n'ont rien fait qui vaille.

Racan, si distrait qu'il fût, s'aperçut de la distraction de M. de Guise, et, comme le lièvre de La Fontaine heureux d'avoir trouvé plus poltron que lui, fut enchanté d'avoir trouvé un distrait qui lui damât le pion.

Aussi, comme M. de Guise allait à la chasse, lui n'y alla-t-il pas ; seulement, tout crotté, il l'attendit au retour, et se plaça près de lui au moment où il rentrait.

— Ah ! parbleu ! dit M. de Guise, les jours se suivent et ne se ressemblent pas, Racan : aujourd'hui, vous avez bien fait de venir avec nous, car nous avons eu grand plaisir, n'est-ce pas ?

— Oui, monseigneur, répondit Racan, qui se plaisait à raconter l'anecdote.

Plusieurs fois arrêté par un ami qui se tenait sur son chemin et l'arrêtait afin de causer avec lui, Racan lui fit l'aumône, le prenant pour un gueux.

Tout un jour, il boita, parce qu'il s'était promené avec un gentilhomme boiteux.

Un matin, étant à jeun, et se sentant pris du besoin d'avaler quelque chose, il entre chez un de ses amis.

— C'est toi, Racan?

— Eh! ma foi, oui.

— Quel hasard de te voir!

— Je passais, je me suis senti faible : donne-moi *tette those à boile.*

— Tiens, dit l'ami, qui était encore couché, il y a dans cette armoire un verre d'hypocras que je me suis versé hier, et un verre de médecine que je vais prendre ce matin. Tâche de ne point te tromper.

Racan va à l'armoire, et, comme son ami s'était fait le plus possible aromatiser sa médecine, afin qu'elle fût moins désagréable à prendre, notre distrait ne manqua pas de prendre la médecine pour l'hypocras.

— La! dit-il, tout va bien maintenant, et, quoique ton *hypoclas* fût *médiocle*, *j'espèle* qu'il me *conduila* jusqu'au dîner.

— Tu ne déjeunes donc pas? répond l'ami.

— Non, je vais à la messe, et je *tommunie.*

— Comment! tu communies, et tu prends de l'hypocras avant de communier?

— C'est, ma foi, *vlai!* dit Racan, et j'allais *faile* un *sattilége* sans y songer... *J'ilai* à la messe, mais je ne *tommunielai* pas.

Et, en effet, Racan alla à la messe.

Mais, au *Credo*, il se sentit un si grand désordre dans le ventre, qu'il n'eut que le temps de s'enfuir, et encore n'arriva-t-il point chez lui sans accident.

Quant à l'ami malade, qui avait pris l'hypocras au lieu du purgatif, il ne sentait que de la chaleur et n'*allait* point assez, tandis que Racan *allait* trop.

Lorsque Racan faisait la cour à la femme que plus tard il épousa, il résolut, un jour, d'aller lui faire une visite à la campagne, et, pour cette solennité, commanda à son tailleur un habit de taffetas-céladon : — c'était la couleur à la mode, et le nom lui venait du héros de *l'Astrée*.

L'habit fut apporté. Racan le trouva fort à son gré et le voulut mettre; mais il avait un valet qui prenait plus soin de lui que lui-même, et qu'on appelait Nicolas.

Nicolas s'opposa à cette prodigalité.

— Et, s'il pleut, lui dit-il, où sera votre habit de taffetas-céladon?

— C'est *vlai*, fit Racan.

— Ah!

— Mais que *faile?*

— Bon! la chose est bien difficile, n'est-ce pas?

— Je la *tlouve* telle, puisque je te demande conseil, Nicolas.

— Eh bien, prenez votre habit de bure, et, à cent pas du château, vous changerez d'habit au pied d'un arbre.

— Soit, Nicolas, je *felai* ce que tu *voudlas*, mon enfant, répondit Racan.

Et il partit avec son habit de bure, tandis que Nicolas portait l'habit vert-céladon précieusement enveloppé dans une serviette.

A cent pas de la maison de sa maîtresse, Racan trouve un petit bois qui semblait planté là tout exprès pour faire ce qu'il avait à faire, descend de cheval et commence son opération.

Comme il relevait ses chausses, apparaît tout à coup l'objet de son amour, accompagné de deux amies.

Toutes trois poussent un grand cri.

— Ah! Nicolas, dit Racan, je te l'avais bien dit! sais-tu que j'ai *l'ail* de *faile* toute *autle chose* que de changer d'habit.

— Eh! monsieur, répondit Nicolas, il n'y a point de mal; seulement, dépêchez-vous!

La jeune fille voulait s'en aller; mais les autres, par malice, la poussaient vers Racan.

Alors, Racan, tout penaud :

—Mademoiselle, c'est Nicolas qui l'a voulu; moi, je ne voulais pas.

Et, se retournant vers son valet :

— Mais *palle*-lui donc *poul* moi, Nicolas, *cal* je ne sais plus que *dile !*

Une fois, un de ses voisins, — c'était quelques jours après son mariage avec la jeune fille qui l'avait si intempestivement suivi, — une fois, un de ses voisins, chez lequel il était allé dîner, lui fit cadeau d'un magnifique bois de cerf. Au moment de partir, Racan dit à Nicolas de le prendre avec lui ; l'autre regimbait.

— Mais qu'as-tu donc à *geindle* ainsi, Nicolas ? lui demande Racan.

— Eh ! monsieur, répondit celui-ci, j'essaye à mettre de toutes les façons la chose que vous m'avez donnée.

— Eh bien ?

— Eh bien, on voit que vous ne savez pas encore toute la peine que l'on a à porter des cornes ; sans quoi, vous ne me tourmenteriez pas comme vous le faites.

Ayant été reçu à l'Académie, il dut faire son discours de réception.

Comme sa réputation était grande, on attendait ce discours avec impatience. Il y avait foule.

Racan entra, monta à la tribune, et, montrant un morceau de papier tout déchiré :

— Messieurs, dit-il, j'avais fait un discours que je *tlouvais tlès*-beau, mais ma *glande levlette* l'a tout *mâthonné ;* le voilà. *Tilez*-en ce que vous *poullez*, *cal* je ne le sais point *pal tœul*, et n'en ai point de *topie.*

Il était tuteur du petit comte de Marans, qui était, comme lui, de la maison de Rueil. Il força le mari de la mère du jeune homme à rendre ses comptes ; ce qui blessa celui-ci au point qu'il l'appela en duel.

Mais Racan, secouant la tête.

— Je suis *folt* vieux, dit-il, et j'ai la *toulte* haleine.

— Votre adversaire se battra à cheval, lui répondit-on.

— J'ai des *ulcèles* aux jambes quand je mets des bottes; puis j'ai vingt mille *livles* de *lente* à *peldle*. Que mon *advelsaile* dépose un *tapital* de *talte* cent mille *livles*, nous *vellons aplès*.

— Mais il dit qu'il vous attaquera partout où il vous rencontrera.

— Ohieu! c'est *autle those*, je *felai poltel* une épée *pal* un *latais*, et, s'il m'*attate*, je me *défendlai*. Nous avons un *plocès*, et non une *telelle*.

Le pauvre Racan avait un grand chagrin: son fils aîné était un sot, tandis qu'il espérait avoir toute sorte de contentement du second, qui était page de la reine et fort bien avec M. d'Anjou.

Par malheur, ce dernier enfant mourut.

Il s'était adonné à porter la robe de Mademoiselle, fille de Gaston, que l'on appela depuis la grande Mademoiselle. Les pages de celle-ci en grondèrent; mais Mademoiselle déclara qu'elle voulait que l'on se tût, et que, toutes les fois qu'un page de la reine voudrait bien lui faire l'honneur de lui porter sa robe, elle lui en serait fort obligée. L'enfant continua donc de rendre à Mademoiselle ce service volontaire.

Les autres pages enrageaient et le firent appeler en duel par le plus jeune d'entre eux. On les laissa aller sur le terrain; puis, sur le terrain, on les arrêta et on leur donna le fouet à tous deux.

Quelque temps après, le jeune Racan fut délégué à la reine pour obtenir qu'on donnât aux pages deux petites oies au lieu d'une, car l'argentier leur en retranchait une des deux qu'ils devaient avoir. — On sait que la *petite oie* était un nœud de rubans destiné à garnir l'habit, le chapeau et l'épée. — La reine consentit à la demande.

— Oui, dit-elle ; mais, étant le fils de M. Racan, c'est bien le moins que vous me présentiez votre requête en vers.

Le lendemain, l'enfant présenta à la reine ce madrigal, que l'on prétendit être du père :

Reine, si les destins, mes vœux et mon bonheur
Vous donnent les premiers des ans de ma jeunesse,
Vous dois-je pas offrir cette première fleur
Que ma muse a cueillie aux rives du Permesse?
Si mon père, en naissant, m'avait pu faire don
De l'esprit poétique ainsi que de son nom,
Qui l'a rendu vainqueur du temps et de l'envie,
Je pourrais dans mes vers donner l'éternité
A votre Majesté,
Qui me donne la vie !

Dans son dernier séjour à Paris, c'est-à-dire en 1651, Racan ne pouvait plus se passer de l'Académie, disant qu'il n'avait d'amis que MM. les académiciens ; et, comme il avait un procès, il prit pour procureur Louis Favrard, mari de Catherine Chapelain, sœur du poëte, parce qu'il lui semblait que cet homme, étant *beau-frère de Chapelain*, était beau-frère de l'Académie.

Voilà donc les contes que racontait Boisrobert au cardinal, et qui faisaient tant rire celui-ci.

Il y en avait un surtout, que nous avons gardé pour le dernier, attendu que c'était celui qui avait le privilége infaillible de dérider le front de Son Éminence.

Quoique poëte elle-même, mademoiselle de Gournay, — la bonne vieille fille dont, après Tallemant des Réaux, nous avons raconté l'histoire, — quoique poëte elle-même, mademoiselle de Gournay n'en avait pas moins conservé une haute admiration pour tous les grands poëtes de l'époque, excepté pour Malherbe, qui s'était permis de critiquer son livre de *l'Ombre*. Aussi, quand la seconde édition de ce livre parut, elle l'envoya aux plus grands génies du XVIIe siècle.

Il va sans dire que Racan eut son exemplaire.

Lorsque Racan reçut ce fraternel et gracieux envoi, il avait près de lui ses inséparables, le chevalier de Rueil et Yvrande. Or, Racan, flatté de l'honneur, dit, devant ses deux amis, que, le lendemain, il irait en personne remercier de cette attention mademoiselle de Gournay.

Cette déclaration ne tombait pas dans l'oreille de ces sourds dont parle Horace, et pour lesquels nous chantons. Yvrande et le chevalier de Rueil résolurent de jouer un tour à Racan.

C'était à deux heures que Racan devait se présenter chez mademoiselle de Gournay; les deux amis s'en étaient assurés.

A midi, le chevalier de Rueil se présente, et heurte à la porte de la bonne vieille.

Jamyn va ouvrir, et voit un beau cavalier.

De Rueil, sans vouloir dire qui il est, expose le désir de voir la maîtresse du logis. Jamyn entre aussitôt dans le cabinet de mademoiselle de Gournay.

Celle-ci, la plume en l'air, les yeux au ciel et dans l'attitude de l'inspiration, faisait des vers.

Jamyn lui annonce que quelqu'un demande à lui parler.

Mademoiselle de Gournay, dont l'esprit est dans les nuages, lui fait répéter sa phrase.

Jamyn répète.

— Et quel est ce quelqu'un ? demande mademoiselle de Gournay.

— Il ne veut pas dire son nom.

— Et quelle tournure a-t-il ?

— C'est un beau cavalier de trente à trente-cinq ans, répond Jamyn, et qui m'a tout l'air de sortir de bon lieu.

— Faites entrer, répond mademoiselle de Gournay. La pensée que je cherchais et que j'allais sans doute trouver était belle; mais elle pourra revenir, tandis que ce cavalier ne reviendrait peut-être pas.

— Entrez, monsieur, dit Jamyn au chevalier de Rueil, qui,

peu à peu, s'était approché de la porte du cabinet de la vieille fille.

Le chevalier de Rueil entra.

— Monsieur, dit la vieille fille, je vous ai fait entrer sans vous demander qui vous étiez, sur le rapport que Jamyn m'a fait de votre bonne mine. Maintenant que vous voilà, j'espère que vous voudrez bien me faire l'honneur de m'apprendre votre nom.

— Mademoiselle, dit de Rueil, je me nomme Racan, et je viens vous remercier du livre que vous avez eu la bonté de m'envoyer hier.

Sur cette annonce, mademoiselle de Gournay, qui ne connaissait encore que de nom l'auteur des *Bergeries*, jeta un grand cri de joie et ordonna à Jamyn de faire taire mamie Piaillon, qui miaulait dans la chambre voisine, et qui, si elle continuait de miauler, l'empêcherait d'entendre les jolies choses qu'allait lui dire M. de Racan.

Le chevalier de Rueil, qui était homme d'esprit, fit force contes à mademoiselle de Gournay, lesquels amusèrent tellement la bonne vieille fille, que, lorsqu'il se leva pour s'en aller, elle fit tous ses efforts afin de le retenir.

Mais les instants du chevalier étaient comptés; il ne pouvait rester que trois quarts d'heure.

A une heure un quart, il se leva donc définitivement, et sortit, emportant force compliments sur sa courtoisie, et laissant la bonne fille enthousiaste de lui.

C'était une heureuse disposition pour retrouver la pensée au milieu de laquelle elle avait été interrompue, et qui avait fui, effarouchée par l'entrée du faux Racan.

Elle reprit donc la plume, et venait de se remettre à la poursuite de cette pensée lorsqu'on sonna une seconde fois.

Jamyn alla ouvrir; mais Yvrande, — car c'était Yvrande qui venait à son tour, — Yvrande ne lui donna pas le temps de l'annoncer.

Instruit par de Rueil des localités, il avait ouvert la porte du cabinet avant que Jamyn eût refermé celle de l'appartement.

— J'entre bien librement, dit-il; mais mademoiselle de Gournay, l'illustre auteur de *l'Ombre*, ne doit pas être traitée comme le commun.

— Ce compliment me plait, dit mademoiselle de Gournay toute joyeuse. Jamyn! Jamyn! mes tablettes, que je le marque.

— Je viens vous remercier, mademoiselle, continua Yvrande.

— Et de quoi, monsieur?

— De ce que vous avez bien voulu m'envoyer votre livre.

— Moi, monsieur? Je ne vous l'ai pas envoyé; mais je devrais l'avoir fait. Jamyn, une *Ombre* pour ce gentilhomme.

— J'en ai une, mademoiselle.

— Vous en avez une?

— Oui, et, comme preuve, je vous dirai qu'il y a ceci en tel chapitre et cela en tel autre.

Et voilà Yvrande qui se met à réciter la moitié du livre. La vieille fille n'en revenait pas, que son livre eût un pareil succès.

— En échange, lui dit Yvrande, je vous apporte quelques vers de ma façon.

Et il se mit, en effet, à débiter des vers de lui.

— Ah! voilà de gentils vers, n'est-ce pas, Jamyn? disait la vieille fille.

Puis, s'interrompant :

— Jamyn peut en être, monsieur : elle est fille d'Amadis Jamyn, page de Ronsard... Mais ne saurai-je pas votre nom, monsieur?

— Mademoiselle, dit Yvrande, je m'appelle Racan.

— Monsieur, vous vous moquez de moi!

— Me moquer de vous! me moquer de mademoiselle de Gournay, de la fille d'alliance du grand Montaigne!

— Alors, dit-elle, celui qui vient de sortir a donc voulu se moquer de moi, ou peut-être est-ce vous qui vous en moquez. Mais n'importe, la jeunesse peut rire de la vieillesse. En tout cas, je suis toujours bien aise d'avoir vu deux jeunes gens si bien faits et si spirituels.

Et, là-dessus, Yvrande et mademoiselle de Gournay se séparèrent avec force compliments.

Le congé n'était pas pris depuis cinq minutes, que l'on sonne une troisième fois à la porte, et que, Jamyn ayant été ouvrir, voilà le vrai Racan qui entre tout essoufflé, étant un peu asthmatique.

— Ah ! *pal* ma foi, mademoiselle, dit-il, *extusé* si, sans *célémonie*, je *plends* un siége.

— Oh! la ridicule figure ! Jamyn, regarde donc! dit mademoiselle de Gournay.

— Mademoiselle, dit Racan, dans un *qualt d'heule*, je vous *dilai poulquoi* je suis venu ici; mais *aupalavant* laissez-moi *soufflel*. Où diable êtes-vous venu *logel* si haut?... Ah! qu'il y a haut! qu'il y a haut, mademoiselle !

On comprend que, si la tournure et la figure de Racan avaient réjoui mademoiselle de Gournay, elle fut bien autrement réjouie quand elle entendit son baragouin.

Mais, enfin, on se lasse de tout, même de rire. Au bout de quelques instants :

— Monsieur, dit-elle, quand vous vous serez reposé un quart d'heure, me direz-vous, au moins, ce qui vous amène chez moi ?

— Mademoiselle, dit Racan, je viens chez vous *poul* vous *lemelciel* de *m'avoil* envoyé *votle* OMBLE.

Mais mademoiselle de Gournay, regardant le nouveau venu d'un air dédaigneux :

— Jamyn, fit-elle, dites donc que je n'ai envoyé mon livre qu'à M. Malherbe et à M. Racan.

— Eh bien, c'est *tela*, mademoiselle : c'est moi qui suis *Latan*.

— Comment, c'est vous qui être *Latan?* Qu'est-ce que cela, LATAN?

— Oui *Latan*, *Latan* le poëte.

— Je ne connais pas de poëte de ce nom-là, monsieur.

—*Tomment!* vous ne *tonnaissez* pas *Latan*, *ti* a fait les *Belgelies?*

— Monsieur, savez-vous écrire? demanda mademoiselle de Gournay.

— Si je sais *étlile?* s'écria Racan tout blessé d'une pareille question.

— Eh bien, en ce cas, monsieur, prenez ma plume; car, à la façon dont vous bégayez, il est impossible de vous comprendre. — Jamyn, donnez une plume à monsieur.

Jamyn donna une plume au malencontreux visiteur, qui, de son écriture la plus lisible et en grosse moyenne, écrivit le nom de RACAN.

— Racan! s'écria Jamyn, qui suivait les lettres à mesure qu'elles paraissaient sous la main de celui qui les écrivait.

— Racan? répéta mademoiselle de Gournay.

— Mais oui, répéta Racan enchanté d'être compris, et croyant que l'accueil allait changer; mais oui!

Mais mademoiselle de Gournay, le regardant avec dédain :

— Oh! voyez, Jamyn, le joli personnage, dit-elle, pour prendre un pareil nom! Au moins, les deux autres étaient-ils plaisants; mais, celui-ci, c'est un bouffon.

— *Tomment*, les deux *autles?* fit Racan.

— Oui, apprenez que vous êtes le troisième d'aujourd'hui, qui se présente chez moi sous le nom de Racan.

— Je ne sais pas si je suis le *tloisième Latan*, mademoiselle; mais, en tout cas, c'est moi qui suis le *vlai Latan*.

— Je ne sais pas si vous êtes le faux ou le vrai, répondit mademoiselle de Gournay; mais ce que je sais, c'est que vous êtes le plus sot des trois. *Mirdieu!* je n'entends pas qu'on me raille!

Mirdieu était un mot que mademoiselle de Gournay avait composé pour son usage, quand elle était en colère. *Mirdieu* remplaçait mordieu, et, avec *mirdieu*, elle ne péchait pas.

Et mademoiselle de Gournay accompagna ce mot d'un geste impératif qui voulait dire : « Sortez d'ici ! »

Racan, désespéré et ne sachant plus que faire, aperçut un recueil de vers qu'il reconnut pour ses *Bergeries*, se précipita dessus, et, le présentant à mademoiselle de Gournay :

— Mademoiselle, dit-il, je suis si bien le *vlai Latan*, que, si vous voulez *plendle* ce *livle*, je vous *dilai* d'un bout à *l'autle* tous les *vels* qui s'y *tlouvent*.

— Alors, dit mademoiselle de Gournay, c'est que vous les avez volés comme vous avez volé le nom de Racan, et je vous déclare que, si vous ne sortez d'ici à l'instant même, j'appelle au secours.

— Mais, mademoiselle...

— Jamyn, criez au voleur, je vous en prie.

Jamyn se mit à crier au voleur de toutes ses forces.

Racan n'attendit pas la suite de cette déclaration de guerre, et, tout asthmatique qu'il était, il se pendit à la corde de l'escalier et descendit rapide comme une flèche.

Le jour même, mademoiselle de Gournay apprit toute l'histoire. On juge de son désespoir, quand elle sut qu'elle avait mis à la porte le seul des trois Racan qui fût le vrai.

Elle emprunta un carrosse et courut, dès le lendemain, chez M. de Bellegarde, où, comme nous l'avons dit, logeait Racan. La pauvre mademoiselle de Gournay avait tellement hâte de faire ses excuses à un homme pour lequel elle professait une si haute estime, que, malgré l'opposition du valet de chambre, elle entra tout courant dans l'appartement. Racan, se trouvant en face de la vieille fille, crut qu'elle continuait de le poursuivre, et, se levant aussitôt de son siége, il se sauva dans un cabinet voisin.

Une fois là, et retranché à triple renfort de serrure et de verrous, il écouta.

Au bout d'un instant, tout s'éclaircit : Racan apprit que c'était, non plus des reproches, mais des excuses qu'on venait lui faire, et, rassuré enfin sur les intentions de mademoiselle de Gournay, il consentit à sortir.

A partir de ce jour, Racan et elle furent les meilleurs amis du monde.

Mademoiselle Marie Lejars de Gournay mourut le 13 juillet 1645, à l'âge de soixante-dix-neuf ans, et fut enterrée à Saint-Eustache.

IX

Et cependant, malgré tous les contes que Boisrobert faisait au cardinal, et quoiqu'il fût bien convaincu que Son Éminence ne pouvait se passer de lui, Boisrobert tomba un jour dans une disgrâce dont il pensa bien ne se point relever.

Voici à quelle occasion :

Le cardinal faisait répéter *Mirame* avec une double haine : haine de poëte contre Corneille, haine d'amant contre Anne d'Autriche. A l'une des répétitions, Boisrobert reçut mission de faire entrer des comédiens, des comédiennes et des auteurs, mais dès comédiens, des comédiennes et des auteurs seulement. — On voulait juger de l'effet que ferait la pièce sur des gens du métier. — L'ordre était formel ; mais le pauvre Boisrobert était un peu câlin de sa nature : lorsqu'on lui demandait une chose avec quelque instance, il ne savait pas refuser.

Une charmante drôlesse, nommée Saint-Amour, qui avait un demi-droit à avoir ses entrées, ayant été un temps de la troupe de Mondori, insista tant et si bien, qu'elle obtint de lui d'avoir une place.

Comme l'on allait commencer, M. le duc d'Orléans force la porte et entre.

Le cardinal était furieux, mais n'osait mettre dehors le premier prince du sang, d'autant plus que celui-ci, sentant que résistance lui était faite, s'était entêté à entrer.

Son apparition fit remue-ménage dans la salle.

La petite Saint-Amour, à qui Boisrobert avait recommandé de garder son voile baissé, n'y put tenir : elle trouva l'occasion bonne, le leva, et fit tant que Gaston la vit.

Quelques jours après, on jouait la grande comédie. C'étaient Boisrobert et le chevalier Desroches qui avaient été chargés de faire les invitations. Une liste s'égara et tomba entre les mains d'une femme de vertu équivoque. Celle-ci prévint ses connaissances; chacune prit un nom porté sur la liste et se présenta : celle-ci sous le titre de madame la marquise ***, celle-là sous celui de madame la comtesse ***.

Deux gentilshommes servaient de contrôleurs; mais, voyant que les noms énoncés étaient, en effet, sur la liste, il laissaient entrer et livraient les invitées à deux autres qui les menaient au président Viguier et à M. de Valmecy.

Vous voyez que l'époque était tolérante : un magistrat et un prêtre faisaient métier de placeurs au spectacle.

Le roi, qui cherchait une occasion de dire quelque méchanceté au cardinal, eut connaissance de ce qui s'était passé, et, en présence du duc d'Orléans :

— Monsieur le cardinal, dit-il, il y avait bien du gibier l'autre jour à votre comédie.

— Eh! comment n'y en aurait-il pas eu, s'écria le duc d'Orléans saisissant la balle au bond, puisque, dans la salle où l'on ne voulait pas me laisser entrer, était la petite Saint-Amour, qui est une des plus grandes gourgandines de Paris!

Le cardinal entendit, entra en rage, et n'eut d'autre excuse à donner que de s'écrier ;

— Voilà cependant, comme je suis servi!

Mais, au sortir de là :

— Cavois, dit-il à son capitaine des gardes, la petite Saint-Amour était l'autre jour à la répétition, sais-tu cela?

— C'est possible, Votre Éminence, répondit Cavois; mais elle n'est pas entrée par la porte que je gardais.

Par malheur pour Boisrobert, se trouvait là Palevoisin, gentilhomme de Touraine, parent de l'évêque de Nantes; et, comme c'était un ennemi de Boisrobert :

— Monseigneur, dit-il, elle est entrée par la porte où j'étais.

— Monsieur! s'écria le cardinal furieux.

— Attendez, monseigneur... C'est M. Boisrobert qui l'a fait entrer.

— Ah! fit le cardinal, si ce que vous dites là est vrai, M. le Bois me le payera.

Le chancelier entendit cette menace, et, rencontrant Boisrobert :

— M. le cardinal est fort en colère contre vous, dit-il; ayez garde de vous présenter devant lui.

Boisrobert voulut s'esquiver; mais, avant qu'il eût atteint la porte, un messager du cardinal était venu lui dire que Son Éminence l'attendait.

Il fallait bien se rendre à l'invitation.

Boisrobert obéit et se présenta l'oreille basse.

Il n'y avait là que madame d'Aiguillon, qui détestait Boisrobert; par bonheur, près d'elle, et par contre-poids, était M. de Chavigny, qui l'aimait assez.

— Boisrobert, dit le cardinal, — et non plus le Bois : le Bois, c'était pour les bons jours; — Boisrobert, dit le cardinal, c'est donc vous qui avez fait entrer, l'autre jour, cette petite coquine de Saint-Amour à la répétition?

— Monseigneur, répondit Boisrobert, j'ai cru la porte ouverte, ce jour-là, aux comédiennes et aux auteurs. Or, je ne connais la petite Saint-Amour que comme comédienne, à preuve que je ne l'ai jamais vue que sur le théâtre où Votre Éminence l'a fait monter.

— Mais, s'écria le cardinal, je vous dis que c'est une carogne!

— C'est possible, monseigneur, répondit imperturbablement Boisrobert, mais je tiens toutes ces dames pour telles.

— Comment, monsieur?

— Monseigneur, est-il d'habitude que l'on se fasse comédien ou comédienne sur un certificat de bonnes vie et mœurs?

— C'est bien, monsieur, dit le cardinal; vous avez scandalisé le roi. Retirez-vous!

Boisrobert pleura, essaya de faire toutes les excuses de la terre.

Le cardinal tint bon.

Boisrobert se retira et se mit au lit; le lendemain, le bruit court que Boisrobert est très-malade.

Comme il avait beaucoup d'amis d'abord; ensuite, comme on savait le faible du cardinal pour lui, et comment avaient fini toutes ses autres brouilles avec Son Éminence, c'est-à-dire par une faveur plus grande, toute la cour et même les parents du cardinal l'allèrent visiter.

M. le maréchal de Grammont y vint trois fois; à la troisième, il lui dit :

— Boisrobert, si vous me promettiez de ne pas être un bavard, je vous dirais bien une chose.

— Oh! je vous le jure, monseigneur.

— Eh bien, dimanche, vous serez rentré en faveur : le cardinal voit le roi samedi et lui demandera votre grâce.

C'était vrai; mais le roi avait la tête montée par son frère, et resta inexorable. Boisrobert, confiant dans la parole du maréchal, se croyait déjà rétabli, quand il reçut, au contraire, l'ordre de quitter Paris. Il avait le choix entre son abbaye, qui s'appelait Châtillon, et Rouen, dont il était chanoine. Il préféra Rouen.

C'est à Rouen que, pour rentrer en grâce, il fit son ode à la Vierge, où se trouvent ces deux strophes :

> Par vous, de cette mer j'évite les orages
> Dans ce port plein d'écueils et fertile en naufrages ;
> Vous m'avez fait trouver un asile en ce lieu.
> Trop heureux si jamais, dans ma sainte retraite,
> Je pouvais oublier la perte que j'ai faite
> En perdant Richelieu.
>
> Cet esprit sans pareil, ce grand et digne maître,
> M'a donné tout l'éclat où l'on m'a vu paraître.
> Il m'a d'heur et de gloire au monde environné.
> C'étaient biens passagers et sujets à l'envie ;
> Mais, quand il m'a donné l'exemple de sa vie,
> N'a-t-il pas tout donné ?

Toutefois, Son Éminence résista à l'ode comme elle avait résisté aux prières et aux larmes. Alors, Boisrobert comprit qu'il y avait là-dessous quelque chose de plus grave que d'avoir fait entrer une petite coquine dans une salle où il y en avait bon nombre de grandes ; il chercha dans ses souvenirs, et voici ce qu'il se rappela :

C'était à l'époque de la plus grande faveur de M. de Cinq-Mars. — Nous n'en sommes pas encore arrivé là, mais parfois nous sommes forcé d'anticiper. — Le cardinal avait un espion qu'on nommait la Chesnaye. M. le Grand, — on se rappelle que c'était ainsi que l'on appelait Cinq-Mars, à cause de son titre de grand écuyer, — M. le Grand voulait perdre cet espion. Il eut l'idée de s'adresser à Boisrobert, et, un jour, à Saint-Germain, se trouvant seul à seul avec lui :

— Pardieu ! monsieur le Bois, lui dit-il, j'ai toujours fait le plus grand cas de vous, et M. le maréchal d'Effiat, mon père, vous a toujours aimé.

Boisrobert s'inclina.

— Monsieur le Bois, continua le grand écuyer, jusqu'à présent, vous n'avez chassé que moineaux et alouettes ; mais, moi, je veux vous faire faire une vraie chasse de gentilhomme, c'est-à-dire vous faire voler perdrix et faisans : que diable ! il est temps que vous pensiez à votre fortune et attrapiez quelque grosse pièce.

Boisrobert savait le jeune gentilhomme léger ; aussi continuait-il de s'incliner sans répondre.

M. le Grand fut donc forcé d'accoucher seul.

— M. le Bois, dit-il, je vous prie de me servir.

Arrivé à ce point, il fallait répondre oui ou non.

Boisrobert trouva encore moyen, cependant, de ne répondre ni oui ni non.

— Vous servir, monsieur ? dit-il ; bien volontiers ! mais en quoi ?

— Eh bien, monsieur le Bois, continua Cinq-Mars, la Chesnaye me trahit : il a eu à mon sujet, avec M. le cardinal, une longue conférence à la suite de laquelle M. le cardinal m'a traité comme un écolier ; vous pouvez sûrement me dire qui a introduit la Chesnaye près du cardinal et quels sont ses amis dans la maison.

— Et dans quel but, monsieur ? demanda Boisrobert.

— Dans quel but ? Mais parce que je les veux tous perdre ! Ah ! M. le cardinal me maltraite ! Soit ! mais, par la mordieu ! lui ou moi y passera !

Boisrobert courba la tête : il n'y avait qu'un fou comme M. le Grand qui pût se permettre de menacer la première personne après le roi, ou, pour mieux dire, la première personne avant le roi. Il promit, cependant, à M. de Cinq-Mars de le servir, et de lui dire quels étaient les amis de la Chesnaye.

Sur quoi, M. de Cinq-Mars le quitta.

A peine le grand écuyer eut-il tourné l'angle du mur, que Boisrobert prit sa course et s'en alla tomber chez madame de Lansac, gouvernante de M. le dauphin, lui demandant conseil comme à une femme sage.

— Mon ami, répondit celle-ci sans hésiter, c'est de tout dire au cardinal.

— Mais, s'écria Boisrobert, c'est une dénonciation purement et simplement que vous me conseillez là, madame !

— C'est votre salut que je vous prie de prendre en considération.

Mais Boisrobert secoua la tête.

— Jamais ! dit-il ; il n'y a dans tout cela qu'une boutade de jeune homme, et jamais, pour si peu, je ne me déciderai à nuire à M. le Grand.

En effet, à partir de ce moment, Boisrobert se contenta d'éviter le grand écuyer, passant d'un côté quand il le voyait arriver de l'autre.

Mais M. le Grand jugea mal cette discrétion de Boisrobert : il se mit dans l'esprit que celui-ci lui avait joué un méchant tour, et, pour le lui rendre, il parla mal de lui au roi, racontant tous les mauvais propos que l'on tenait sur l'abbé de Châtillon et sur le chanoine de Rouen. Or, on disait beaucoup de choses sur Boisrobert.

Les propos les plus scandaleux avaient été tenus par un M. de Saint-Georges.

Voici, il est vrai, à quelle occasion ces propos avaient été tenus :

Il y avait un gouverneur de Pont-de-l'Arche nommé Saint-Georges. — C'était le Saint-Georges en question. — Boisrobert avait découvert qu'il percevait un droit sur chaque bateau qui remontait la rivière, et que, ce droit étant censé perçu au profit du cardinal, ces bateaux s'appelaient des *cardinaux*.

Cette fois, comme l'honneur de son patron était intéressé dans l'affaire, Boisrobert lui conta tout.

M. de Saint-Georges perdit son gouvernement ; mais, pour se venger, il raconta partout que Boisrobert avait des goûts *antiques*.

Le propos fut répété, et, comme toute calomnie porte avec

elle un certain parfum qui plaît aux mauvaises gens, on alla à la recherche des preuves.

Ces preuves furent-elles fournies ? ce n'est pas ce qui doit nous occuper ; l'important pour nous est de savoir que le roi dit à Son Éminence que Boisrobert déshonorait la maison de son maître.

Le résultat de tout cela était, comme nous l'avons dit, que Boisrobert avait été exilé à Rouen, où il faisait des odes à la Vierge.

Quoique, au fond, le cardinal n'en voulût pas tant à son cher le Bois qu'il en avait l'air, les choses restèrent ainsi jusqu'à la mort de M. le Grand.

Cette mort advenue comme on sait, chacun parla pour Boisrobert, et tout particulièrement Mazarin, qui lui écrivit :

« Vous pouvez retourner à Paris, si vous y avez des affaires. »

Boisrobert y revint avec vingt-deux mille écus d'argent comptant ; et, comme sa plus pressante affaire était de jouer dès qu'il en trouvait l'occasion, — car il était joueur comme les cartes et les dés mariés ensemble, — il joua et perdit les vingt-deux mille écus.

Le cardinal Mazarin, de retour lui-même à Paris, écrivit aussitôt à Boisrobert :

« Demandez-moi dimanche prochain, et, fussé-je dans la chambre à coucher de Son Éminence, venez m'y trouver. »

Boisrobert se rend à l'invitation. Mazarin était, en effet, dans la chambre à coucher du cardinal. Boisrobert y entre. A peine Richelieu l'aperçoit-il, qu'il lui tend les bras et se met à sangloter.

Boisrobert s'attendait si peu à cette réception, qu'il en fut tout étourdi, et que lui, qui pleurait si facilement, ne trouva point une larme.

Que devenir dans un pareil état de sécheresse, et quand un cardinal pleure ? Faire le saisi.

— Ah ! mon Dieu ! s'écria Boisrobert, les larmes m'étouffent, monseigneur, et, cependant, je ne puis pleurer !

Et Boisrobert se laisse aller dans un grand fauteuil.

— Citois ! Citois ! crie le cardinal, le Bois se trouve mal !

— Venez vite, Citois ! ajoute Mazarin, qui comprend que tout l'avenir de Boisrobert est dans ce moment ; venez vite, et saignez M. le Bois.

M. le Bois ne se trouvait point mal le moins du monde ; mais, pour ne pas avoir l'air d'avoir joué la comédie, force lui fut de se laisser saigner.

Citois lui tira trois bonnes palettes de sang.

— Le seul bien que ce pleutre de Mazarin m'ait jamais fait, disait plus tard Boisrobert, ce fut de me faire saigner un jour que je n'en avais pas besoin.

Le cardinal de Richelieu mourut ; Boisrobert, en faisant ses compliments de condoléance à madame d'Aiguillon, lui dit :

— Madame, je suis votre serviteur, comme j'ai été celui de M. de Richelieu.

Madame d'Aiguillon le remercia, lui promettant que, de son côté, elle ne tarderait pas à lui donner des marques de son affection.

Sur cette assurance, Boisrobert se retira.

Ces marques d'affection que devait recevoir Boisrobert, c'était que madame d'Aiguillon, dont le neveu avait à sa nomination des abbayes dont dépendaient des prieurés, lui donnât quelques-unes de ces abbayes au fur et à mesure qu'elles seraient vacantes.

Boisrobert se mit donc à l'affût des prieurés comme un chasseur se met à l'affût des lapins. Aussitôt qu'il savait un prieuré vacant, il arrivait, la jambe tendue et le feutre à la main, chez madame d'Aiguillon ; mais celle-ci, d'un air contrit, lui annonçait qu'il arrivait vingt-quatre heures trop tard et que le prieuré avait été donné la veille.

Enfin, Boisrobert se douta qu'il y avait là-dessous quelque fourberie, et, pour en être éclairci, il alla trouver madame d'Aiguillon avec une lettre qui lui donnait avis que le prieuré de Kermassonnet était vacant.

— Ah! mon cher Boisrobert, s'écria madame d'Aiguillon, vous jouez vraiment de malheur!

— Bon! dit Boisrobert, il a été donné hier?

— Non, mais aujourd'hui, il n'y a pas deux heures... Oh! que n'êtes-vous venu ce matin!

— Je fusse venu ce matin, madame, répondit Boisrobert, que je n'eusse pas été plus avancé.

— Pourquoi cela?

— Parce que vous ne pouvez pas plus disposer de ce prieuré-là que de la lune.

— Qu'est-ce à dire?

— Qu'il n'y a jamais eu de prieuré de ce nom-là, madame, et que, cette fois, je me retire convaincu de votre sincérité et de votre bonne foi... Serviteur!

Et Boisrobert se retira effectivement, et ne remit jamais les pieds chez madame d'Aiguillon.

Grâce à son esprit agressif et à son caractère mordant, les aventures du genre de celles que nous avons racontées ne manquaient pas à Boisrobert.

Un de ses démêlés les plus acharnés eut lieu avec Louis Philippeaux, seigneur de la Vrillière et de Châteauneuf-sur-Loire, secrétaire d'État.

M. de la Vrillière avait ôté de dessus l'état des pensions un frère de Boisrobert, nommé d'Ouville. — Ce frère était ingénieur de son état.

Boisrobert, qui connaissait la cour et la ville, fit assigner M. de la Vrillière à l'endroit du susdit d'Ouville. Enfin, chacun lui ayant dit que M. le secrétaire d'État était ébranlé, et qu'une dernière visite de lui, Boisrobert, enlèverait la place, Boisrobert se décida à aller trouver le secrétaire d'État.

Mais, au lieu d'un homme ébranlé, Boisrobert trouva un homme exaspéré.

— Ah ! mordieu ! monsieur Boisrobert, lui dit le secrétaire d'État, vous auriez bien dû vous priver de me faire accabler par tout le monde pour monsieur votre frère, c'est-à-dire pour un homme de nul mérite.

— Monsieur, répondit Boisrobert, ce que vous me dites de mon frère, je le sais bien ; vous n'aviez que faire de me le dire, car je ne venais pas ici pour l'apprendre. Mais aussi, en me répétant une chose que je savais, vous m'avez appris une chose que je ne savais pas : c'est que les ministres d'État jurassent comme vous faites. Ce *mordieu !* que vous m'avez si galamment jeté au visage, irait aussi bien et même mieux à un charretier qu'à vous. Allez, monsieur, mon frère sera remis sur l'état malgré vous et malgré vos dents !

Sur quoi, il quitta M. de la Vrillière et s'en alla trouver le cardinal Mazarin.

— Monseigneur, lui dit-il, vous n'avez jamais rien fait pour moi que me tirer trois palettes de sang du corps un jour où je n'avais pas besoin d'être saigné ; eh bien, je viens vous demander de rétablir mon frère sur les états de pensions, quoi que dise et fasse contre cela M. de la Vrillière ; il y va de mon honneur.

Mazarin engagea sa parole.

Mais, comme qui tenait la parole de Mazarin ne tenait pas grand'chose, Boisrobert, connaissant la valeur du gage, voulut commencer à donner cours à son ressentiment : il fit une satire contre le secrétaire d'État, qu'il appela Tyrus.

Dans cette satire, il y avait, entre autres vers de même force, les deux suivants :

> Le Saint-Esprit, honteux d'être sur ses épaules,
> Pour trois sots comme lui, s'envolerait des Gaules.

Puis, la satire terminée, Boisrobert prit un carrosse, et se faisant descendre de porte en porte, se mit à la chanter à tout le monde.

M. de la Vrillière n'était point adoré : qui en retint deux vers, l'autre six, l'autre dix ; de sorte qu'au bout de huit jours, la satire était connue de tout Paris.

Un matin, M. de Chavigny accourut chez Boisrobert pour l'avertir que la Vrillière devait aller au Palais-Royal faire ses plaintes.

Boisrobert court chez son ami le maréchal de Grammont et arrive avec lui près de Mazarin.

— Eh bien, dit Mazarin avant même que Boisrobert eût ouvert la bouche, vous avez donc fait une satire contre ce pauvre *monsou* Philippeaux ?

— Monseigneur, répondit Boisrobert, ce n'est pas le moins du monde contre M. Philippeaux que j'ai fait mes vers ; j'ai lu les *Caractères* de Théophraste, et, à son imitation, je me suis amusé à tracer le caractère d'un ministre ridicule.

— Vous voyez l'injustice, monseigneur ! ajouta M. de Grammont. Ce pauvre Boisrobert ! Aller cancaner de cela, lui qui est innocent comme l'enfant qui vient de naître !

— Voyons, Boisrobert, fit le cardinal, dites-moi cette satire.

On en était au dernier vers, et le cardinal se tenait les côtes de rire, lorsqu'on annonça la Vrillière.

— Entrez là, dit Mazarin à Boisrobert et à M. de Grammont, et ne vous inquiétez de rien.

La Vrillière se présenta furieux.

— Monseigneur, cria-t-il de la porte, je viens vous demander justice.

— Oh ! *monsou* la Vrillière, *soustice !* dit Mazarin ; mais c'est mon devoir de vous la rendre ; et contre qui, *soustice ?*

— Contre un misérable poëte, un lâche pamphlétaire qui m'a insulté, vitupéré !

— Bah !

— Qui m'a littéralement vidé une bouteille d'encre sur le visage !

Et il raconta la chose.

— Bon ! dit Mazarin ; est-ce tout ?

— Comment, est-ce tout ? Votre Éminence trouve-t-elle donc que ce n'est point assez ?

— Mais ce n'est point de vous qu'il est question, mon *cer monsou* la Vrillière.

— De qui donc ?

— D'un ministre *ridicoule.*

— D'un ministre ridicule ?

— Oui, vous voyez bien que ce ne peut être vous ; d'ailleurs, la satire est imitée des *Caractères de Théophraste.*

Et il fallut que *monsou* de la Vrillière se contentât de cette réponse.

La Vrillière s'en alla ; le cardinal fit sortir du cabinet Boisrobert et le maréchal de Grammont, qui avaient tout entendu, et qui crevaient de rire.

— Mais, monseigneur, mon imbécile de frère ? insista Boisrobert.

— Soyez tranquille, répondit Mazarin, il aura sa pension, vous avez ma parole.

Malgré la parole de Mazarin, la pension ne reparaissait pas, Boisrobert était tous les matins dans l'antichambre du cardinal.

— C'est ordonné, *monsou* Boisrobert, disait Mazarin.

— C'est ordonné, c'est possible, répondait Boisrobert, mais ce n'est pas fait.

— Cela se fera.

— M. de la Vrillière soutient, monseigneur, que cela, au contraire, ne se fera pas, quand la reine elle-même le lui commanderait ; après cela, vous comprenez, monseigneur, il ne lui reste plus qu'à monter sur le trône.

Pendant ce débat, M. d'Emmery, beau-père de la Vrillière.

invita son gendre à dîner chez lui, et, comme par oubli, invita Boisrobert au même dîner, et plaça les antagonistes en face l'un de l'autre.

Boisrobert fut éblouissant d'esprit.

Enfin, M. de la Vrillière eut la main forcée et donna ordre à son commis Penou de délivrer le nouveau brevet.

Mais le brevet ne venait pas,

Boisrobert alla trouver Penou, et lui montra dix pistoles; aussitôt l'autre délivra le brevet.

Quand Boisrobert tint ce brevet :

— Ah! monsieur, dit-il à Penou, ne vous ai-je pas offert de l'argent?

— Mais oui, monsieur, dit celui-ci, vous m'avez fait l'honneur de m'offrir dix pistoles.

— Oh! monsieur, s'écria Boisrobert avec l'apparence du plus profond regret, je vous demande bien pardon d'avoir commis une pareille inconvenance! De l'argent, à vous! il fallait que je fusse ivre.

Et il remit ses dix pistoles dans sa poche, et sortit emportant le brevet.

Pendant trois ans, d'Ouville fut payé de sa pension.

Au bout de trois ans, M. de la Vrillière tenta un essai : il retira le brevet de d'Ouville.

« Monsieur le secrétaire d'État, lui écrivit Boisrobert, je vous promets que, si, dans vingt-quatre heures, le brevet de mon frère ne lui est pas rendu, dans huit jours, la satire que vous savez sera imprimée. »

Le brevet fut rendu.

Le cardinal félicita Boisrobert de son expédient.

— Ce n'est qu'un coquin, répondit Boisrobert; il aurait dû me faire assommer de coups de bâton.

Ce qui nuisait à Boisrobert dans le monde où il vivait, c'était son incontinence de langue. Jamais Boisrobert, en face de qui que ce fût, ne renfonça un bon mot qui lui venait sur les lèvres.

Un jour, il alla voir MM. de Richelieu au petit Luxembourg, — on appelait *MM. de Richelieu* les trois fils de Vignerot, marquis de Pont-Coulay, et de Françoise Duplessis, substitués tous trois aux noms et armes de Richelieu par le testament du cardinal; un jour, disons-nous, il alla voir MM. de Richelieu au petit Luxembourg, et y fut reçu par madame de Sauvay, femme de l'intendant de madame d'Aiguillon, et qui avait la réputation d'une fort impertinente personne.

— Ah! cria-t-elle à Boisrobert du plus loin qu'elle l'aperçut, vous arrivez bien!

— Comment cela?

— Oui, j'ai à vous gronder.

— S'il en est ainsi, permettez-moi de recevoir l'absolution, comme il convient à un vrai chrétien.

Et Boisrobert se mit à genoux.

— Un vrai chrétien, vous! vous qui passez partout pour un impie et un athée!

— Et vous croyez à ces propos-là?

— Non, je vous jure!

— Vous avez bien raison : n'ai-je pas entendu dire partout que vous étiez une coquine!

— Ah! monsieur, que dites-vous là? s'écria la dame.

— Oh! répondit Boisrobert, j'ai fait comme vous à mon égard; rassurez-vous, je n'en ai rien cru.

Mais la chose la plus dure à Boisrobert, et celle sur laquelle il avait le plus de peine à se blanchir, c'était l'accusation qui fit tomber le feu du ciel sur les villes maudites.

— Qu'avez-vous donc, monsieur de Boisrobert? lui demandait un jour mademoiselle Nelson, fille d'esprit, qui épousa depuis le conseiller d'État Gérard le Camus; vous voilà tout en nage!

— Mademoiselle, dit Boisrobert, je viens de faire des visites à mes juges.

— Pour votre compte ?

— Non, pour celui d'un de mes laquais que ces messieurs voulaient pendre à toute force.

— Voire, répondit la demoiselle, les laquais de Boisrobert ne sont faits pour la potence, et m'est avis qu'ils ne doivent craindre que le feu.

Un autre jour, il arriva que le portier de Bautru, se disputant avec le laquais du poëte, donna à son antagoniste des coups de pied au derrière.

Le laquais vint se plaindre à son maître, et voilà Boisrobert enragé et faisant grand bruit de l'aventure.

— Il a raison, dit le maréchal de Grammont, la chose est bien plus offensante pour Boisrobert que pour un autre.

— Pourquoi cela ? demande un de ces questionneurs qui ne sont là que pour donner naissance à une réponse

— Dame, aux laquais de Boisrobert, le derrière tient lieu de visage, répondit le maréchal ; c'est la partie noble de ces messieurs-là.

Les dévotes avaient fait mettre Ninon aux Madelonnettes, et, des Madelonnettes, l'immortelle courtisane écrivait à le Bois :

« Je suis ici, de la part des bonnes filles, l'objet d'excellents traitements. Aussi je pense que, si j'y reste encore un temps, à votre imitation, je finirai par aimer mon sexe. »

Un jour, on parlait devant Boisrobert de généalogies fabuleuses, telles que celle de la maison de Lévis, qui se prétend parente de la Vierge, ou de la maison de Mérode, qui descend, dit-elle, de Mérovée.

— Pour moi, dit Boisrobert, j'ai envie, puisque je me nomme Métel, de me faire descendre de Métellus.

— En tout cas, ce ne sera point de Métellus Pius, répondit quelqu'un qui se trouvait là.

La Fronde arriva, et, en véritable courtisan qu'il était, Boisrobert fit des vers contre les frondeurs.

Le coadjuteur de Paris, frondeur enragé, invita Boisrobert à dîner; le poëte, très-gourmand, et sachant qu'on dînait fort bien chez M. de Gondi, se rendit à l'invitation.

Après dîner, et comme on prenait le café au salon, — ce fameux café qui venait de paraître aux horizons de la gourmandise, et qui, au dire de madame de Sévigné, devait passer comme Racine :

— Monsieur de Boisrobert, demande le coadjuteur, vous allez nous dire vos vers sur les frondeurs, n'est-ce pas?

— Bien volontiers, fit Boisrobert.

Il tousse, il se mouche, il crache, et, sans affectation, s'étant approché de la fenêtre et ayant mesuré la distance de l'étage où il se trouvait jusqu'au sol :

— Non, par ma foi, dit-il, je change d'avis : votre fenêtre est trop haute.

— La prêtrise, disait l'abbé de la Victoire, est à Boisrobert ce que la farine est aux bouffons; elle sert à le faire paraître plus grotesque encore.

Un soir, à l'une de ses pièces, un comédien laissa échapper une expression d'un français hasardé.

— Ah! le malheureux, dit-il, il me fera chasser de l'Académie.

Boisrobert composa force comédies dont la plupart sont inconnues aujourd'hui. Presque toujours, il y mettait en scène des gens vivants et connus; de sorte que les originaux, se reconnaissant dans les copies, faisaient grand bruit, répandaient force plaintes, proféraient force menaces. Dans l'une d'elles, intitulée *la Belle Plaideuse*, il mit un avare et son fils. Tous deux se rencontraient chez un notaire où l'un venait placer et l'autre emprunter à gros intérêt.

— Ah! jeune débauché, disait le père, c'est toi?

— Ah! vieil usurier, disait le fils, c'est vous?

Le père était le président de Bercy ; le fils était son fils.

Molière prit la scène à Boisrobert, et la mit carrément dans *l'Avare.*

— Comment! dit-on à Molière, vous allez emprunter une scène à ce bouffon de Boisrobert ?

— Bon! dit l'auteur du *Misanthrope* et de *Tartuffe*, c'est une fille que je tire d'une mauvaise maison pour la conduire dans la bonne société.

Un jour, le prince de Conti, le bossu, assistait à une des pièces de Boisrobert.

— Oh ! fi, monsieur de Boisrobert ! lui dit-il de la loge où il était, la méchante pièce que vous nous donnez là !

Boisrobert, qui était assis sur le théâtre, se leva, et, s'avançant vers la rampe, salua le prince.

— Oh ! monseigneur, cria-t-il, vous me confondez de me louer ainsi en ma présence.

Le prince de Conti avait parlé bas, Boisrobert avait répondu haut. Personne, dans la salle, n'avait entendu l'apostrophe; tout le monde entendit la réponse; de sorte qu'il n'y eut pas un spectateur qui ne crût qu'effectivement le prince avait fait un compliment à Boisrobert.

On l'obligea parfois de dire la messe.

Madame Cornuel, si connue pour ses bons mots, dont nous citerons quelques-uns en leur lieu et place, assistait à une messe de minuit dite incognito par Boisrobert.

Au *Dominus vobiscum*, Boisrobert se retourne vers ses auditeurs : madame Cornuel jette un cri et sort.

A la porte, elle rencontre une de ses amies.

— Où allez-vous donc? lui demande l'amie.

— Chez moi, bon Dieu !

— Et pourquoi quittez-vous la messe à l'*Introït ?*

— Parce que j'ai trouvé Boisrobert dedans, et qu'il m'en a dégoûtée.

Lui sut cela, et fit un sonnet sur le mot Cornuel, et l'analogie qu'il avait avec corne.

Mais madame Cornuel s'en moqua. C'était elle qui avait dit, à propos d'un homme qui avait fort crié en apprenant que sa femme le trompait, et qui ensuite s'était fait un revenu des galanteries de la dame :

— Les cornes, c'est comme les dents : cela fait mal quand cela pousse, mais, après, on mange avec.

Boisrobert faisait un conte sur deux gentilshommes campagnards qui venaient de temps en temps à la cour, l'un que l'on nommait M. de Beuvron, l'autre M. de Croisy, et qui étaient frères.

Boisrobert racontait qu'un jour où, à cause de la grande chaleur, on craignait pour la récolte, il vint une pluie de cinq heures. Pendant ces cinq heures, les deux gentilshommes se promenèrent dans le salon de leur château, regardant tomber la pluie par la fenêtre ouverte, et ne se disant autre chose l'un à l'autre que :

— Mon frère, que de foin !

— Mon frère, que d'avoine !

Le conte eut tant de succès et fut si bien répandu, que, quand les deux gentilshommes vinrent à Paris, on appela l'un *Que-de-foin* et l'autre *Que-d'avoine*.

Boisrobert n'avait point d'enfants, mais seulement des neveux assez pauvres d'esprit. Il avait une maison aux champs ; le hasard voulut qu'elle s'appelât Ville-Loison.

— Comment diable, lui demanda Saint-Évremond, avez-vous acheté une maison ainsi nommée ?

— C'est pour la substituer à mes neveux, répondit Boisrobert.

Outre son premier exil à Rouen, Boisrobert fut exilé une seconde fois par la cabale des dévots, pour avoir mangé de la viande en carême et avoir juré horriblement un jour qu'il perdait.

Une fois en exil, il s'adressa à madame de Mancini, qui s'employa à le faire revenir, et qui y réussit.

— Comment, ayant tant d'amis, lui demanda quelqu'un, vous êtes-vous adressé à madame de Mancini ?

— Parce que, ayant perdu quarante écus contre elle le soir où j'ai tant juré, répondit Boisrobert, elle avait tout intérêt à ce que je revinsse pour les lui payer.

Une lettre que l'on reçut au palais, qu'elle fût écrite de bonne foi ou par malice, le fit fort enrager. Un homme de Nancy demandait aux diseurs de nouvelles :

« Je vous prie, messieurs, de me dire si ce que l'on nous a mandé à Nancy est véritable, c'est-à-dire que Boisrobert s'est fait Turc, et que le Grand Seigneur lui a donné d'immenses revenus avec une foule de beaux petits pages pour le servir; et que, de Constantinople, ce même Boisrobert a écrit aux libertins de la cour : « Vous autres, messieurs, vous » vous amusez à renier Dieu cent fois le jour; je suis plus » fin que vous, je ne l'ai renié qu'une, et m'en trouve fort » bien. »

Il tomba malade vers l'âge de soixante et dix ans, et, comme sa vie fort dissipée donnait des inquiétudes sur son sort, madame de Châtillon, sa voisine, vint l'exhorter à faire une fin chrétienne.

Il s'y résolut, et, comme première preuve d'humilité, il disait aux assistants :

— Oubliez Boisrobert vivant et ne considérez que Boisrobert mourant.

Comme son confesseur, pour le rassurer, lui disait que Dieu avait pardonné à de plus grands pécheurs que lui :

— Oh! oui, mon père, répondit-il, il y en a de plus grands : il y a l'abbé de Villarceaux, mon hôte, qui me gagnait toujours mon argent, qui est un plus grand pécheur que moi; et, cependant, je ne désespère pas que Dieu lui fasse miséricorde.

— Monsieur l'abbé, lui disait madame de Thoré, la contrition est une vertu.

— Je vous la souhaite de tout mon cœur, madame, répondit Boisrobert.

On se rappelle son fameux mot au moment de mourir :

— Je me contenterais d'être aussi bien avec Notre-Seigneur que je l'ai été avec Son Éminence le cardinal de Richelieu.

Comme il tenait le crucifix, demandant pardon à Dieu :

— Ah! dit-il, au diable soit ce sacré potage que j'ai mangé chez d'Olonne; il y avait de l'oignon, et c'est ce qui m'a fait mal.

Puis il reprit :

— Le cardinal de Richelieu m'a gâté; il ne valait rien, c'est lui qui m'a perverti...

Et il trépassa.

Nous avons tout à l'heure nommé madame Cornuel; disons quelques mots de cette femme, dont l'esprit était devenu proverbial sous le règne de Louis XIII, et même sous celui de Louis XIV. Deux ou trois fois madame de Sévigné l'a citée.

Elle était fille d'un certain M. Bigot, que l'on appelait Bigot de Guise, parce qu'il avait été intendant du duc Henri de Guise. Son père, qui était riche, la maria à M. Cornuel, frère du président Cornuel. C'était une jolie personne, qui avait l'avantage ou le défaut, comme on voudra, d'être fort éveillée; de là la plaisanterie de Boisrobert sur le nom de son mari.

Le mari était très-vieux, et sans doute, par la cohabitation, avait-il gagné de l'esprit de sa femme. Voyageant un jour avec deux jeunes filles fort jolies, et âgées de seize ans à peine, la voiture dans laquelle ils se trouvaient tous trois versa au bord d'un précipice, et ce fut miracle qu'elle ne se trouvât point entraînée. Par bonheur, les trois voyageurs, au lieu de la mort inévitable qui les attendait dans cette chute, sortirent sains et saufs de la voiture.

— Mesdemoiselles, dit M. Cornuel en se retrouvant sur ses pieds, me voici redevenu un vieillard, et vous de jeunes et charmantes enfants; mais, il y a deux minutes, nous étions tous les trois du même âge.

Madame Cornuel avait été la maîtresse du marquis de Sourdis. Un jour que celui-ci l'attendait chez elle, et qu'elle se faisait trop longtemps attendre, il s'avisa de traiter la femme de chambre comme il eût traité la maîtresse si elle eût été là.

La femme se trouva grosse, et elle avait grand'peur d'être renvoyée par sa maîtresse; mais, quand celle-ci sut la chose, elle garda, au contraire, sa caméristе, la fit accoucher, et eut soin de l'enfant, qu'elle entretint en disant :

— C'est trop juste, puisqu'il a été fait à mon service.

Elle avait un procès dans lequel un maître des requêtes, nommé Sainte-Foi, était rapporteur; elle allait souvent chez lui, mais avait grand'peine à lui faire entendre ses raisons, ne le trouvant jamais.

Un jour, comme de coutume, elle alla pour le solliciter; le portier lui dit que son maître n'y était pas.

— Et où est-il donc? demanda madame Cornuel.

— Madame, répondit le portier, il entend la messe.

— Hélas! mon ami, répondit-elle, par malheur, il n'entend que cela.

Puis, rentrant chez-elle :

— Ce Sainte-Foi, dit-elle, s'appelle Sainte-Foi comme les Blancs-Manteaux, qui sont habillés de noir, s'appellent Blancs-Manteaux.

Elle était amie d'une demoiselle de Preimes, ancienne chanoinesse. Cette demoiselle de Preimes avait été fort jolie; comme elle atteignait la quarantaine, elle commençait à passer, quoique, depuis l'âge de vingt-cinq ans, pour conserver son teint, elle mît constamment un masque.

— Hélas! disait madame Cornuel, la beauté de ma pauvre amie est comme un lit qui s'use sous la housse.

Un jour, les fermiers généraux des aides saisirent un panier de gibier qu'on lui envoyait de la campagne. On lui donna avis de cette confiscation, et elle envoya redemander son panier, que, de crainte de ses bons mots, messieurs les fermiers s'empressèrent de lui rendre ; mais cette condescendance de leur part ne les sauva point.

En revoyant son panier :

— Il paraît que ces gens-là me connaissent, dit-elle ; vous verrez que quelqu'un d'entre eux aura été laquais dans quelque bonne maison de ma connaissance.

Dans la promotion du Saint-Esprit, où le comte de Choiseul reçut l'ordre, — ordre dont sa qualité et son mérite le rendaient tout à fait digne, — il y eut cinq ou six chevaliers dont, au contraire, le mérite et la naissance étaient fort attaquables.

Quelques jours après, madame Cornuel, se disputant avec le comte de Choiseul, et celui-ci insistant dans la discussion :

— Taisez-vous, dit-elle, ou je vous nommerai vos confrères.

Pendant que la chambre des poisons était établie, et que, pour donner une certaine créance aux bruits qui couraient, et peut-être aussi une plus longue durée à cette chambre, dont les membres étaient largement rétribués, on pendait tous les jours quelques pauvres diables :

— Mon cher conseiller, disait madame Cornuel à M. de Bezons, qui était de cette commission, il est vraiment honteux pour vous de ne faire pendre que des gueux, et, si j'étais messieurs les juges, je ferais une collecte entre robes noires, afin de louer des habits à la friperie, pour habiller ces malheureux quand on les exécute ; peut-être ainsi, du moins, en imposerait-on au public.

Puis, comme on lui disait que, dans les procès des empoisonnements, on brûlait avec ceux-ci leur procès :

— C'est bien, dit-elle ; mais, pour être tout à fait juste avec les empoisonneurs et leurs procès, il faudrait encore brûler les témoins et les juges.

Comme on vantait devant elle la naissance de M. le duc de Rohan-Chabot :

— Oui, dit-elle, il est bien né, c'est incontestable ; seulement, il a été mal fouetté.

Du temps de madame Cornuel, on portait des flots de rubans. On lui dit que madame de la Reynie, grande, maigre et femme du lieutenant de police, en portait une échelle.

— Hélas ! répondit-elle, si ce que vous me dites est vrai, j'ai bien peur qu'il n'y ait une potence dessous.

Un jour, étant dans l'antichambre de M. Colbert, qui la faisait attendre, et y étouffant, à cause du grand feu que l'on faisait dans le poêle :

— Eh ! mon Dieu ! dit-elle, sans nous en douter, ne serions-nous pas ici en enfer ? On y brûle, et tout le monde est mécontent.

Un jour, le marquis d'Alluyes, relevant d'une maladie que l'on avait cru mortelle, la vint voir, fort pâle et fort changé.

— En le voyant entrer en cet état, dit le soir madame Cornuel à ses amis, j'ai été sur le point de lui demander s'il avait une passe du fossoyeur pour aller ainsi par la ville.

La comtesse de Fiesque, personne très-fantasque, avait tenu sur madame Cornuel je ne sais quel propos que l'on rapportait à celle-ci.

— Que voulez-vous ! dit madame Cornuel, la comtesse s'entretient dans l'extravagance, comme les cerises dans l'eau-de-vie.

Un jour, cette même comtesse de Fiesque, que madame Cornuel signalait comme atteinte de folie, disait, devant elle, qu'elle ne savait vraiment pas pourquoi l'on trouvait M. de Combourg fou, et qu'assurément il parlait comme un autre.

— Ah ! comtesse, dit madame Cornuel, vous avez mangé de l'ail !

Un imbécile qui, en outre, avait le malheur plus grand encore de sentir mauvais, se fit présenter un jour à madame Cornuel, et resta une heure dans son salon sans desserrer les dents.

Lui sorti :

— En vérité, dit madame Cornuel à ceux qui demeuraient après lui, il faut que cet homme soit mort, s'il sent mauvais.

Un de ses laquais, fort bête, et qui faisait sottise sur sottise, fit un jour celle de se laisser tomber à quatre pattes devant elle.

— Je te défends de te relever, dit-elle ; tu es fait pour marcher comme cela.

Comme on s'inquiétait, en sa présence, de l'endroit où l'on mettrait les nouveaux drapeaux pris sur l'ennemi par le maréchal de Luxembourg à la bataille de Steinkerque, l'église de Notre-Dame en regorgeant déjà :

— Bon ! dit madame Cornuel, on fera de ceux-ci des falbalas aux autres.

On parlait chez elle des grandes débauches que faisaient, dans le faubourg Saint-Germain, cinq ou six dames de la cour :

— Je sais ce que c'est, dit-elle; c'est une mission que M. l'archevêque de Paris a envoyée dans le quartier pour retirer les jeunes gens du mauvais péché des Valois.

Un soir, en revenant chez elle en voiture, elle fut attaquée par des voleurs; leur chef entra dans le carrosse, et commença par lui mettre la main à la gorge.

Mais elle, lui repoussant le bras :

— Vous n'avez rien à faire là, mon ami; je n'ai ni perles ni tetons.

On voulait faire déloger une femme de mauvaise vie qui demeurait près d'elle, et faisait de la nuit le jour; mais, craignant un plus bruyant voisinage :

— Oh ! laissez-la, dit-elle : il n'aurait qu'à venir à sa place un maréchal ou un serrurier ; au lieu que ce fût elle qui ne dormît plus, ce serait moi.

Madame Cornuel avait déjà quatre-vingts ans quand mourut madame de Ville-Savin, sa voisine, âgée de quatre-vingt-douze ans.

— Hélas ! s'écria madame Cornuel en apprenant cette mort, me voilà découverte !

Et, en effet, elle mourut quelque temps après.

IX

Pour faire mieux apprécier l'esprit du XVIIe siècle, passons de l'esprit individuel à l'esprit général, et citons, d'après Tallemant des Réaux, qui était lui-même un des beaux esprits de l'époque, les naïvetés ou les mots spirituels de ce temps, où vivaient encore Bassompierre et la Grommont, et où vivaient déjà les Ninon et les Marion Delorme.

Souvent le mot spirituel sortira de la bouche d'un inconnu, et nous serons obligé de dire *on* au lieu de *il ;* cela prouvera la vérité du proverbe qui eut cours cent ans plus tard : « Il y a quelqu'un qui a encore plus d'esprit que M. de Voltaire. — Qui ? — C'est tout le monde. »

Herr omnes, disait Luther. (*Monseigneur tout le monde.*)

Commençons donc par *on*.

⁂ Une bourgeoise qui louchait et avait le regard fort dur se vantait qu'un duc et pair lui avait *fait* les yeux doux.

— Avouez, mademoiselle, lui répondit-*on*, qu'il a fort mal réussi !

⁂ Au sacre d'un coadjuteur de Rouen, une dame disait :

— En vérité, il me semble être en paradis, tant il y a ici d'évêques.

— Vous n'y avez jamais été, alors ? lui demanda-t-on.

— Où cela ?

— En paradis.

— Non. Pourquoi ?

— Ah ! c'est que ce n'est pas aux évêques que vous l'eussiez reconnu.

⁂ Un enrichi, fils d'épicier, avait fait faire, pour son salon, un tableau de religion, au bas duquel il avait fait écrire :

Respice finem.

Un mauvais plaisant effaça la première et la dernière lettre, c'est-à-dire l'*R* et l'*M*.

Il resta : *Espice fine.*

⁂ M. Gaston de France, duc d'Orléans, dont nous avons déjà eu l'occasion de parler quelquefois, et dont nous parlerons plus d'une fois encore, avait la barbe rousse.

Se trouvant un jour avec un castrat :

— Monsieur, lui dit-il pour démonter le pauvre diable, faites-moi donc le plaisir de me dire pourquoi vous n'avez pas de barbe.

— C'est bien facile, monseigneur, répondit celui-ci. Le jour où le bon Dieu faisait la distribution des barbes, je suis arrivé trop tard, c'est-à-dire quand il n'y en avait plus que de rousses à donner ; de sorte que j'ai mieux aimé n'en avoir point du tout que d'en avoir une de cette couleur-là.

⁂ Un cocher, désirant faire ses pâques comme un grand seigneur, allait à confesse.

Après qu'il eut achevé la liste de ses péchés, le prêtre lui ordonna de jeûner huit jours.

— Oh ! non, dit le cocher, non, je ne saurais faire cela.

— Pourquoi donc ?

— Je n'ai pas envie de ruiner ma femme et mes enfants.

— Comment, ruiner votre femme et vos enfants ?

— Oui, j'ai vu jeûner monseigneur l'évêque tout le carême :

or, il faut pour cela du poisson de mer, du poisson de rivière, du riz, des épinards, du cotignac, des poires de bon chrétien, du raisin, des figues, du café et des liqueurs. Comment voulez-vous qu'un pauvre diable comme moi se permette de jeûner?

*** Un chanoine de Reims plaidait contre son père; il s'agissait du bien de sa mère qu'il réclamait.

— Tu sais combien il m'en a coûté déjà pour t'avoir ta prébende, dit le père; eh bien, je te donnerai encore cent pistoles, et va-t'en au diable!

Le chanoine rêva un instant; puis, secouant la tête :

— Non, dit-il, à moins de deux cents, je n'irai pas.

*** Le président de Pellot avait pour tout service deux laquais.

Ces deux laquais se prirent un soir de querelle, et décidèrent qu'ils se battraient le lendemain.

Le lendemain, à huit heures, ils étaient au Pré-aux-Clercs; mais ils ne furent pas plus tôt en présence que l'un dit à l'autre:

— Bon! et qui donc va lever notre maître?

— C'est juste, répondit l'autre.

Et tous deux rengaînèrent et revinrent les meilleurs amis du monde.

*** L'abbé de la Victoire, Pierre Duval de Coupeauville, était fort avare.

Prévenu que des dames patronnesses d'une bonne œuvre devaient venir quêter chez lui le lendemain, et ne sachant comment les renvoyer les mains vides, il se mit au haut de son escalier, et, entendant, à la voix, que c'étaient ses visiteuses :

— Claude, cria-t-il à son valet de chambre, ne laisse entrer personne, à cause de cette malheureuse petite vérole dont vient de mourir la pauvre Margot.

Les dames patronnesses courraient encore, s'il n'y avait quelque chose comme deux cents ans que l'abbé de la Victoire a eu cette bonne idée d'appeler, contre la charité, la petite vérole à son secours.

⁂ — Prenez garde, mon cher, disait M. Delbène à Desbarreaux, qui se servait un énorme morceau de gigot, il y a là de quoi vous faire mal à l'estomac.

— Bon! répondit Desbarreaux, êtes-vous donc de ces fats qui s'amusent à digérer?

⁂ C'est ce même Desbarreaux qui, entendant gronder le tonnerre un vendredi, pendant qu'il mangeait une omelette au lard, prit l'omelette et la jeta par la fenêtre en disant :

— Eh! mon Dieu! vous êtes bien susceptible, et voilà bien du bruit pour une omelette!

⁂ Le maréchal de*** — Tallemant des Réaux ne nous dit pas son nom — avait un menton long d'une aune; M. de la Grange, au contraire, n'avait pas apparence de memton. Tous deux, se trouvant à la chasse du roi Louis XIII, et ayant aperçu le cerf en même temps, s'élancèrent du côté où ils l'avaient vu, de toute la vitesse de leurs chevaux.

— Eh! Grammont, demanda le roi, où donc le maréchal et la Grange courent-ils si vite?

— Sire, répondit Grammont, c'est le maréchal de*** qui a emporté le menton de la Grange, et la Grange court après pour le ravoir.

⁂ Pierre de Montmaur, professeur de grec au collége de France, était un des premiers gourmands qu'il y eût au monde. Étant à table dans une société où les convives ne faisaient que rire, parler et chanter :

— Oh! messieurs, de grâce! dit-il, un peu de silence; on ne sait vraiment pas ce que l'on mange.

⁂ M. le Féron fut attaqué par des voleurs à cinq heures du matin.

— Messieurs, dit-il, il me semble que vous ouvrez de bien bonne heure aujourd'hui.

⁂ Un curé prêchait sur les tourments réservés aux pécheresses qui, ayant agi comme la Madeleine, ne se seraient pas repenties comme elle.

Une femme, qui se croyait dans la catégorie menacée, courut à la mère du curé en s'écriant :

— Oh ! ma chère amie, si ce qu'a dit votre fils est vrai, nous sommes toutes damnées.

— Eh ! dit la mère en haussant les épaules, ne le croyez donc pas ; c'est le plus grand menteur du monde : quand il était tout petit, je ne le fouettais que pour cela.

⁂ — Avez-vous jeûné, mon fils? demandait un prêtre à un soldat qui se confessait.

— Hélas ! répondit le soldat, que trop, mon père !

— Dans quelle condition ?

— C'est-à-dire que j'ai quelquefois été huit jours sans manger un morceau de pain.

— Était-ce volontairement ?

— Non, mon père.

— Alors, si vous eusssiez eu du pain ou toute autre chose, vous en eussiez mangé ?

— Très-assurément.

— Mais, dit le confesseur, Dieu ne prend aucun plaisir à ces jeûnes forcés.

— Ni moi non plus, répondit le soldat.

⁂ Un Gascon disait avoir vu une église de mille pas de long.

Son valet voulant l'interrompre :

— Et de deux mille pas de large, ajouta-t-il.

On se mit à rire.

— Eh ! mordioux ! dit-il, si elle est plus large que longue, c'est la faute de ce coquin : sans lui, j'allais la faire carrée.

⁂ C'était ce même Gascon qui, prenant querelle avec un passant, lui dit tout furieux :

— Je te donnerai, maraud, un si grand coup de poing, que je te ferai rentrer le corps dans ce mur et ne te laisserai que le bras droit de libre pour me saluer, si je te fais encore l'honneur de passer devant toi.

⁂ M. L... disait avant de mourir :

— J'ai reçu tous les sacrements, excepté le mariage, que je n'ai pas eu en original ; mais, ce qui me console, c'est que j'en ai tiré autant de copies que j'ai pu.

⁂ Un capitaine aventurier, rencontrant un moine en pays ennemi, lui vola une pièce de drap que celui-ci emportait à son couvent.

Le moine, en le quittant, lui dit en manière de menace :

— Capitaine, je vous assigne au jour du jugement, où vous me la rendrez.

— Ah ! dans ce cas, dit le capitaine, puisque tu me donnes un si long terme, je prendrai aussi ton manteau.

Et il le lui prit.

⁂ — Où vas-tu ? demandait un seigneur à un paysan.

— Je n'en sais rien, répondit insolemment celui-ci.

— Oh ! oh ! dit le seigneur, alors, je vais te l'apprendre.

Et, le faisant arrêter par les archers, il le fait conduire en prison.

Un instant, le pauvre paysan crut que son seigneur plaisantait ; mais, finissant par comprendre que c'était pour tout de bon qu'on allait le mettre au cachot :

— Eh bien, dit-il en pleurant, ne vous avais-je pas dit que je ne savais pas où j'allais ?

Reconnaissant la justesse de la réponse, le seigneur le fit relâcher.

*** Le duc d'Ossuna détestait les jésuites et cherchait une occasion de venger, sur quelques-uns, la haine qu'il portait à tous. Il fit venir deux des bons pères, choisis parmi les plus savants de l'ordre, et leur demanda s'ils pouvaient, moyennant mille pistoles, lui donner d'avance l'absolution d'un péché non encore commis.

Les bons pères dirent qu'ils allaient se renseigner et viendraient le plus vite possible lui donner réponse.

Trois jours après, en effet, ils vinrent lui apporter un de leurs auteurs qui prétendait la chose possible, et lui donnèrent d'avance l'absolution de son péché ; lui, de son côté, leur donna une lettre de change à toucher sur son banquier, habitant à quatre lieues de là.

Les deux jésuites se mirent en route ; mais à peine avaient-ils fait une lieue, qu'ils rencontrèrent des domestiques du duc qui les rouèrent de coups et leur prirent la lettre de change.

Eux revinrent au duc et lui racontèrent ce qui s'était passé.

Mais le duc :

— Eh ! messieurs, dit-il, c'était justement là le péché que j'avais envie de commettre et dont vous m'avez donné l'absolution.

*** Un courtisan faisait, dans la chambre d'Anne d'Autriche, des compliments de condoléance sur la mort de sa femme au prince de Guéménée, lui disant qu'il avait grandement perdu.

— Le fait est, répondit celui-ci, que, si la pauvre femme n'était pas morte, je crois que je ne me serais jamais remarié.

*** Un poëte qu'on raillait sur sa poésie, et qui ne s'apercevait pas de la raillerie, disait d'un air fort satisfait de lui-même :

— En effet, et franchement, je crois mes vers fort passables.

— Vous avez raison, mon cher monsieur, lui répondit la maîtresse de la maison; car vous vous seriez bien passé de les faire, nous nous serions bien passés de les entendre, et le souvenir en sera bien vite passé.

⁂ Un père qui désirait garder sa fille près de lui, à bout de raisons pour la dissuader du mariage, ouvrit saint Paul, et lui cita le passage où le sombre apôtre dit que c'est bien de se marier, mais que c'est encore mieux de ne le pas faire.

— Mon père, dit l'amoureuse, laissez-moi bien faire : fera mieux que moi qui pourra.

⁂ Arlequin, appelé d'Italie par Marie de Médicis et ne se pressant pas de venir en France, disait qu'il avait été retardé par le mariage du colosse de Rhodes avec la tour de Babylone, lesquels avaient engendré les pyramides d'Égypte.

⁂ La belle Olympia avait pour amant Maldachino, lequel partageait ses faveurs avec Innocent X.

Un jour, ou plutôt une nuit, dans un moment de transport amoureux :

— *O coraggio, mio Maldachino!* dit-elle; *ti faro cardinale.*

Mais lui :

— *Quando sarrebbe per esser papa*, répondit-il : *non posso più!*

⁂ Un savant, comme tous les savants en général, avait de l'indifférence pour sa femme.

Un jour, celle-ci, s'en plaignant, lui dit :

— Oh! que ne suis-je un livre! du moins, je serais toujours avec vous!

— Que n'êtes-vous un almanach! répondit le savant; au moins, je vous changerais chaque année!

*** M. de Vivonne, qui était fort gros, arriva d'un voyage au moment où sa sœur, fort grosse elle-même, avait toute une assemblée dans son salon.

En apercevant son frère, elle se leva et alla au-devant de lui.

— Ma chère sœur, lui dit celui-ci en lui tendant les bras, embrassons-nous, si nous pouvons.

*** C'était cette même madame de Thianges qui, étant malade, se plaignait au comte de Rouy du bruit des cloches.

— Eh! madame, lui demanda celui-ci, que ne faites-vous mettre de la paille devant votre porte?

*** M. de Clermont-Tonnerre, évêque de Noyon — le même qui, disant la messe et entendant des seigneurs qui chuchotaient, se retourna en disant : « Eh! messieurs, est-ce que vous croyez que c'est un laquais qui vous dit la messe? » — ce même évêque, étant malade, formulait ainsi sa prière à Dieu, qu'il conjurait de lui rendre la santé :

— Hélas! mon Dieu, ayez pitié de Ma Grandeur!

C'était encore lui qui disait des docteurs de la Sorbonne :

— C'est bien affaire à des gueux comme cela de parler du mystère de la Sainte-Trinité!

*** Rabelais était malade, son curé le vint voir pour lui administrer les sacrements.

Ce curé était un véritable âne bâté.

— Mon frère, dit le curé à l'auteur de *Pantagruel*, voici votre Sauveur et votre Maître qui veut bien s'abaisser à venir vous trouver; le reconnaissez-vous?

— Hélas! oui, répondit Rabelais, je le reconnais à sa monture.

*** Un homme était resté un an entier, dans la crainte d'être battu par un bravache qu'il avait offensé, se tenant sur ses gardes et prenant toute sorte de précautions pour échapper à la catastrophe dont il était menacé, quand, tout à coup, se trouvant en face de son homme, celui-ci lui tomba dessus, le roua de coups, et le quitta en lui disant :

— Là ! êtes-vous content, maintenant ?

— Ma foi, oui, répondit le Batto, car me voilà enfin hors d'une fâcheuse affaire.

⁂ Un voyageur, recevant l'hospitalité dans un château, fut mis pour coucher dans une chambre dont les murs étaient rompus et crevassés de toutes parts.

— Voici, dit-il le lendemain en reprenant sa route, la plus mauvaise chambre que j'aie jamais eue : on y voit le jour toute la nuit.

⁂ Langely — le dernier fou en titre de Louis XIII, auquel il avait été donné par le prince de Condé, et qui, dans la *Marion Delorme* d'Hugo, est un des personnages les plus pittoresques de la pièce, — étant entré un matin chez monseigneur l'archevêque de Harlay, on lui dit dans l'antichambre que monseigneur était malade.

Mais lui, sans se démonter, s'assit sur une banquette et attendit.

Au bout d'un quart d'heure ou vingt minutes, il vit sortir de la chambre de Sa Grandeur une jeune fille habillée en vert.

Comme rien ne s'opposait plus à ce que monseigneur le reçût, il fut introduit.

Il trouva le prélat au lit.

— Ah ! mon pauvre Langely, lui dit celui-ci, je suis bien malade, et je viens d'avoir un évanouissement.

— Je l'ai vu sortir, monseigneur, dit Langely ; il était habillé de vert.

— Tiens, drôle ! lui dit le prélat, voilà quatre louis pour boire, et ne parle à personne de mon indisposition.

⁂ Au moment de faire naufrage, un soldat portugais mangeait tranquillement un morceau de pain.

Albuquerque, qui commandait le bâtiment, s'arrête devant lui, et, le regardant avec étonnement :

— Dieu me pardonne, dit-il, je crois que ce drôle-là mange.

— Eh! fit le soldat, au moment de boire un si grand coup, est-il défendu de manger un petit morceau?

*** Du temps que M. de Bouillon commandait en Italie, c'est-à-dire vers 1636, deux soldats furent condamnés, je ne sais pour quel crime, à être fusillés.

La condamnation portée, on avisa. — L'armée diminuait à vue d'œil par la désertion. — On résolut de n'en fusiller qu'un.

On leur annonça cette nouvelle en leur donnant un cornet et des dés.

— Veux-tu jouer à la chance? dit l'un.

— Je ne la sais pas, répondit l'autre.

— Sais-tu la rafle?

— Oui.

— Jouons à la rafle, alors.

Et celui qui tenait le cornet et les dés secoue le cornet, jette les dés sur la table, et amène dix-sept.

L'autre joue à son tour, mais sans grande espérance, puisqu'il n'y avait qu'un point plus élevé que celui de son compagnon : dix-huit.

Il amène trois as.

— Mordieu! dit l'homme au dix-sept points, c'est perdre avec beau jeu.

Les officiers, qui assistaient à cette étrange partie, résolurent de le sauver; mais, voulant éprouver son courage, ils décidèrent qu'on pousserait la tragédie jusqu'au bout; seulement, au lieu du dénoûment mortel qu'elle devait avoir elle aurait un dénoûment heureux. Bien entendu que le dénoûment restait inconnu au patient.

En conséquence, à l'heure dite, on le mène sur le terrain.

— Veux-tu avoir les yeux bandés ? demanda le sergent.

— Pour quoi faire ? répondit celui-ci.

— Alors, choisis tes parrains.

Le condamné désigna deux de ses camarades, et, tirant de sa poche dix écus qu'il possédait et qui faisaient toute sa fortune :

— Tiens, dit-il à l'un d'eux, prends cinq écus pour boire, et, des autres cinq écus, fais dire des messes pour mon âme.

Le parrain prit les dix écus.

Le patient se plaça à la distance convenue.

On commanda le feu ; seulement, les officiers avaient fait ôter les balles.

L'homme, demeuré debout malgré la décharge, demande ce qu'il y a.

On le lui raconte, on lui dit d'aller se faire saigner, de peur que le saisissement ne lui fasse mal.

— Bon ! dit-il, je ne suis point saisi et n'ai nullement besoin de me faire saigner. Seulement, j'ai soif en diable ; rendez-moi les dix écus, et allons les boire.

⁂ Il y avait à Bordeaux un vieux conseiller nommé d'Andrant, qui avait eu toute sa vie une telle passion pour les nouvelles, qu'à l'heure de sa mort, il envoya chercher un Portugais, grand nouvelliste, pour lui demander ce qu'il avait appris par le dernier courrier.

— Rien, répondit celui-ci ; mais, par le prochain, j'aurai bien certainement des nouvelles.

— Par malheur, dit le moribond, je ne puis pas attendre, il faut que je parte.

Et il poussa un soupir de regret.

C'était le dernier : il était mort.

⁂ Le père du maréchal de Saint-Luc se trouva un jour à la porte du cabinet du roi avec M. de Luxembourg.

Ce dernier, croyant que Saint-Luc voulait passer devant lui, l'arrêta en disant :

— Pardon, monsieur, mais j'espère que vous n'avez pas eu l'intention de me disputer le pas, à moi qui ai quatre empereurs dans ma maison ?

— Ah ! par ma foi ! monsieur, dit Saint-Luc, je serai bien étonné si vous êtes jamais le cinquième !

*** Il y avait exécution à Autun. Il s'agissait de pendre un pauvre diable ; mais, comme le bourreau était malade, on en fit venir un de la plus proche localité.

Celui-ci se présenta à l'hôtel de ville, car le crime avait été jugé à la poursuite de la communauté.

— Combien y a-t-il à gagner à cette pendaison ? demanda l'exécuteur.

— Dix livres, lui répondit-on.

— Messieurs, dit-il, cherchez ailleurs. Pour ce prix-là, il n'y a pas moyen de s'en tirer.

— Comment cela ?

— Non ! si c'était quelqu'un de vous autres, qui avez de bons habits, il y aurait encore moyen de s'entendre ; mais les vêtements de ce malheureux ne valent pas trois sous !

Et l'on fut obligé d'attendre que le bourreau d'Autun, qui n'avait pas le droit de refuser, fût rétabli.

*** Un Espagnol d'Andalousie, c'est-à-dire de la partie la plus chaude de la Péninsule, vint en France au milieu de l'hiver et par une gelée très-rigoureuse.

En passant à travers un village des Pyrénées, les chiens, le flairant étranger, coururent après lui.

Il se baissa et voulut ramasser une pierre pour la leur jeter ; mais il n'en put venir à bout, à cause de la gelée.

— Maudit pays, dit-il, où on lâche les chiens et où l'on attache les pierres !

*** Deux cochers se disputaient sur une somme que l'un devait à l'autre.

Le débiteur commença par nier.

— Je ne sais comment tu peux nier, dit le créancier; je te l'ai prêtée en présence de tes chevaux.

Le débiteur finit par avouer.

— Eh bien, dit-il à l'autre, en définitive, que veux-tu?

— Je veux un titre, dit le créancier.

— Soit! dit le débiteur.

Et, prenant un couteau, il écrivit sur la muraille de l'écurie:

« Je, soussigné, reconnais devoir la somme de soixante livres, que je promets payer au porteur de la présente. »

*** M. de Vendôme, — ce fameux bâtard de Henri IV qui fut arrêté sous la régence d'Anne d'Autriche, et qu'à cause de sa célébrité on appelait *le roi des Halles*, — passant par Noyon, s'arrêta à l'hôtel des *Trois Rois*.

Le fils de l'hôtelier, reçu avocat la veille, crut qu'il était de son devoir de présenter ses hommages à M. de Vendôme.

En effet, il monte chez le prince, et entre sans se faire annoncer.

— Monsieur, lui dit le prince, assez étonné de la brusque apparition, qui êtes-vous, s'il vous plaît?

— Monseigneur, dit l'avocat, je suis le fils des *Trois Rois*.

— Monsieur, dit le prince, en ce cas, prenez le fauteuil. Comme je ne suis le fils que d'un seul, je vous dois tout honneur et tout respect.

*** La reine Anne d'Autriche avait pour interprète des langues étrangères un secrétaire nommé Melson, qui, en réalité, ne savait aucune des langues qu'il traduisait.

Un jour, des ambassadeurs suisses la regardaient dîner et parlaient entre eux.

— Que disent-ils? demanda la reine.

— Madame, répondit Melson, ils disent que vous êtes belle.

— En êtes-vous bien sûr, Melson?

— S'ils ne le disent pas, madame, ils devraient le dire.

.·. Melson ne faisait point carême, quoique, à cette époque, ce fût l'habitude.

Un mercredi qu'il eût dû faire maigre, on lui servit une longe de veau.

Non point qu'il fît pénitence, mais parce qu'il n'avait pas faim, il la renvoya, par sa fille aînée, au garde-manger; celle-ci, que l'on nommait Charlotte, et qui avait plus faim que son père, profite de ce qu'elle est seule, et coupe un morceau de la longe; mais, comme elle l'allait porter à sa bouche, arrive la seconde sœur, qui, voyant ce qui se passe, dit :

— Part à nous deux !

Elles étaient attelées à la longe de veau, quand arrivent la troisième et la quatrième sœur, qui en réclament leur part; de sorte que la longe de veau disparut jusqu'au dernier lopin.

Le lendemain, Melson demanda sa longe de veau, et force fut qu'on lui racontât l'histoire. C'était un bon homme, qui ne gronda point autrement, mais qui déclara que, comme il y avait gourmandise, et que la gourmandise était un péché mortel, il voulait que les coupables s'en confessassent.

Pâques venu, les quatre sœurs s'en allèrent à l'église. Il y avait foule autour du confessionnal; elle prirent leur place. L'aînée passa naturellement la première.

— Eh bien? lui demandèrent ses sœurs en la voyant revenir.

— J'ai l'absolution.

— Et tu as parlé de la longe de veau?

— Non.

— Alors, l'absolution ne vaut rien.

— Crois-tu?

— Nous en sommes sûres.

— En ce cas, j'y retourne.

Et, se remettant à genoux :

— Mon père, dit-elle, j'ai oublié de vous dire que j'avais mangé de la longe de veau pendant le carême.

— Bon! dit le prêtre, assez, et dites deux *Ave* de plus.

La seconde vient à son tour.

Puis, quand elle a déroulé la liste de ses péchés :

— Mon père, dit-elle, je dois ajouter que j'ai mangé de la longe de veau pendant le saint temps du carême.

— De la longe de veau?

— Oui, mon père.

— Alors, dites deux *Ave* de plus.

Vient la troisième, qui se confesse de la même faute et de la même façon, et qui sort avec deux *Ave* de plus.

Enfin, vient la quatrième.

— Ah! dit le prêtre impatienté, c'est une gageure, à ce qu'il paraît.

Puis, se levant et sortant du confessionnal :

— Que tous ceux, crie-t-il, qui ont mangé de la longe de veau disent deux *Ave*, mais qu'on ne m'en parle plus.

⁂ Un tailleur fut condamné à être pendu.

C'était dans un village de Normandie.

Les habitants allèrent en députation trouver le juge.

— Que voulez-vous? leur demanda celui-ci.

— Oh! monsieur le juge, dirent-ils, si vous pendez notre tailleur, cela nous incommodera bien, car nous n'avons que lui; laissez-nous-le donc, si c'est un effet de votre bonté. En échange, s'il faut absolument qu'il y ait quelqu'un de pendu, comme nous avons deux charrons, prenez celui des deux que vous voudrez, et pendez-le à la place du tailleur; ce sera assez qu'il en reste un.

X

Nous avons beaucoup parlé de Racan et seulement prononcé le nom de Malherbe, son maître, — Malherbe, l'auteur de l'ode à Duperrier, qui commence par ces mots :

> Ta douleur, Duperrier, sera donc éternelle?

et dans laquelle on trouve cette strophe :

> Elle était de ce monde où les plus belles choses
> Ont le pire destin :
> Et, rose, elle a vécu ce que vivent les roses,
> L'espace d'un matin!

Malherbe joue un trop grand rôle dans cette pléiade de poëtes qui entourent Louis XIII et le cardinal, pour que nous ne fassions pas à son endroit ce que nous avons fait, par exemple, à l'endroit de son élève Racan.

Malherbe est né à Caen, environ vers l'an 1555. Il était de la maison de Malherbe Saint-Aignan, déjà existante lors de la conquête de l'Angleterre par le duc Guillaume. La maison continua de grandir en Angleterre, mais tomba en France, et cela, au point que, lors de la naissance de son fils, le père de Malherbe était tout simplement assesseur à Caen.

C'était le beau temps de la religion réformée : le bonhomme se fit calviniste. Malherbe avait dix-sept ans, et fut si désespéré de ce changement de religion de son père, qu'il quitta son pays et suivit le grand prieur en Provence. M. le grand prieur était, comme on sait, bâtard de Henri II et frère de madame d'Angoulême, veuve de François, duc de Montmorency.

Ce fut ce même grand prieur, gouverneur de Provence, qui fut tué par un aventurier nommé Altoviti. — Après avoir été corsaire, cet Altoviti était devenu capitaine de galère. Il avait enlevé une fille de qualité, la belle Rieux de Châteauneuf, dont Henri III avait été si fort amoureux, qu'il avait pensé l'épouser. Henri III le payait comme espion près du grand prieur ; le grand prieur le sut, alla chez Altoviti, et, à la suite de l'altercation qui s'éleva entre eux, le frappa d'un coup d'épée. Le blessé riposta par un coup de poignard dont le grand prieur mourut le 2 juin 1586. Aux cris de celui-ci, les gardes du grand prieur accoururent et massacrèrent Altoviti.

Revenons à Malherbe.

Au moment de la Ligue, il prit parti contre Henri IV. Lui et un nommé la Roque, qui était attaché à la reine Marguerite, tombèrent un jour, avec une cinquantaine de partisans qu'ils commandaient, sur M. de Sully, qu'ils poussèrent si vertement devant eux, que celui-ci n'oublia jamais l'algarade. Malherbe prétendait que c'était à cause de cette *imprudence* qu'il n'avait rien pu obtenir de considérable de Henri IV.

Malherbe était très-brave.

Dans un partage de butin, un capitaine espagnol l'ayant insulté, Malherbe l'appela en duel, et, à la première botte, lui passa son épée au beau travers du corps.

Malherbe était très-franc, — plus que franc, brutal, quinteux même parfois.

Un jour, M. le grand prieur, qui faisait de fort méchants vers, dit à Duperrier, cet ami de Malherbe qu'une ode de Malherbe a immortalisé :

— Mon cher monsieur Duperrier, voici un sonnet. Montrez-le à Malherbe comme étant de vous; car, si je lui dis qu'il est de moi, il est condamné d'avance.

En présence du grand prieur, Duperrier tire le sonnet de sa poche, et le présente à Malherbe comme de lui, en le priant de lui en dire son opinion.

Malherbe lut le sonnet en faisant la moue.

Puis, le sonnet lu :

— Mon cher Duperrier, dit-il, voici un sonnet aussi mauvais que si c'eût été M. le grand prieur qui l'eût fait.

M. le grand prieur ne demanda point son reste, mais n'en fit pas plus mauvaise mine à Malherbe.

Voici encore un exemple de sa réaction à l'endroit des devoirs de la simple politesse.

Un jour, Regnier, le satirique, le conduisit chez son oncle Desportes, l'auteur de la charmante villanelle :

> Rosette, pour un peu d'absence,
> Votre cœur vous avez changé...

C'était pour dîner. Regnier et Malherbe, retardés par je ne sais quel incident, arrivaient un peu tard, et la table, en les attendant, était servie. Desportes les reçut avec toute sorte de courtoisies, et, comme ses psaumes venaient d'être imprimés, il voulut monter à son cabinet pour y prendre un exemplaire qu'il comptait offrir à Malherbe.

— Oh ! dit Malherbe, ne vous pressez pas : je les ai vus, vos psaumes, et ils peuvent attendre, tandis que votre potage, qui est peut-être bon, refroidirait en attendant.

Puis il dîna aussi impassible que s'il venait de faire à Desportes la plus grande politesse du monde ; seulement, pendant tout le temps du dîner, il ne prononça point une parole.

Au dessert, ils se séparèrent, et ne se revirent jamais depuis.

C'est à cette occasion, sans doute, que Regnier fit contre Malherbe la satire :

> Rapin, le favori d'Apollon et des Muses...

Lorsqu'il fut auprès du roi Henri IV, — et nous dirons tout à l'heure comment il y arriva, — Malherbe ne se gêna pas plus pour le roi qu'il ne le faisait pour les autres.

Un jour, Henri IV, avec une faiblesse toute paternelle, lui montra une lettre qu'il venait de recevoir du dauphin.

Malherbe la lut.

— Bon ! dit-il, j'avais cru jusqu'ici que monseigneur le dauphin s'appelait Louis.

— Ainsi s'appelle-t-il en effet, dit le roi.

— Eh bien, alors, quel est l'âne bâté qui le fait signer *Loys*.

On envoya chercher celui qui montrait à écrire au jeune prince, et c'est depuis ce temps que les dauphins et rois de France signèrent *Louys* et non Loys. Aussi, Malherbe prétendait-il qu'il était le véritable parrain du roi.

Comme, en 1614, les états généraux se tenaient à Paris dans la salle du Petit-Bourbon près du Louvre, il y eut de longs débats entre le clergé et le tiers état. Le tiers état voulait que l'on posât ce principe que l'autorité spirituelle n'avait aucun droit sur la puissance temporelle du roi.

Le tiers état fut traité d'hérétique, et les évêques menacèrent de se retirer en mettant la France en interdit.

— Eh ! eh ! dit M. de Bellegarde à Malherbe, savez-vous que nous risquons tous d'être excommuniés ?

— Peste ! dit Malherbe, la chose ne serait point malheureuse pour vous.

— Comment cela ?

— Ne dit-on pas que les excommuniés deviennent noirs comme de l'encre ?

— Eh bien ?

— Eh bien, vous n'auriez plus la peine de vous teindre la barbe et les cheveux.

Les discussions philologiques allaient de conserve et de pair à cette époque avec les discussions politiques et religieuses.

Une grande contestation avait lieu entre les gens du pays d'*Adiou sias* — qui étaient les hommes d'au delà de la Loire, c'est-à-dire ceux que l'on désignait sous le nom de Gascons — et ceux que l'on appelait du pays de *Dieu vous conduise*, c'est-à-dire ceux de la langue d'*oil*.

Il s'agissait du mot CUILLER.

Le roi et M. de Bellegarde, Gascons tous deux, étaient pour que l'on écrivît cuiller : *cuillère*. Ils disaient que le nom, étant féminin, devait avoir une terminaison féminine.

Les grammairiens du pays de *Dieu vous conduise* prétendaient, au contraire, que ce n'était aucunement une nécessité, et ils s'appuyaient sur ces mots : une perdrix, une mêt (huche à serrer le pain), la mer, et autres qui, étant féminins, ont cependant une terminaison masculine.

Le roi demanda à Malherbe son avis; mais celui-ci :

— Sire, dit-il, ce n'est point une question à présenter à un poëte.

— Et pourquoi cela ?

— Parce qu'elle peut être résolue par les crocheteurs du port aux Foins.

— Mais, enfin, répliqua le roi, si une autorité se déclarait en faveur du mot *cuillère ?*...

Malherbe l'interrompit.

— La vôtre, par exemple ?

— Pourquoi pas ? dit Henri IV piqué.

— Apprenez, lui dit Malherbe, que vous êtes assez puissant pour conquérir un royaume, faire la paix ou la guerre, condamner à mort ou gracier un coupable, mais que vous ne l'êtes point assez pour changer un mot à la langue.

Un jour, M. de Bellegarde — et nous dirons tout à l'heure comment le poëte dépendait de lui — un jour, M. de Bellegarde demandait à Malherbe quel était le plus français, de *dépensé* ou *dépendu*.

— *Dépensé* est plus français, répondit Malherbe; mais *pendu* et *dépendu* sont plus gascons.

Un autre jour, au cercle, un homme qui affichait la sévérité des mœurs faisait l'éloge de madame de Guercheville, que Henri IV, en souvenir de la belle résistance qu'elle lui avait opposée, avait faite dame d'honneur de Marie de Médicis.

— Tenez, monsieur, disait le moraliste en montrant cette

dame assise sur un tabouret près du fauteuil de la reine, voilà où mène la vertu !

— Et tenez, monsieur, répondit Malherbe en montrant la connétable de Lesdiguières assise sur un tabouret plus élevé que celui de madame de Guercheville, voilà où mène le vice !

Pendant la prison de M. le prince Henri de Bourbon, père du grand Condé, la femme de M. le Prince — cette belle Charlotte de Montmorency pour laquelle Henri IV avait fait ses dernières folies — étant accouchée de deux enfants morts, à cause, prétendit-on à cette époque, de la grande fumée qu'il faisait dans sa chambre, un des amis de Malherbe, conseiller de province, paraissant en grande tristesse chez M. le garde des sceaux Duvair, Malherbe lui demanda ce qu'il avait.

— Oh ! exclama celui-ci, les gens de bien pourraient-ils avoir de la joie lorsque l'on vient de perdre deux princes du sang ?

— Eh ! mon cher, répliqua Malherbe, soyez tranquille : pour ceux qui, comme vous, se soucient de servir, il y aura toujours des maîtres !

Malherbe était grand et bien fait, et d'une constitution si excellente, rapporte Tallemant des Réaux, que l'on pouvait dire de lui ce que Plutarque dit d'Alexandre, que sa sueur même était parfumée.

Nous avons déjà donné un aperçu de son caractère.

Ce caractère perçait dans sa conversation ; il parlait peu, mais presque toujours chaque mot portait.

Desportes, Bertaut et des Yvetaux s'établirent ses critiques, et se mirent à épiloguer sur tout ce qu'il faisait.

Lui s'en moquait, disant :

— S'ils ne me laissent pas tranquille, je veux, rien qu'avec leurs fautes de français, faire un livre plus gros que leurs livres mêmes !

Un jour, il discutait avec des Yvetaux.

— Ah çà ! lui demanda celui-ci, croyez-vous que ce soit une

chose bien euphonique que de trouver dans un vers ces trois syllabes à la suite l'une de l'autre : *ma la pla?*

— Dans quel vers? dit Malherbe.

— Parbleu! dans celui-ci :

> Enfin, cette beauté *m'a la place* rendue!

— Et vous, riposta Malherbe, croyez-vous que ce soit plus agréable de trouver dans un des vôtres : *pa ra bla la fla?*

— Où donc? demanda des Yvetaux.

— Dans ce vers, morbleu!

> Com*parablc à la fla*mme...

Malherbe perdit sa mère en 1615; il avait alors plus de soixante ans.

La reine Marie de Médicis lui envoya un de ses gentilshommes pour lui faire, en son nom, des compliments de condoléance.

— Par ma foi! fit Malherbe, dites à Sa Majesté que je ne puis lui rendre sa politesse qu'en souhaitant que le roi pleure sa mère aussi vieux que je pleure la mienne.

L'ambassadeur mortuaire parti, il délibéra longtemps pour savoir s'il prendrait le deuil de sa mère.

— Regardez, dit-il, le gentil orphelin que je vais faire avec mes soixante ans et mes cheveux gris.

Il se décida enfin à commander ses habits de deuil.

Il avait un valet auquel il donnait vingt écus de gages par an, plus, comme on dirait aujourd'hui, un feu de dix sous par jour. — Ce valet de poëte, on le voit, était, relativement à l'époque, payé sur le pied d'un valet de grand seigneur. Seulement, chaque fois que le Frontin manquait à quelqu'un de ses devoirs, Malherbe le faisait venir et le gourmandait en ces termes :

— Mon ami, quand on offense son maître, on offense Dieu, et, quand on offense Dieu, il faut, pour obtenir pardon de l'offense, jeûner et faire l'aumône : c'est pourquoi, sur vos dix sous quotidiens, j'en retiens cinq pour les donner aux pauvres à votre intention et pour l'expiation de vos péchés.

Nous avons dit comment Malherbe traitait les autres; peut-être en avait-il le droit, ne s'épargnant pas lui-même.

Souvent il disait à Racan :

— Voyez-vous, mon cher confrère, si nos vers vivent après nous, toute la gloire que nous pouvons espérer, c'est qu'on dira que nous avons été deux bons arrangeurs de syllabes; mais on ajoutera, soyez-en sûr, que nous avons été bien ridicules de passer notre vie à un exercice si peu utile au public et à nous, au lieu de l'employer à nous donner du bon temps, ou à l'établissement de notre fortune.

Et, en effet, Malherbe, à tort ou à raison, ne faisait pas grand cas des sciences, et particulièrement de celles qui ne servent qu'au plaisir ou à la volupté des sens.

Au nombre de ces dernières, il mettait la poésie.

Comme, un jour, un *faiseur de vers* se plaignait à lui qu'il n'y eût à attendre de récompense du roi que si on le servait dans la guerre ou dans la politique :

— Eh! monsieur, lui répondit Malherbe, quand on fait ce sot métier de rimeur, il ne faut pas en attendre autre chose que son divertissement, et, à mon avis, le meilleur poëte n'est pas plus utile à l'État qu'un bon joueur de quilles.

Il est vrai qu'il n'avait pas une grande considération pour les hommes en général.

Un jour qu'il parlait de Caïn et d'Abel :

— Parbleu! disait-il, ne voilà-t-il pas un beau début et une honnête race! Ils ne sont encore que trois ou quatre au monde, et voici déjà l'un qui tue l'autre! Dieu était, en vérité, bien bon de se donner tant de peine pour conserver les hommes... Après cela, ajouta-t-il en manière de correctif, il a fini par les noyer.

Un jour, il alla avec Racan et M. Dumoustier aux Chartreux, afin d'y voir un certain père Chazeray qui y vivait en odeur de sainteté; mais on ne voulut pas leur permettre de parler au digne homme, qu'ils n'eussent dit chacun un *Pater*.

Le *Pater* dit, le père vient et leur annonce qu'il n'a que le temps de s'excuser près d'eux, mais non celui de les entretenir.

— Alors, dit Malherbe, tout maussade de s'être dérangé pour rien, faites-moi rendre mon *Pater*.

Un matin, Racan entre dans son cabinet, et le trouve occupé à aligner des sous. Il en mettait douze; puis, au-dessous des douze premiers, douze autres; puis, au-dessous des douze autres, six. Après quoi, il recommençait : douze, douze et six.

— Que diable faites-vous là? demanda Racan.

— Je fais le squelette d'une nouvelle mesure pour une ode, dit l'autre.

— Je ne vous comprends pas.

— Attendez, et vous allez comprendre.

Alors, ses sous alignés : douze, douze et six; douze, douze et six, Malherbe prend la plume et écrit :

Que de peines, Amour, accompagnent tes roses.
Que d'une aveugle erreur tu laisses toutes choses.
À la merci du sort!
Qu'en tes prospérités à bon droit on soupire,
Et qu'il est malaisé de vivre en ton empire
Sans désirer la mort!

Puis :

— Voyez, dit-il, les douze sous, ce sont les grands vers, et les six sous, ce sont les petits.

Son nom et son mérite avaient été révélés à Henri IV par un rapport qu'avait fait de lui le cardinal du Perron, en 1601, c'est-à-dire lorsque le cardinal n'était encore qu'évêque d'Évreux.

Voici à quelle occasion :

Le roi demandait un jour au digne prélat s'il ne faisait plus de vers.

— Sire, répondit celui-ci, depuis que Votre Majesté m'a fait l'honneur de m'occuper à ses affaires, j'ai absolument abandonné la poésie. D'ailleurs, il ne faut pas s'en mêler, aujourd'hui que s'en mêle un gentilhomme de Normandie nommé Malherbe.

Cet éloge avait donné à Henri IV le désir de s'attacher notre poëte. Il en parlait souvent à des Yvetaux, précepteur du duc de Vendôme; et, comme des Yvetaux était de la même ville que Malherbe, il poussait Henri IV à le faire venir; mais le roi, dont nous avons signalé la pingrerie, hésitait à l'appeler près de lui, de peur d'être chargé d'une nouvelle pension. « Ce qui fut cause, dit Tallemant des Réaux, que Malherbe ne fit sa révérence au roi que trois ou quatre ans après que le cardinal du Perron lui en eut parlé. » Et encore ne fut-ce que par occasion.

Malherbe était venu à Paris pour ses affaires particulières; des Yvetaux en avertit le roi, qui aussitôt l'envoya chercher.

C'était en 1605, et, comme le roi était près de partir pour le Limousin, Malherbe fit, sur ce départ, la pièce qui commence ainsi :

Le roi, dont les bontés de mes larmes touchées...

Quand, à son retour du Limousin, Henri IV reçut l'hommage de cette ode, il la trouva admirable, et désira que Malherbe lui appartînt; mais, par ladrerie, il commanda à M. de Bellegarde, premier gentilhomme de la chambre, de le garder en attendant qu'il l'eût mis sur l'état de ses pensionnaires.

M. de Bellegarde, qui était aussi grand seigneur que le roi était pingre, lui donna mille livres d'appointements, sa table, un laquais et un cheval.

Dans une lettre à Racan, Malherbe se vante lui-même de n'être point venu chercher fortune à la cour, mais d'y avoir été appelé.

« Pour moi, dit-il dans cette lettre, je ne dispute de mérite avec personne, et crois que, de tous ceux à qui le roi fait du bien, il n'y en a pas un qui ne soit plus digne que moi. Mais, si je n'ai autre avantage, pour le moins ai-je celui de n'être point venu à la cour demander si l'on avoit affaire de moi, comme la plupart de ceux qui y font aujourd'hui le plus de bruit. Il y a, en ce mois où nous sommes, justement vingt ans que le feu roi m'envoya querir par des Yvetaux, me commanda de me tenir près de lui, et m'assura qu'il me feroit du bien. Je n'en nommerai pas de petits témoins : la reine mère du roi, madame la princesse de Conti, madame de Guise, sa mère, M. de Bellegarde, et généralement tous ceux qui alors étoient ordinaires du cabinet savent cette vérité. »

Malherbe avait trente ans quand il fit la fameuse ode :

> Ta douleur, Duperrier, sera donc éternelle?...

On dit que c'est par une erreur typographique que ce beau vers :

> Et, rose, elle a vécu ce que vivent les roses,

vint ainsi, et qu'il y avait sur la copie :

> Et *Rosette* a vécu ce que vivent les roses.

Nous croyons que ces accidents-là n'arrivent qu'aux hommes de génie.

Comme Racan, Malherbe avait un défaut de prononciation ; aussi, quand on lui demandait d'où il était, avait-il l'habitude de répondre qu'il était de *Balbut en Balbutie.*

C'était le plus mauvais récitateur du monde ; il gâtait les plus beaux vers en les récitant lui-même, outre qu'il s'arrêtait cinq ou six fois par strophe pour cracher ; ce qui faisait dire au chevalier de Mancini qu'il n'avait jamais vu d'homme plus humide et de poëte plus sec.

Aussi, à cause de sa *crachoterie*, Malherbe se mettait-il toujours à côté de la cheminée.

Il en résulta qu'un jour, chez M. de Bellegarde, étant à sa place ordinaire, mais empêché de se chauffer par les chenets représentant deux satyres, il prit les chenets et les porta, tout rougis, au milieu de la salle.

— Eh bien, dit M. de Bellegarde, à qui donc en avez-vous, Malherbe ?

A ces deux gros b.......-là, qui se chauffent tout à leur aise, tandis que, moi, je meurs de froid.

Un jour, il dit des vers à Racan, et, après les avoir dits, lui demanda ce qu'il en pensait.

— Par ma foi, répondit Racan, je serais embarrassé de le dire, vous en avez mangé la moitié.

— Mordieu! fit Malherbe tout en colère, si vous ajoutez un seul mot, je les mangerai tout à fait !... Et, au résumé, j'en puis bien faire ce qu'il me plaira, puisqu'ils sont à moi.

Il avait traduit un psaume de David ; mais, à ce qu'il paraît, il n'avait pas conservé le sens que lui avait donné le roi prophète. On le lui fit remarquer.

— Eh bien, dit-il, après tout, suis-je donc le laquais du roi David ? J'ai trouvé qu'il parlait mal, et je l'ai fait parler mieux, voilà tout.

Il avait un frère nommé Éléazar Malherbe, avec lequel il était sans cesse en procès.

— Quel scandale, lui dit un de ses amis, de voir des procès entre personnes si proches !

— Et avec qui voulez-vous donc que j'en aie, des procès ? avec les Turcs ou avec les Moscovites, qui sont à mille lieues de moi, et dont je n'ai rien à réclamer?

Malherbe était toujours assez mal logé, choisissant de mauvaises chambres garnies de cinq ou six chaises de paille.

Or, comme il était fort visité par tous ceux qui aimaient les belles-lettres, quand les cinq ou six chaises étaient occupées par les visiteurs, il fermait sa porte en dedans, et, si l'on venait à heurter :

— Attendez un instant sur le carré que quelqu'un sorte d'ici, disait-il ; il n'y a plus de chaises.

Voici une de ses brutalités que nous allions oublier :

Un soir qu'il se retirait, après souper, de chez M. de Bellegarde avec un valet qui, pour éclairer son chemin, lui portait le flambeau, il rencontra un gentilhomme parent de M. de Bellegarde, et nommé M. de Saint-Paul.

Celui-ci l'arrêta et commença à l'entretenir de quelques nouvelles de peu d'importance ; mais Malherbe, l'interrompant :

— Adieu, monsieur ! adieu ! lui dit-il ; vous me faites brûler pour cinq sous de cire, et ce que vous me racontez ne vaut pas un carolus !

M. François de Harlay, archevêque de Rouen, l'avait prié à dîner, le prévenant que c'était dans l'intention de le mener ensuite au sermon qu'il devait faire, lui, M. de Harlay, dans une église voisine de son hôtel.

Le dîner achevé, Malherbe, qui avait mangé tant qu'il avait pu, s'endormit sur une chaise ; et, comme l'archevêque le voulait réveiller pour le conduire au sermon :

— Oh ! dit le poëte en rouvrant un œil, dispensez-m'en, je vous prie, monseigneur : je dormirai bien sans cela !

Quand il rencontrait des pauvres et que ceux-ci lui disaient, afin de l'exciter à la générosité, qu'ils prieraient Dieu pour lui :

— Oh ! répondait Malherbe en secouant la tête, d'après l'état où je vous vois, je ne pense pas que vous ayez grand crédit sur lui. J'aimerais mieux que M. de Luynes ou M. le surintendant me fissent la promesse que vous me faites !

Un jour de grande gelée, au lieu d'une chemisette qu'il mettait ordinairement, il en mit trois.

Puis, en outre, étendant sur sa fenêtre trois ou quatre aunes de toile verte :

— M'est avis, dit-il, que le froid ne me frappe si fort que

parce qu'il s'imagine que je n'ai point de quoi me faire des chemisettes... Ah ! mais je lui montrerai bien qu'il se trompe, moi !

Le froid continuant malgré cela, Malherbe commença à faire pour les bas ce qu'il avait fait pour les chemisettes, c'est-à-dire qu'il en mit deux, trois, quatre, cinq paires.

Enfin, il en mit tant, que, pour n'en point passer plus à une jambe qu'à l'autre, il avait une écuelle à sa droite et une écuelle à sa gauche, et qu'à mesure qu'il passait un bas à la jambe gauche ou à la jambe droite, il laissait tomber un jeton dans l'écuelle de droite ou dans l'écuelle de gauche.

Racan, pour lui épargner cette peine, lui conseilla de les marquer d'une lettre de couleur, et de les chausser alphabétiquement.

Malherbe suivit le conseil et s'en trouva bien.

Rencontrant Racan quelques jours après, et passant rapidement à côté de lui :

— Eh! dit-il, j'en ai jusqu'à la lettre L.

Cela lui en faisait onze paires.

Un jour, chez madame de Lorges, il montra quatorze chemises et chemisettes.

— Bah ! disait-il, Dieu n'a fait le froid que pour les pauvres et les sots; mais ceux qui ont le moyen de se bien vêtir et bien chauffer ne doivent jamais souffrir du froid.

Étant une fois tombé assez gravement malade, il envoya chercher l'oculiste Thévenin, qui était à M. de Bellegarde ; celui-ci, le trouvant en danger, lui proposa d'appeler un de ses confrères nommé Robien.

— Oh ! non, pas cet homme-là ! dit Malherbe. Robien est un nom d'avocat, et je ne puis pas souffrir les avocats.

— Eh bien, reprit Thévenin, voulez-vous M. Guenebeau?

— Guenebeau! un nom de chien courant !... Tololo, Guenebeau!... Non, ma foi, non !...

— Voulez-vous M. Dacier?

— Un gaillard plus dur que le fer? Jamais!

— Eh bien, voyons, il y a encore M. Provins.

— Provins, soit; je n'ai rien contre celui-là.

Et il l'envoya querir.

Un jour qu'il donnait à dîner à six de ses amis, il leur servit à chacun un chapon bouilli.

— Pourquoi sept chapons? demanda un des convives.

— Parce que, dit Malherbe, vous aimant tous également, je ne veux pas servir à l'un l'aile, et à l'autre la cuisse.

M. de Bellegarde fit des couplets qui disaient, au troisième vers :

Cela se peut facilement,

et, au sixième :

Cela ne se peut nullement.

Malherbe les avait retouchés, et l'on disait généralement qu'ils étaient de lui.

Un poëte nommé Berthelot en fit une parodie.

Voici deux strophes de cette parodie :

Dire partout qu'il est habile,
Et reprendre Homère et Virgile,
Cela se peut facilement.
Mais, bien qu'il soit d'avis contraire,
De croire qu'il puisse mieux faire,
Cela ne se peut nullement.

Être six ans à faire une ode,
Et donner des lois à la mode,
Cela se peut facilement.
Mais de nous charmer les oreilles
Par *la merveille des merveilles,*
Cela ne se peut nullement.

Malherbe, furieux, provoqua Berthelot; et, celui-ci ayant refusé de répondre à l'appel, il le fit bâtonner par un gentilhomme de Caen nommé la Boulardière.

Malherbe était non moins brutal en amour qu'en poésie.

Un jour, il raconta à madame de Rambouillet qu'ayant eu soupçon que madame la vicomtesse d'Aulchy, sa maîtresse, le trompait, il était entré dans sa chambre, et, l'ayant trouvée seule sur son lit, il lui avait pris les deux mains dans une des siennes et l'avait souffletée jusqu'à ce qu'elle criât au secours.

Puis, comme il avait entendu que l'on venait à ses cris, il s'était assis près de son lit, ayant l'air de causer avec elle de la façon la plus innocente du monde; de sorte que la personne qui vint ne voulut jamais croire que la vicomtesse avait été battue, quoiqu'elle eût les joues rouges et les yeux pleins de larmes.

Malherbe fut aussi amoureux de madame de Rambouillet, mais platoniquement.

Voici les vers qu'il fit pour elle; ils sont d'une belle forme et d'une facture serrée :

Cette belle bergère à qui les destinées
Semblaient avoir gardé mes dernières années,
Eut en perfection tous les rares trésors
Qui parent un esprit et font aimer un corps;
Ce ne furent qu'attraits, ce ne furent que charmes,
Sitôt que je la vis, je lui rendis les armes;
Un objet si puissant ébranla ma raison;
Je voulus être sien, j'entrai dans sa prison,
Et de tout mon pouvoir essayai de lui plaire
Tant que ma servitude espéra du salaire.
Mais, comme j'aperçus l'infaillible danger
Où, si je poursuivais, je m'allais engager,
Le soin de mon salut m'ôta cette pensée;
J'eus honte de brûler pour une âme glacée,
Et, sans me travailler à lui faire pitié,
Restreignis mon amour aux formes d'amitié.

Le fils de notre poëte ayant été trouvé assassiné à Aix, où il occupait une place de conseiller, Malherbe, pour demander justice au roi, qui était au siége de la Rochelle, fit un voyage pendant lequel il gagna la maladie dont il mourut.

Il n'était point très-croyant à une autre vie, et, lorsqu'on lui parlait de l'enfer et du paradis, il se contentait de dire :

— J'ai vécu comme les autres, je veux mourir comme les autres, et aller où vont les autres.

On le pressa de se confesser ; mais il répondit qu'étant accoutumé de ne se confesser qu'à Pâques, il désirait ne point changer ses habitudes.

Au reste, il allait à la messe toutes les fêtes et tous les dimanches, et parlait toujours avec respect de Dieu et des choses saintes.

Enfin, Yvrande l'ayant décidé à se confesser, le moribond envoya chercher le vicaire de Saint-Germain-l'Auxerrois, qui non-seulement le confessa en effet, mais l'assista même jusqu'à sa mort.

Une heure avant d'expirer, et comme il était tombé dans une espèce d'assoupissement dont on croyait qu'il ne sortirait plus, il se réveilla tout à coup pour reprendre son hôtesse d'une faute de français qu'elle venait de commettre.

Son confesseur lui reprochant alors doucement de songer à des choses qui lui faisaient oublier Dieu :

— Eh! mon père, dit-il, n'est-ce pas un bien grand péché aussi que d'oublier la langue française !

Après quoi, étant retombé dans son assoupissement, il râla encore une heure environ, puis rendit le dernier soupir.

Nous avons dit comment Sa Majesté Louis XIII avait consommé son mariage à Saint-Germain au moment où la reine mère s'échappa de Blois ; — nous avons dit comment s'était terminée cette petite guerre civile dont un des derniers épisodes fut la mort du marquis de Richelieu, frère aîné de l'évêque de Luçon, tué par Thémine ; — nous avons cité les trois principaux articles du traité de paix, ou plutôt les trois articles qui nous intéressent : M. d'Épernon rentrait en grâce, l'archevêque de Toulouse et l'évêque de Luçon recevaient chacun un chapeau de cardinal; madame de Vignerot de

Pont-Courlay, nièce de Richelieu, dotée de cent mille livres par la reine mère, épousait Combalet, neveu de Luynes ; — nous avons dit les étranges amours du roi Louis XIII avec ses maîtresses, et comment, ayant dit à madame de Luynes, devenue madame de Chevreuse, qu'il n'aimait ses maîtresses que jusqu'à la ceinture, celle-ci lui répondit : « Eh bien, sire, vos maîtresses se ceindront, comme Gros-Guillaume, au milieu des cuisses ! » enfin, nous avons raconté ce que Guy-Patin, médecin du cardinal, avait dit de lui après sa mort : « Le cardinal, deux ans avant que de mourir, avait encore trois maîtresses : la première était sa nièce, madame de Combalet ; la seconde était la Picarde, c'est-à-dire la femme du maréchal de Chaulnes ; et la troisième, dit toujours Guy-Patin, une certaine belle fille parisienne nommée Marion Delorme. »

Marion Delorme est une célébrité parmi les courtisanes. On a fait cent contes sur elle ; on l'a fait vivre près d'un siècle et demi ; enfin, elle a servi de prétexte à Victor Hugo pour faire un des plus beaux drames de la scène française.

Disons ce qu'était Marion Delorme ; nous la retrouverons mêlée à l'histoire du pauvre Cinq-Mars.

Marion Delorme était née à Châlons-sur-Marne, vers 1609 ou 1610 ; elle avait donc, à l'époque où nous sommes arrivés, dix-huit ou dix-neuf ans.

Elle était presque de condition et riche pour l'époque : elle eût eu vingt-cinq mille écus en mariage ; mais elle préféra rester fille, si toutefois on peut appeler *rester fille* le parti qu'elle adopta.

C'était une très-belle personne, de grande mine, faisant tout avec grâce ; médiocre d'esprit, mais chantant bien, et jouant admirablement du théorbe ; magnifique, dépensière, lascive ; elle avait eu quantité d'amants, mais prétendait n'en avoir aimé que sept : c'est bien peu, comme on voit. Desbarreaux avait été le premier ; puis vinrent successivement le marquis de Rouville, beau-frère de Bussy-Rabutin; Miossens, à qui elle avait écrit la première, et qui pour elle fut infidèle à madame de Rohan; Arnault, Cinq-Mars, M. de Châtillon et M. de Brissac.

On voit qu'elle ne comptait pas le cardinal au nombre de ceux qu'elle avait aimés.

Le cardinal l'avait envoyé chercher sur sa réputation de beauté, et elle était venue au palais déguisée en page.

Lui, de son côté, était déguisé en cavalier. Il portait un habit de satin gris de lin, passementé d'or et d'argent; il était botté et avait des plumes sur son chapeau.

Il lui fit, après l'entrevue, donner cent pistoles par son valet de chambre de Bournais; Marion les lui jeta au nez.

Puis, rentrant :

— Monseigneur, dit-elle, ce n'est pas vous probablement qui m'avez fait cette insulte de m'offrir de l'argent. Regardez autour de vous, et voyez si vous n'avez pas quelque chose de mieux que des pistoles à me donner en souvenir de notre entrevue.

Le cardinal regarda autour de lui, vit un jonc qui appartenait à madame de Combalet, le prit et le donna à Marion, en disant :

— Tenez, ma belle fille, voici une canne qui vient de ma nièce.

— A la bonne heure! dit Marion Delorme, ceci est un trophée... Je le prends et je le garde.

Le jonc était très-beau, richement monté et valait une soixantaine de pistoles; Marion le portait habituellement, racontant l'anecdote à qui voulait l'entendre.

Elle fut accusée d'avoir servi d'espionne au cardinal; si cela fut, c'était à son insu ou comme contrainte et forcée : rien n'était moins dans le caractère de l'honnête courtisane que de pareilles trahisons.

Jamais Marion ne recevait d'argent : des cadeaux seulement. D'Émery, trésorier, lui avait donné un collier de diamants qui lui était de temps en temps d'une grande ressource; dans ses besoins, elle le mettait en gage, et ses besoins étaient fréquents. Elle disait elle-même qu'elle n'avait jamais porté les mêmes gants plus de trois heures.

Le président de Chevry était son pis aller, quand elle n'avait personne.

Elle promettait — comme Ninon, dont elle était quelque peu jalouse — d'être belle jusqu'à quatre-vingts ans; mais, à l'âge de trente-neuf ans, ayant pris une forte dose d'antimoine dans le but de se faire avorter, elle s'empoisonna.

Sa maladie dura trois jours; pendant ces trois jours, la pauvre Madeleine se confessa dix ou douze fois : elle trouvait toujours quelque chose de nouveau à dire, et renvoyait chercher le prêtre.

Elle fut exposée, morte, sur son lit pendant vingt-quatre heures, ayant au front une couronne de fleurs d'oranger mêlées à des roses blanches, ce qui était un peu risqué.

Elle avait un frère et trois sœurs.

Son frère, qui se nommait Baye, du nom d'une terre de famille, était en prison pour dettes. Marion alla solliciter le président de Mesmes, qui la trouva si charmante, que non-seulement il lui accorda sa demande, mais encore la reconduisit jusqu'à la porte de la rue, disant :

— Eh! mademoiselle, se peut-il que j'aie vécu jusqu'à cette heure sans vous avoir connue?

Ses trois sœurs étaient belles et bien faites; l'aînée, qui n'était point renommée pour son esprit, avait l'habitude de dire :

— Nous sommes pauvres, mais nous avons l'honneur.

L'honneur d'être les sœurs de Marion Delorme, probablement.

Et elle avait raison, la pauvre fille; car, comme Marion était l'illustration et le soutien de sa famille, elle morte, il n'y eut plus ni frère ni sœur; l'excellent cœur défrayait toute la famille.

Sans doute n'avait-elle pas rendu au cardinal Mazarin les services qu'on l'accusait de rendre au cardinal de Richelieu; car, au moment où elle mourut, elle allait être arrêtée comme faisant partie de la cabale des princes de Condé et de Conti.

Ce fut sans doute aussi ce qui donna lieu à cette singulière version, qu'elle n'était pas morte, mais qu'elle avait fait courir le bruit de sa mort, et qu'après avoir regardé passer son convoi d'une fenêtre, elle était partie pour l'Angleterre.

A dater de ce moment, commence pour la pauvre trépassée une suite d'aventures dues à l'imagination de ses biographes.

Selon quelques-uns, elle aurait épousé un lord; devenue veuve, elle serait rentrée en France avec une centaine de mille francs; attaquée sur la route par une bande de voleurs, elle aurait été épousée par leur chef; veuve une seconde fois, après quatre ans de cohabitation avec ce second mari, elle aurait épousé en troisièmes noces un procureur fiscal nommé Le Brun; puis, ayant perdu ce nouvel époux, après vingt-deux ans, elle serait venue habiter le Marais, où, volée par des domestiques infidèles, elle serait morte sous Louis XV, en 1741, à l'âge de cent trente-trois ans!

Tout cela, comme on le comprend bien, est une fable. Tallemant des Réaux la détruit par les détails minutieux qu'il donne sur ses derniers moments, et nous trouvons, dans la *Gazette historique* de Loret, son extrait mortuaire en quatre vers.

Voici ces quatre vers, publiés à la date du 30 juin 1650 :

> La pauvre Marion Delorme,
> De si rare et plaisante forme,
> A laissé ravir au tombeau
> Son corps si charmant et si beau.

Quant à madame de Chaulnes, ses relations avec le cardinal étaient avérées. Au lieu de les nier comme madame de

Combalet, ou de les avouer simplement comme Marion Delorme, la maréchale s'en vantait.

La chose pensa mal tourner pour elle. Une nuit qu'elle revenait de Saint-Denis, son carrosse fut arrêté par six hommes à cheval déguisés en officiers de la marine, qui essayèrent de la défigurer en lui cassant deux bouteilles d'encre sur le visage.

Le procédé est simple : on casse les bouteilles sur le visage de la personne que l'on veut défigurer; le verre coupe, l'encre entre dans la coupure, et la trace de la cicatrice reste éternellement.

Aujourd'hui, on a encore simplifié la chose, on jette du vitriol au visage.

Par bonheur, madame de Chaulnes se défendit en étendant les deux mains; les bouteilles se brisèrent aux panneaux du carrosse, et ses vêtements seuls furent perdus.

Le cardinal, pour la dédommager, sinon du mal, du moins de la peur, lui donna, aux portes d'Amiens, une abbaye de vingt-cinq mille livres de rente.

Maintenant, suivons le cardinal dans des amours plus ambitieuses, et qui lui réussirent moins bien que celles que nous venons de raconter.

La reine Anne d'Autriche, délaissée par son mari, s'était à peine aperçue d'une chose dont les femmes s'aperçoivent toujours : c'est que le cardinal de Richelieu poussait auprès d'elle l'étiquette jusqu'à la galanterie, le respect jusqu'à l'adoration.

Un soir, elle reçut une lettre du cardinal, qui lui demandait une entrevue, et la priait de faire de cette entrevue un tête-à-tête, le but de Son Éminence étant de parler avec Sa Majesté de certaines affaires d'État qui demandaient le plus grand mystère.

Le roi était malade et en froid avec la reine, à cause des familiarités de M. le duc d'Anjou. — Nous avons déjà parlé des familiarités de monseigneur Gaston d'Orléans, et nous en parlerons encore.

La reine accorda le rendez-vous; seulement, elle plaça dans l'embrasure d'une fenêtre une vieille femme de chambre espagnole nommée dona Estefania, qui l'avait suivie de Madrid à Paris, et qui parlait à peine le français.

Le cardinal était en costume de cavalier; dans ces sortes d'aventures, il tenait à dissimuler complétement l'homme d'Église; oubliant sa robe, il voulait qu'on l'oubliât.

Au reste, comme la plupart des prélats du temps, qui, au besoin, portaient la cuirasse, il portait la moustache et la royale; seulement, *la royale* ne portait pas encore ce nom aristocratique. Nous trouverons moyen, en entrant dans le cabinet de Louis XIII, pendant un de ces moments d'ennui qui lui étaient si pesants et si familiers, de dire comment prit son nom ce petit bouquet de barbe qui, après avoir été rasé sous Louis XIV, Louis XV, Louis XVI, la République et l'Empire, reparut avec la Restauration.

Richelieu entra et trouva la reine assise et souriante. La reine pouvait avoir alors vingt-trois ou vingt-quatre ans : c'est dire qu'elle était dans toute la fleur de cette beauté si tristement négligée par son mari.

Le cardinal était un diplomate assez habile pour envelopper sa proposition, si étrange qu'elle fût, de dilemmes assez pressants pour qu'Anne d'Autriche l'écoutât jusqu'au bout.

Il prit texte de la mauvaise santé du roi, de la maladie dont il était particulièrement atteint à cette heure, de sa crainte, comme fidèle sujet de la reine et ministre d'un grand État, que cette maladie n'empirât.

Il fit envisager à la reine la position précaire où elle se trouverait si, le roi venant à mourir, elle restait veuve sans enfants.

La couronne, alors, passait à M. d'Anjou.

Elle avait pour ennemie mortelle la reine mère, Marie de

Médicis. Il est vrai qu'elle avait pour ami le petit duc d'Anjou; mais qu'était-ce que la protection d'un roi de quinze ans contre la persécution d'une reine mère de quarante-neuf ans?

La reine, en voyant l'abîme où elle était près de tomber, s'effraya.

— Mais, s'écria-t-elle, vous me resterez, vous, monsieur le cardinal! vous êtes mon ami.

— Sans doute, madame, répondit celui-ci, je vous resterai, ou plutôt je vous resterais si je ne devais pas être entraîné moi-même dans la catastrophe; mais monseigneur Gaston me hait, mais la reine mère ne me pardonnera pas les marques de sympathie que je vous ai données. Il en résulte que, si le roi meurt sans enfants, nous sommes perdus tous deux : on me relègue dans mon évêché de Luçon et l'on vous renvoie en Espagne; c'est un triste résultat, n'est-ce pas, pour deux cœurs qui avaient rêvé la régence?

La reine plia la tête.

— La destinée des rois, murmura-t-elle, comme celles des simples particuliers, est aux mains du Seigneur.

— Oui, répondit Richelieu, et voilà pourquoi Dieu a dit à sa créature, faible ou forte, humble ou élevée : « Aide-toi et Dieu t'aidera. »

La reine jeta sur le cardinal un de ces regards clairs et profonds qui sondent les cœurs; mais elle eut beau regarder, elle ne vit rien dans cette âme pleine de ténèbres.

— Je ne vous comprends pas, dit-elle.

— Avez-vous quelque désir de me comprendre, madame? demanda le cardinal.

— Oui, car la situation est grave.

— Ce que j'ai à dire est difficile.

— Dites à demi-mot.

— Votre Majesté me permet de parler?

— J'écoute Votre Éminence.

— Eh bien, tout cet avenir sombre et sinistre se change

en un avenir rayonnant, si, au moment de la mort du roi, on peut annoncer à la France que le roi, en mourant, laisse un héritier de la couronne.

— Mais, dit la reine en rougissant, je croyais que vous aviez pu deviner que, avec le roi, c'était, sinon impossible, du moins peu probable.

— C'est justement parce que la faute est au roi, dit le cardinal, que la faute est réparable.

— Ah! ah! fit la fière princesse espagnole.

— Vous comprenez, n'est-ce pas? dit Richelieu.

— Je crois comprendre, du moins : c'est quatorze ans de royauté que vous m'offrez en échange de quelques nuits d'adultère.

— C'est toute une vie de dévouement et d'amour que je mets à vos pieds.

Le Richelieu de 1621 n'était point ce qu'il fut dix ans plus tard, c'est-à-dire l'implacable cardinal, l'inflexible ministre, l'homme au génie sanglant; ou, s'il l'était, personne ne le voyait encore sous cet aspect, pas plus Anne d'Autriche que les autres. Elle ne vit donc dans cette proposition, où il y avait autant de politique que d'amour, elle ne vit donc, disons-nous, qu'une suprême insolence; et, voulant savoir jusqu'où la pousserait celui qui lui faisait cette étrange proposition :

— Monsieur, dit-elle, la demande est inusitée et vaut, vous l'avouerez, la peine que l'on y réfléchisse; laissez-moi, pour me consulter, la nuit et la journée de demain.

— Et demain, demanda le cardinal, j'aurai de nouveau l'honneur de mettre mes hommages aux pieds de Votre Majesté?

— Demain, soit! répondit la reine; j'attendrai Votre Éminence.

Le cardinal se retira, transporté de joie, après avoir demandé et obtenu la permission de baiser les mains à la reine.

A peine la portière fut-elle retombée derrière le cardinal, qu'Anne d'Autriche fit prévenir sa bonne amie madame de Chevreuse qu'elle voulait lui parler.

Madame de Chevreuse accourut.

Elle avait, depuis longtemps, remarqué cet amour du cardinal pour la reine; bien souvent elle en avait parlé à Anne d'Autriche; bien souvent les deux jeunes femmes en avaient ri. Comme tout le monde, elles ne voyaient dans M. de Richelieu que le pauvre petit évêque de Luçon.

Alors, on arrêta un projet digne de ces deux folles têtes et qui devait à tout jamais guérir le cardinal de son amour pour la reine.

Rendez-vous, on se le rappelle, avait été pris pour le lendemain soir.

Le lendemain donc, lorsque tout le monde fut retiré, le cardinal, profitant de la permission reçue, se présenta chez la reine.

Empruntons à un auteur contemporain, qui désire garder l'anonyme, le récit de cette scène :

« La reine accueillit parfaitement le cardinal, mais seulement parut émettre des doutes sur la réalité de l'amour dont Son Éminence lui avait parlé la veille. Alors, le cardinal appela à son aide les serments les plus saints, et jura qu'il se sentait prêt à exécuter pour la reine les hauts faits que les chevaliers les plus renommés, les Roland, les Amadis, les Galaor, avaient exécutés autrefois pour la dame de leurs pensées; que, d'ailleurs, si Anne d'Autriche voulait le mettre à l'épreuve, elle acquerrait bien vite la conviction qu'il ne disait que l'exacte vérité. Mais, au milieu de ces protestations, Anne d'Autriche l'interrompit.

» — Voyez le beau mérite, dit-elle, de tenter des prouesses dont l'accomplissement donne la gloire! C'est ce que tous les hommes font par ambition aussi bien que par amour; mais ce que vous ne feriez pas, monsieur le cardinal, parce qu'il n'y a qu'un homme amoureux qui y consentît, ce serait de danser une sarabande devant moi...

» — Madame, répondit le cardinal, je suis aussi bien cavalier et homme de guerre qu'homme d'Église, et mon éducation, Dieu merci! a été celle d'un gentilhomme; je ne vois donc pas ce qui pourrait m'empêcher de danser devant vous, si tel était mon bon plaisir et que vous promissiez de me récompenser de cette complaisance.

» — Mais vous ne m'avez pas laissé achever, dit la reine. Je prétendais que Votre Éminence ne danserait pas devant moi avec un costume de bouffon espagnol.

» — Pourquoi pas? dit le cardinal. La danse étant en elle-même une chose fort bouffonne, je ne vois pas qui empêcherait d'assortir le costume à l'action.

» — Comment! reprit Anne d'Autriche, vous danseriez une sarabande devant moi, vêtu en bouffon avec des sonnettes aux jambes et des castagnettes aux mains?

» — Oui, si cela devait se passer devant vous seule, et, comme je vous l'ai dit, que j'eusse promesse d'une récompense.

» — Devant moi seule, c'est impossible, dit la reine; il faut bien un musicien pour marquer la mesure.

» — Alors, prenez Boccan, mon joueur de violon, dit le cardinal; c'est un garçon discret et dont je vous réponds.

» — Ah! si vous faites cela, s'écria la reine, je serai la première à avouer que jamais amour n'égala le vôtre.

» — Eh bien, madame, dit le cardinal, vous serez satisfaite. Demain, à la même heure, vous pouvez m'attendre.

» La reine donna sa main à baiser au cardinal, qui se retira, ce jour-là, plus joyeux encore que la veille.

» La journée du lendemain se passa dans l'anxiété; la reine ne pouvait croire que le cardinal se décidât à faire une pareille folie; mais madame de Chevreuse n'en fit pas doute un instant, disant savoir de bonne source que Son Éminence était amoureuse de la reine à en perdre la tête.

» A dix heures, la reine était dans son cabinet; madame de Chevreuse, Vauthier et Beringhen étaient cachés derrière un paravent. La reine disait que le cardinal ne viendrait pas; mais madame de Chevreuse soutenait, elle, qu'il viendrait.

» Boccan entra; il tenait son violon, et annonça que Son Éminence le suivait.

Environ dix minutes après le musicien, un homme parut, enveloppé d'un grand manteau qu'il rejeta aussitôt qu'il eut fermé la porte : c'était le cardinal lui-même, dans le costume exigé. Il avait des chausses et un pourpoint de velours vert, des sonnettes d'argent à ses jarretières, et des castagnettes aux mains.

» Anne d'Autriche eut grand'peine à tenir son sérieux en voyant l'homme qui gouvernait la France accoutré d'une si étrange façon ; cependant elle prit cet empire sur elle, remercia le cardinal du geste le plus gracieux, et l'invita à pousser l'abnégation jusqu'au bout.

» Soit que le cardinal fût véritablement assez amoureux pour faire une pareille folie, soit qu'ainsi qu'il l'avait laissé paraître, il eût des prétentions à la danse, il ne fit aucune opposition à sa demande, et, aux premiers sons de l'instrument de Boccan, se mit à exécuter les figures de la sarabande avec force coups de jambe et évolutions de bras. Malheureusement, quant à la gravité même avec laquelle le cardinal procédait à la chose, ce spectacle atteignit à un grotesque si véhément, que la reine ne put garder son sérieux et éclata de rire.

» Un rire bruyant et prolongé sembla lui répondre alors comme un écho.

» C'étaient les spectateurs cachés derrière le paravent qui faisaient chorus.

» Le cardinal s'aperçut alors que ce qu'il avait pris pour une faveur n'était qu'une mystification, et sortit furieux.

» Aussitôt madame de Chevreuse, Vauthier et Beringhen firent irruption.

» Boccan lui-même suivit l'exemple, et tous quatre avouèrent que, grâce à cette imagination de la reine, ils venaient d'assister à l'un des spectacles les plus réjouissants qui se pussent imaginer. »

Les pauvres insensés jouaient avec la colère du cardinal-duc. Il est vrai que cette colère leur était acore inconnue. Après la mort de Boutevilie, de Montmorency, de Chalais et de Cinq-mars, il n'eussent certes pas risqué la terrible plaisanterie.

Et, en effet, tandis qu'ils riaient ainsi, le cardinal, rentré chez lui, vouait à Anne d'Autriche et à madame de Chevreuse une haine éternelle, — une haine de prêtre.

XI

Vers le même temps, la cour d'Angleterre envoya, en qualité d'ambassadeur extraordinaire à Paris, le comte de Carlisle.

Il venait, au nom de Jacques VI d'Écosse (Jacques Ier d'Angleterre), demander pour son fils, le prince de Galles, la main de madame Henriette, fille de Henri IV.

La demande fut favorablement accueillie, et le comte de Carliste retourna en Angleterre porteur de bonnes paroles.

Le comte de Carlisle s'était adjoint pour compagnon d'ambassade un des hommes les plus riches, les plus beaux, les plus élégants de l'Angleterre.

C'était lord Rich, depuis comte Holland.

En France, sa beauté avait semblé un peu fade aux hommes, qui l'accusaient d'être trop blond et trop rose; mais il n'en avait point été ainsi près de l'autre sexe, et lord Holland avait produit une vive impression sur les femmes.

Il avait passé pour être le favori de madame de Chevreuse, à laquelle, au reste, on commençait de prêter la plupart des aventures qui se passaient à la cour de France.

A leur retour à Londres, les deux seigneurs racontèrent à lord Buckingham, leur ami, ce qu'ils avaient vu de beau à la cour de France; ils lui firent le portrait de toute cette pléiade de jeunes et charmantes femmes qui entouraient Anne d'Autriche.

Mais, au milieu d'elles toutes, ils avouèrent que la princesse espagnole était reine par la beauté comme par le rang, et que rien ne pouvait, sous ce rapport, être comparable à la splendide majesté de la reine de France.

Ce récit monta la tête à l'illustre lord, qui était chargé d'introduire le roman dans la triste et morose histoire de Louis XIII et d'Anne d'Autriche.

George Villiers, duc de Buckingham, avait alors trente-deux ans; il était né en 1592. Il était donc dans toute la force de son âge et de sa beauté; jeune, riche, élégant, habile à tous les exercices, brave jusqu'à la témérité, avantureux jusqu'à la folie, il passait en Angleterre pour le cavalier le plus accompli non-seulement de la Grande-Bretagne, mais encore de l'Europe, et souvent sa renommée était venue réveiller désagréablement, au milieu de leurs triomphes, les *dix-sept seigneurs de France.* —On appelait ainsi les dix-sept seigneurs les plus accomplis de la cour de Louis XIII.

Buckingham était venu une première fois en France, vers l'époque de la mort de Henri IV; il y avait séjourné un assez long temps pour revenir en Angleterre parlant admirablement le français, et rapportant avec lui la réputation du plus brillant danseur qui fût au monde.

On se rappelle la place que tint la danse à la cour du roi Henri IV, et les troubles apportés dans le cœur du vieux monarque par les illustres dames figurant dans les ballets.

Jacques VI, dans un divertissement que lui donnèrent, en 1615, les écoliers de Cambridge, remarqua le jeune George de Villiers, alors âgé de vingt et un ans; comme sa mère Marie Stuart, Jacques VI ne savait pas résister aux charmes d'un beau visage : il se fit présenter le jeune homme et le nomma son échanson.

En moins de deux ans, le nouveau favori fut créé chevalier, gentilhomme de la chambre, vicomte, marquis, duc de Buckingham, grand amiral, gardien des cinq ports; ce qui le rendit si fier et si hautain, qu'un jour, dans une discussion, trouvant sans doute que le prince de Galles ne lui parlait point assez respectueusement, il leva la main sur lui, tout héritier de la couronne qu'il était.

Pour se raccommoder avec celui qui fut plus tard le grave et triste Charles Ier, il lui proposa une équipée digne de deux jeunes fous.

Il était question d'un mariage entre le prince de Galles et l'infante d'Espagne, cette même infante devenue depuis reine de France. Buckingham proposa au prince de Galles de partir incognito pour Madrid, afin d'apprécier d'avance celle qu'on destinait alors à être reine d'Angleterre.

A force d'instances, les deux jeunes gens firent consentir Jacques VI à leur folie : ils partirent, et scandalisèrent la cour d'Espagne par leurs infractions à l'étiquette autrichienne; le mariage fut rompu, et Buckingham revint en Angleterre, conservant dans son souvenir, comme un éblouissement, l'image de la jeune Anne d'Autriche.

Il en résulta que, lorsque, plus tard, on lui parla de cette beauté entrevue, il n'eut qu'à remonter dans le passé encore illuminé des rayons d'un premier amour.

Buckingham sollicita et obtint de Jacques VI la permission de venir en France pour mener à bonne fin les négociations entamées par le comte de Carlisle et lord Rich.

L'élégant favori de Jacques VI apparut donc à la cour de France, où sa première audience laissa des souvenirs impérissables dans les annales galantes de la cour.

Le duc était vêtu d'un pourpoint de satin blanc, broché d'or; il avait jeté sur ses épaules un manteau de velours gris clair, tout brodé de perles fines ; seulement, ces perles étaient retenues par un fil de soie si frêle, qu'au moment où le duc s'avançait pour remettre ses lettres de créance au roi, le fil se rompit et que les perles roulèrent sur le parquet.

Il y en avait pour deux cent mille livres.

Les courtisans, croyant à un accident, se baissèrent pour ramasser cette pluie encore plus précieuse que celle de Danaé. Mais, à leur grand étonnement, lorsqu'ils voulurent rendre à Buckingham la moisson récoltée derrière lui, Buckingham, avec une grâce parfaite, supplia chacun de garder la part que le hasard lui avait faite, et, quelles que fussent les instances adressées, refusa de reprendre une seule des perles qu'il avait perdues. Alors, on comprit que cette chute de perles était, non point un accident fortuit, mais une galanterie préparée d'avance.

Cette magnificence, opposée à la parcimonie de Louis XIII, frappa singulièrement Anne d'Autriche; la cour de France était l'une des plus galantes, mais était loin d'être une des plus riches de l'Europe. Le trésor amassé par Henri IV à l'Arsenal avait été employé à acheter cinq fois la paix aux princes du sang. L'épargne était à sec, et les augustes personnages dont nous avons l'honneur de nous occuper étaient fort gênés depuis le premier jusqu'au dernier.

Buckingham n'eut pas de peine à s'apercevoir de l'effet qu'il avait produit sur Anne d'Autriche ; mais, en pensant que, pour arriver au but qu'il se proposait, il lui fallait se créer de puissants alliés, le duc, accrédité par lord Rich près de madame de Chevreuse, se présenta chez elle, lui avoua sa passion pour la reine, et, moyennant un nœud de diamants de cent mille livres et un prêt de deux mille pistoles, obtint qu'elle devint non-seulement sa confidente, mais encore son auxiliaire.

D'ailleurs, c'était pour jouer un mauvais tour au roi qu'elle avait aimé et au cardinal qu'elle haïssait, qu'elle acceptait d'aider aux folies de Buckingham.

Madame de Chevreuse n'hésita donc point un instant.

Il fut convenu que Buckingham feindrait le plus violent amour pour madame de Chevreuse. La chose n'avait aucun inconvénient, M. de Chevreuse n'ayant pas, comme Louis XIII, le ridicule d'être jaloux.

Cette vieille ruse réussit.

La reine, qui avait tremblé un instant en songeant au caractère bien connu de Buckingham, se rassura, à la vue de cet amour publiquement déclaré, et consentit à recevoir en secret les témoignages de respect et de tendresse que Buckingham mettait à ses pieds.

Mais les occasions n'étaient pas fréquentes ; la personne de la reine était soigneusement gardée, d'un côté par le roi, de l'autre par le cardinal.

Madame de Chevreuse imagina de donner une fête somptueuse dans son hôtel. On consulta la reine, qui accepta ; et le roi, après avoir longuement mâchonné sa moustache, ne trouvant pas de prétexte pour refuser, accepta à son tour.

Bien plus, voulant rivaliser de galanterie avec Buckingham lui-même, il fit à cette occasion cadeau à la reine de douze ferrets en diamants.

Ces douze ferrets, par les événements qui s'y rattachent, ont acquis une valeur historique.

De son côté, le duc de Buckingham, qui avait soufflé à madame de Chevreuse l'invention de cette fête, était à la recherche d'un moyen de quitter la reine le moins possible, et, sous différents costumes, de s'attacher à ses pas depuis le moment où elle serait entrée dans l'hôtel de Chevreuse jusqu'au moment où elle en sortirait.

L'ambassadeur parla de ce désir à madame de Chevreuse, et celle-ci était si bonne amie, qu'elle le trouva tout naturel; seulement, elle invita le duc à s'adjoindre un allié.

Cet allié, c'était son beau-frère, le chevalier de Guise, autre fou bien digne de rivaliser avec Buckingham, et qui eût certes soutenu la concurrence si l'argent ne lui eût manqué.

A ce propos, disons un peu ce qui restait de la descendance du duc Henri de Guise, assassiné à Blois, avec son frère, le cardinal de Lorraine.

Il restait d'abord l'aîné, Charles de Lorraine, duc de Guise, né le 20 août 1571, et qui, par conséquent, à l'époque où nous sommes arrivés, avait cinquante-trois ans.

C'était, comparé à son père et à son grand-père, un fort petit compagnon. Cette famille, qui avait jalousé les rois de France et mis la main sur la couronne de Henri III, était bien peu de chose, quand on songe à ce qu'elle avait été un demi-siècle auparavant.

Le prince que nous venons de nommer, et qui fut le père de celui qui conquit Naples, avait été, à l'âge de dix-sept ans, arrêté et enfermé à Tours; mais bientôt il s'était échappé, avait pris parti contre Henri IV; puis, enfin, ayant fait sa soumission, il était rentré en grâce.

Après la mort du grand prieur, bâtard de Henri II, M. de Guise eut le gouvernement de la Provence.

Pendant sa résidence à Marseille, il fit connaissance d'une fille de cette belle Châteauneuf de Rieux, qui avait été aimée de Charles IX, qu'Henri III faillit prendre pour femme, et qui, après avoir refusé la main du prince de Transylvanie, finit par épouser un capitaine de galères, d'origine florentine, et que l'on nommait Altoviti Castellane.

« Je crois même qu'elle finit par le tuer *virilement*, » dit l'Étoile, le trouvant, un beau jour ou une belle nuit, en conversation criminelle avec une autre femme, pour parler comme nos voisins les Anglais.

Mais, avant la catastrophe, elle était accouchée à Marseille d'une fille qu'elle fit tenir sur les fonts de baptême par la ville même.

L'enfant reçut le nom de *Marcelle.*

Comme ce nom se rapprochait de celui de la ville qui avait eu l'honneur d'être sa marraine, insensiblement, au lieu de l'appeler mademoiselle Marcelle, le peuple s'habitua à l'appeler *mademoiselle de Marseille ;* ce qui était bien plus logique, puisque la ville était sa marraine. Le nom lui en resta.

Cette jeune fille était une charmante personne, ayant la meilleure grâce du monde, blanche comme l'albâtre, avec des cheveux châtains, chantant bien, dansant à merveille, sachant la musique jusqu'à composer, faisant des sonnets comme M. de Gombault, fière mais civile, et étant l'amour de tout le pays.

Le grand prieur, bâtard de Henri II, en avait été inutilement épris; beaucoup de personnes de qualité l'eussent épousée si elle y eût consenti ; elle préféra être la maîtresse de M. de Guise.

M. de Guise, cependant, était petit et camus ; mais il était de grande naissance et avait hérité de son père Henri cet air qui faisait dire à madame de Sauves que, « près du prince Henri de Guise, tous les autres princes avaient l'air peuple. »

Enfin, tel qu'il était, nous l'avons dit, M. de Guise plut à la filleule de la ville de Marseille.

Cette galanterie dura quelques années ; la pauvre Marcelle croyait toujours que le duc finirait par l'épouser ; peut-être n'en eut-il pas même l'idée. Ce qu'il y a de sûr, c'est qu'il ne lui fit pas la proposition de devenir sa femme ; elle, alors, la première, eut le courage de se séparer de lui ; lui, de son côté, quitta Marseille et revint à la cour.

Elle chanta donc, nouvelle Ariane, son abandon, enfermant tout le poëme de sa douleur dans deux couplets dont elle fit l'air et les paroles.

L'air étant perdu, nous ne pouvons, malheureusement, donner à nos lecteurs que les paroles; les voici :

Il s'en va, ce cruel vainqueur,
Il s'en va, plein de gloire;
Il s'en va méprisant mon cœur,
Sa plus noble victoire:
Et, malgré toute sa rigueur,
J'en garde la mémoire.

Je m'imagine qu'il prendra
Quelque nouvelle amante.
Mais, qu'il fasse ce qu'il voudra,
Je suis la plus galante.
Le cœur me dit qu'il reviendra,
C'est ce qui me contente.

Hélas! le cruel vainqueur ne revint pas; aussi la pauvre Marcelle tomba-t-elle malade; la maladie dura un an.

Pendant cette maladie, n'ayant aucun patrimoine, elle avait, les uns après les autres, vendu tous ses bijoux.

On avertit M. de Guise de sa détresse; elle, avec le plus grand soin, la cachait à tout le monde. Aussitôt, le duc lui envoya dix mille écus par un de ses gentilshommes; mais elle remercia fièrement le duc de Guise, disant qu'elle ne voulait rien prendre de personne et de lui encore moins que d'aucun autre; que, du reste, elle avait si peu de temps à vivre, que, dans l'extrémité où elle était, elle se pouvait passer de tout le monde.

Et, en effet, l'émotion ayant sans doute redoublé son mal, elle mourut la nuit suivante.

On ne trouva qu'un sou chez elle.

La ville la fit enterrer à ses frais, dans l'abbaye de Saint-Victor.

C'était un homme d'une complexion fort amoureuse que M. de Guise, fort inconstant, fort bavard surtout.

Certaines anecdotes couraient sur lui, qui avaient réjoui la vieille cour, et qui réjouissaient encore la nouvelle.

On racontait, entre autres choses, qu'une nuit, étant couché... — comment dirons-nous cela?... ma foi! disons-le tout simplement, comme Tallemant des Réaux; — on racontait qu'une nuit, étant couché avec la femme d'un conseiller au parlement, on entendit rudement frapper à la porte : les deux amoureux se réveillent en sursaut; la femme court à la fenêtre, et reconnaît son mari, qui, venant de retrouver dans sa poche une clef de la maison, mettait cette clef dans la serrure, et rentrait tranquillement, sans se douter le moins du monde que sa place fût prise.

La femme n'eut que le temps de crier au duc :

— Sauvez-vous, monseigneur!

Monseigneur se sauva, laissant ses habits sur une chaise.

La femme court aux habits, en arrache les dentelles, vide les poches et se refourre dans le lit juste au moment où le conseiller entre dans la chambre à coucher.

Tout en se déshabillant, le conseiller voit des habits qu'il reconnaît pour n'être pas à lui.

— Quels sont ces vêtements? demande-t-il à sa femme.

— Un pourpoint et des chausses qu'un revendeur m'a apportés, répond celle-ci; on les aura à bon marché. Regardez s'ils vous vont, et, s'ils vous vont, vous vous en servirez à la campagne.

Le conseiller essaye l'habit et les chausses.

Ils lui allaient comme s'ils eussent été faits pour lui.

Sur ces entrefaites, l'heure sonne.

— Bon! dit le conseiller, je n'ai pas le temps de me coucher : j'ai rendez-vous au palais à la première heure.

Et, repassant sa robe par-dessus ses habits, il va à ses affaires.

Lui dehors, M. de Guise sort de sa cachette, et, ne pouvant s'en aller en chemise, il prend les habits du conseiller.

En chemin, il se rappelle que Henri IV lui a recommandé, la veille, de venir au Louvre de bonne heure.

— Par ma foi, dit-il, allons-y en conseiller; je conterai l'affaire au roi, et il en rira.

Il va au Louvre, conte l'affaire au roi, qui non-seulement en rit, mais qui, croyant que le duc lui fait un conte, envoie, par un exempt, l'ordre au conseiller de venir au palais.

Le conseiller, tout étonné de l'honneur inattendu que lui fait le roi, arrive et salue.

Le roi le tire à part, lui parle de cent choses, boutonnant et déboutonnant sa robe, sans que celui-ci comprît ce que le roi avait à le fourrager ainsi.

— Ventre-saint-gris! s'écrie tout à coup Henri IV, mais c'est le pourpoint de mon cousin de Guise que vous avez là!

Le conseiller ne voulait absolument pas le croire; il fallut que le roi lui en donnât sa parole.

Nous avons dit que M. de Guise était fort indiscret. Un jour, il rencontre le maréchal de Grammont et lui raconte qu'il vient d'obtenir les dernières faveurs d'une dame de la cour.

Le maréchal de Grammont lui en fait son compliment, mais, contre son habitude, garde le secret.

Quelques jours après, M. de Guise le rencontre.

— Eh! monsieur le maréchal, lui dit-il, il me semble que vous ne m'aimez plus tant.

— Pourquoi cela, monseigneur?

— Comment! je vous raconte que j'ai été l'amant de madame une telle pour que vous le disiez à tout le monde, et, au contraire, vous ne le dites à personne; ce n'est pas bien, monsieur le maréchal.

Et il le quitte tout piqué.

Une autre fois, ayant passé la nuit auprès d'une personne qu'il avait, à force de protestations, fini par convaincre de son amour, la personne s'aperçut que, le jour commençant à poindre à peine, M. de Guise, au lieu de se reposer et de s'endormir, se tournait et se retournait de côté et d'autre.

— Qu'avez-vous donc, cher duc ? lui demanda la dame.

— Eh ! pardieu ! chère amie, répondit le duc, j'ai envie d'être dehors pour dire à tout le monde la satisfaction que je viens d'avoir à passer la nuit dans votre chambre.

Et, en effet, il se lève, sort et arrête le premier passant pour lui conter son bonheur.

Un soir qu'il était venu à pied chez M. de Créqui, et qu'il y était resté plus tard qu'il ne comptait, M. de Créqui ne voulut point le laisser retourner à pied à l'hôtel de Guise.

En conséquence, il lui offre une haquenée.

Le duc se débat un instant, puis accepte.

Il monte sur la haquenée et lui lâche la bride.

Or, la haquenée avait l'habitude de conduire son maître au logis d'une dame, où, de son côté, le maître avait l'habitude d'être galamment reçu.

Elle y conduit tout droit M. de Guise.

Au bruit du pas de la bête, la porte s'ouvre.

— Est-ce vous, monseigneur ? dit une voix de suivante.

— Ma foi, oui, c'est moi, répond M. de Guise en se couvrant le nez de son manteau.

— Entrez ; madame est dans sa chambre.

— Où cela ?

— Ne connaissez-vous pas la chambre de madame ?

— Si fait ; mais j'ai eu affaire à des tire-laine et je suis un peu troublé ; conduis-moi.

La suivante conduit M. de Guise, toujours encharibotté dans son manteau, jusqu'au lit de sa maîtresse, qui attendait dans une chambre sans lumière.

— Ma foi, au petit bonheur ! dit M. de Guise en se couchant.

Au jour, il se trouva que la dame était charmante ; seulement, elle fut bien étonnée et recommanda le secret au duc.

La première personne à qui le duc alla conter la chose fut M. de Créqui.

Il aimait assez les vers et disait toujours qu'il voudrait être poëte. Un jour, le Fouilloux lui dit une épigramme de Gombault.

Le duc se la fait répéter une fois, deux fois, puis se promène tout pensif.

Tout à coup, rappelant le gentilhomme :

— Eh ! monsieur, lui demanda-t-il, n'y aurait-il pas moyen que cette épigramme fût de moi ?

Un autre jour, il monte en carrosse.

— Où conduirai-je monseigneur ? demanda le cocher.

— Partout où tu voudras, pourvu que j'aille chez M. le nonce et chez M. de Loménie.

M. de Loménie étant plus près, le cocher l'y mène d'abord. Il ne voulut jamais croire que ce ne fût pas le nonce et s'opposa obstinément à ce que M. de Loménie le reconduisit.

En sortant de là, il alla chez le nonce, qu'il traita fort cavalièrement.

Comme son père et son grand-père, — quoique sa fortune ne fût point en harmonie avec la leur, — M. le duc de Guise était fort libéral.

Un jour, il gagne au président de Chevry cinquante mille livres sur parole.

Le lendemain, celui-ci les lui envoie par son commis Raphaël Corbinelli. Il y avait quarante mille francs en argent et dix mille en écus d'or dans un petit sac.

M. de Guise prend le petit sac et le donne à Corbinelli pour sa peine.

Celui-ci, en rentrant chez lui, ouvre son petit sac, voit de l'or, compte les dix mille livres et comprend que M. de Guise s'est trompé.

En toute hâte, il retourne à l'hôtel de Guise et dit au duc ce qui le ramène.

— Gardez, gardez, mon cher, répond celui-ci ; dans ma famille, on n'a jamais repris ce que l'on avait donné.

Le duc de Guise mourut en 1740.

Le chevalier de Guise était moins excentrique que son frère, et, cependant, il avait sa bonne part d'originalité.

Il était brave, beau, bien fait et de bonne mine; « seulement, dit Tallemant des Réaux, il avait l'esprit fort court. »

Un jour, il se confessa d'être l'amant d'une femme ; lui, au moins, ne disait ces choses-là qu'à son confesseur, tandis que son frère le disait à tout le monde.

Le confesseur était un jésuite.

— Mon fils, lui dit-il, je ne vous donnerai point l'absolution que vous ne quittiez votre maîtresse.

— Oh ! quant à cela, dit le chevalier, je l'aime trop et n'en ferai rien.

Le jésuite s'obstina ; le chevalier tint bon, et il fut convenu que l'on irait devant le saint sacrement demander à Dieu d'ôter au pauvre chevalier cette obstination du cœur.

On y va.

Une fois à l'autel, le jésuite se met à conjurer Dieu avec le plus grand zèle du monde, afin qu'il ait à guérir le jeune prince ; mais lui, voyant l'ardeur du bon père, s'enfuit le tirant par la robe, pour lui dire, tout en s'enfuyant :

— Mon père, mon père, n'y allez pas si chaudement. Peste ! Dieu n'aurait qu'à vous accorder ce que vous lui demandez : qui serait puni ? c'est moi.

Un jour, il passe devant un canon qu'on éprouve.

— Attendez, dit-il aux artilleurs.

Et il se met à califourchon sur le canon.

— Maintenant, allez ! dit-il.

On eut beau lui faire remarquer le danger qu'il courait.

— Allez, allez toujours !

Voyant qu'il s'obstinait, les artilleurs cédèrent.

L'un d'eux approcha la mèche de la lumière et mit le feu au canon ! Le canon éclata, et le chevalier de Guise disparut, haché en lambeaux !

C'était à cet écervelé que madame de Chevreuse renvoyait Buckingham. Nous verrons de quelle utilité le chevalier de Guise fut à Buckingham, dans la fête donnée par sa belle-sœur.

Un rapport que fit faire par sa police particulière le cardinal-duc, nous a conservé tous les détails de cette fête; comme ils appartiennent tout naturellement au côté déshabillé de la royauté, nous le reproduisons en entier, nous contentant d'en rajeunir la forme.

» D'abord, la reine, après être descendue de voiture, désira faire un tour dans les parterres ; en conséquence, elle s'appuya sur le bras de la duchesse, et commença sa promenade.

» Elle n'avait pas fait vingt pas, qu'un jardinier se présenta devant elle et lui offrit d'une main une corbeille de fruits, et de l'autre un bouquet. La reine prit le bouquet ; mais, au moment où elle accordait un salaire à la prévenance dont elle était l'objet, sa main toucha celle du jardinier, qui lui dit quelques mots tout bas. (La reine fit un geste d'étonnement, et ce geste et la rougeur qui l'accompagna sont consignés dans le rapport où nous puisons ces détails.)

» Aussi, à l'instant même, le bruit se répandit que le galant jardinier n'était autre que le duc de Buckingham.

» Aussitôt chacun se mit en quête ; mais il était déjà trop tard : le jardinier avait disparu, et la reine se faisait dire la bonne aventure par un magicien qui, à l'inspection seule de sa belle main qu'il tenait entre les siennes, lui contait des choses si étranges, que la reine, en les écoutant, ne pouvait cacher son trouble.

» Enfin, ce trouble augmenta au point que la princesse perdit tout à fait contenance, et que madame de Chevreuse, effrayée des suites que pouvait avoir une pareille folie, fit signe au duc qu'il avait outre-passé les bornes de la prudence, et l'engagea désormais à plus de circonspection.

» Toujours est-il que, quels que fussent les discours qu'elle entendait, Anne d'Autriche les souffrit, quoiqu'elle ne se fût pas plus méprise aux hommages du magicien qu'à ceux du jardinier. La reine avait de bons yeux, et, d'ailleurs, son officieuse amie était là qui voyait double.

» Le duc de Buckingham excellait dans l'art de la danse, qui, à cette époque, — nous en avons vu la preuve dans la sarabande dansée par le cardinal, — n'était dédaignée de personne.

» Les têtes couronnées elles-mêmes avaient à cœur cette espèce de supériorité, dont les dames se montraient fort touchées : Henri IV aimait beaucoup les ballets, et ce fut dans un ballet qu'il vit pour la première fois la belle Henriette de Montmorency, qui lui fit faire de si grandes folies ; Louis XIII composait lui-même la musique de ceux qu'on dansait devant lui, et il en avait un préféré surtout que l'on appelait le ballet de la *Merlaison*. On sait en ce genre les succès de Grammont, de Lauzun et de Louis XIV.

» Buckingham figura donc avec un éclat surprenant dans un certain ballet de démons qu'on avait imaginé ce soir-là comme le plus gracieux divertissement dont on pût réjouir Leurs Majestés.

» Le roi et la reine applaudirent le danseur inconnu, qu'ils prirent — il est probable qu'un seul des deux commit cette erreur — pour un seigneur de la cour de France.

» Enfin, le ballet terminé, Leurs Majestés se préparèrent à ouvrir la séance du divertissement le plus pompeux de la soirée ; là aussi, Buckingham remplissait un rôle, et il l'avait non pas choisi, mais usurpé d'une manière bien audacieuse et bien adroite.

» C'était la coutume alors de flatter les rois jusque dans

leurs plaisirs, et les Orientaux, si habiles dans ce genre de courtisanerie, étaient mis à contribution par les maîtres des cérémonies français.

» La coutume des mascarades dans le genre de celle que nous allons raconter se perpétua jusqu'en 1720, et fut appliquée une dernière fois à ces fêtes de nuit données par madame du Maine, en son palais de Sceaux, et qu'on appelait les *nuits blanches.*

» Il s'agissait de supposer que tous les potentats de la terre, et surtout ceux des pays mystérieux qui sont situés de l'autre côté de l'équateur, les fabuleux Sofis, les Khans bizarres, les Mongols riches à milliards, et les Incas souverains des mines d'or, s'avisaient un jour de se réunir pour venir adorer le trône du roi de France. On voit que l'idée n'était pas mal ingénieuse.

» Louis XIV, prince assez glorieux, comme on le sait, en fut dupe bien plus sérieusement encore, lorsqu'il reçut la visite mystifiante du fameux ambassadeur persan Méhémet Riza-Bey, et qu'il voulut que la réception de ce charlatan fût faite avec toute la pompe dont la cour de Versailles était susceptible.

» Les rois orientaux, dans la fête dont nous parlons, devaient être représentés par les princes des maisons souveraines de France ; MM. de Lorraine, de Rohan, de Bouillon, de Chabot et de la Trémouille furent désignés par le roi pour faire partie du divertissement.

» Le jeune chevalier de Guise, fils du Balafré, qui faisait le Grand Mogol, était frère cadet de M. de Chevreuse ; c'était le même qui avait tué en duel le baron de Luz et son fils, et qui, plus tard, s'étant mis sur un canon qu'on éprouvait, fut tué par ce canon, qui creva.

» La veille même du divertissement, Buckingham avait été faire une visite au chevalier de Guise, lequel, comme tous les seigneurs de l'époque, se trouvant fort gêné d'argent, en était réduit aux expédients et, malgré toutes les ressources qu'il avait employées, commençait à avoir grand'peur de ne point paraître le lendemain à la fête de madame de Chevreuse avec toute la magificence qu'il eût désirée.

» Buckingham était connu par sa générosité : depuis son arrivée à la cour de France, il avait obligé de sa bourse les plus fiers et les plus riches.

» Cette visite parut donc au chevalier de Guise une bonne fortune, et il tournait dans son esprit le discours qu'il allait adresser au splendide ambassadeur, lorsque celui-ci alla au-devant de ses désirs en se mettant à sa discrétion pour une somme de trois mille pistoles, et en offrant, en outre, au chevalier de lui prêter, pour rehausser l'éclat de son costume, tous les diamants de la couronne d'Angleterre, que Jacques VI avait laissé emporter à son représentant.

» C'était plus que n'eût osé espérer le chevalier de Guise ; il tendit la main à Buckingham, et lui demanda quelle chose il pouvait faire pour reconnaître un si grand service.

» — Écoutez, lui dit Buckingham, je voulais — c'est une satisfaction puérile peut-être, mais c'est une chose qui me fera grand plaisir — je voulais trouver occasion de porter à la fois sur mon habit toute cette cargaison de pierreries que j'ai apportées avec moi ; prêtez-moi votre place une partie de la soirée de demain; tant que le Grand Mogol restera masqué, je ferai le Grand Mogol; au moment où il faudra se démasquer, je vous rendrai votre place. Nous pourrons ainsi jouer, vous ostensiblement, moi en secret, chacun notre rôle. Nous ferons un seul personnage à nous deux, voilà tout; vous souperez et je danserai. Cela vous convient-il ainsi ?

» Le chevalier de Guise trouvait la chose trop facile à faire pour refuser le marché; il accepta donc, se croyant l'obligé du duc, et reconnaissant en lui son maître ; car, quoique ses folies eussent fait quelque bruit en France, il était loin encore d'approcher, pour l'extravagance surtout, d'un amoureux comme Buckingham.

» Les choses furent faites ainsi qu'il était convenu, et le duc, masqué, resplendissant au feu des lustres et des flambeaux, apparut aux regards de la reine, escorté d'une suite nombreuse, dont la magnificence n'égalait point, mais ne déparait pas la sienne.

» La langue orientale est fertile en comparaisons emphatiques et en poétiques allusions; Buckingham mit tout son art à glisser à la reine plusieurs compliments passionnés. Cette situation plaisait d'autant plus à l'esprit aventureux du duc et à l'esprit romanesque d'Anne d'Autriche, qu'elle était fort dangereuse.

» Le roi, le cardinal et toute la cour étaient là, et, comme le bruit s'était déjà répandu que le duc se trouvait au bal, chacun regardait de tous ses yeux, écoutait de toutes ses oreilles; mais nul ne se doutait que ce Grand Mogol, que l'on prenait pour le chevalier de Guise, fût Buckingham lui-même.

» Aussi, le divertissement eut-il un si prodigieux succès, que le roi ne put s'empêcher d'en témoigner sa satisfaction à madame de Chevreuse.

» Enfin, arriva le moment où l'on annonça que le roi était servi; c'était l'heure de se démasquer, et des salons avaient été préparés à cet effet.

» Le Grand Mogol et son porte-sabre se retirèrent dans un cabinet; le porte-sabre n'était autre que le chevalier de Guise, qui prit à son tour les habits du duc et s'en alla souper en costume de Grand Mogol, tandis que Buckingham avait pris le sien.

» L'entrée du chevalier fut un véritable triomphe, et il lui fut adressé force compliments sur la richesse de ses habits et sur la grâce avec laquelle il avait dansé.

» Après ce souper, le chevalier vint rejoindre le duc dans

le cabinet où celui-ci l'attendait; là, la transformation s'opéra de nouveau. Le chevalier redevint simple porte-sabre, et le duc remonta au rang de Grand Mogol; puis ils rentrèrent dans la salle. Il va sans dire que la richesse du costume de ce puissant souverain, et le poste élevé qu'il occupait dans la hiérarchie des têtes couronnées, lui valurent l'honneur d'être choisi par la reine pour danser avec elle.

» Buckingham eut ainsi jusqu'au matin toute liberté d'exprimer, sous le masque et dans le tumulte de la fête, des sentiments qui, grâce aux confidences préparatoires de madame de Chevreuse, n'étaient déjà plus un secret pour la reine.

» Enfin, quatre heures du matin sonnèrent, et le roi parla de se retirer.

» La reine ne fit aucune insistance pour rester; car déjà, depuis quelques minutes, les cinq monarques avaient disparu, et avec eux s'étaient évanouis l'entrain du bal et l'ornement de la fête.

» Anne d'Autriche regagna donc son carrosse; un laquais à la livrée et aux armes de la connétable se tenait à la portière pour l'ouvrir et la refermer.

» A la vue de la reine, il mit un genou en terre; mais, au lieu d'abaisser le marchepied, il tendit la main.

» La reine reconnut la galanterie de son amie madame de Chevreuse; mais cette main lui pressa si doucement le pied, qu'elle baissa les yeux sur l'officieux serviteur, et qu'elle reconnut Buckingham.

» Quoiqu'elle fût préparée à tous les déguisements que le duc pouvait prendre, son étonnement fut si grand, qu'elle poussa un cri et qu'une vive rougeur lui monta au visage.

» Ses officiers s'avancèrent aussitôt pour savoir la cause de cette émotion; mais la reine était déjà au fond de son carrosse avec madame de Lannoy et madame de Vernet. Le roi revint dans le sien avec le cardinal. »

Mais, si bien que le secret fût gardé, si intéressés que

fussent à le tenir ceux qui avaient joué un rôle dans la comédie amoureuse, quelques jours s'étaient à peine écoulés après la fête, que le bruit de ces divers déguisements se répandit à la cour.

On disait, en outre, et tout bas, que le duc possédait, dans un cabinet de l'hôtel de l'ambassade, un portrait d'Anne d'Autriche ; que ce portrait était placé sous un dais de velours bleu, surmonté de plumes blanches et rouges. On disait encore qu'un second portrait, médaillon enrichi de diamants, ne quittait pas le duc, qui le portait suspendu à son cou par une chaîne d'or.

On savait la chose, prétendait-on, par ses familiers, et l'on ajoutait que son culte pour ce second portrait était si grand, qu'il n'y avait aucun doute qu'il ne le tînt d'Anne d'Autriche elle-même.

Ces bruits, qui tourmentaient le roi et faisaient damner le cardinal, rendaient de plus en plus dangereuses et de plus en plus difficiles les entrevues de Buckingham et de la reine.

Les inventions de madame de Chevreuse étaient à bout; d'ailleurs, comme, par sa police secrète, le cardinal avait appris qu'elle était la confidente des deux amants — et nous disons ici *amants* en invoquant la devise anglaise : *Honni soit qui mal y pense !* — comme le cardinal avait appris qu'elle était la confidente des deux amants, elle était presque aussi sévèrement espionnée que la reine.

Mais le danger enflammait Buckingham, au lieu de le refroidir; il résolut de tout risquer pour voir la reine seule, ne fût-ce qu'un instant.

Il supplia madame de Chevreuse de s'informer auprès de la reine de quel œil celle-ci verrait une semblable entreprise.

La reine répondit qu'elle n'aiderait à rien, mais laisserait faire.

Cette réponse donnait carte blanche à Buckingham ; seulement, restait à trouver le moyen.

« Cherche, dit l'Évangile, et tu trouveras! »

Madame de Chevreuse chercha et trouva.

Il y avait une vieille tradition qui avait grand cours.

On racontait que, lorsqu'un roi ou une reine de France devait mourir, un fantôme apparaissait qui présageait cette mort. Ce fantôme était du sexe féminin et avait non *la dame blanche.* — Nous avons vu de nos jours une autre tradition non moins populaire la remplacer : c'est celle du *petit homme rouge.*

Madame de Chevreuse raconta au duc de Buckingham la tradition de la dame blanche dans tous ses détails et lui proposa de jouer le rôle du fantôme.

Le duc accepta.

Pourvu que ce rôle le conduisît en face de la reine, peu lui importait sous quel déguisement il y viendrait.

Il y avait une chose incontestable : c'est que, fût-il vu sous ce formidable costume de la dame blanche, personne n'oserait lui barrer le passage.

Maintenant, l'apparition aurait-elle lieu dans la journée, dans la soirée ou dans la nuit?

La reine repoussa également la journée, parce que, dans la journée, le duc perdrait le bénéfice de son déguisement, et la nuit, parce que, la nuit, ce bénéfice, au contraire, serait peut-être trop grand.

Elle adopta la soirée.

Mais alors il y eut discussion entre elle et madame de Chevreuse.

Dans la soirée, il arrivait parfois à Louis XIII de descendre chez Anne d'Autriche, et le duc pouvait rencontrer le roi ; mais la reine battit en brèche cette objection en disant que l'on pouvait hardiment se fier à son valet de chambre Bertin.

Bertin veillerait sur le corridor du roi, et, si le roi sortait de son appartement, il préviendrait sa maîtresse; à tout hasard, on tiendrait ouverte une porte de dégagement, et par cette porte fuirait le duc.

Il fut donc décidé que ce serait pendant la soirée, à neuf heures du soir, que Buckingham entrerait au Louvre.

A neuf heures, en effet, le duc frappait à la porte de l'appartement de madame de Chevreuse.

C'était chez la confidente commune que devait s'opérer la transformation.

Madame de Chevreuse était, en outre, chargée de confectionner le déguisement.

Les deux amoureux avaient là, comme on voit, une précieuse amie.

Le costume était prêt et attendait le duc. Il est vrai que le duc ne fit pas attendre longtemps le costume.

Il consistait en une longue robe blanche d'une forme bizarre, constellée de larmes noires et ornée de deux têtes de mort, l'une placée sur la poitrine, l'autre dans le dos; un bonnet blanc et noir comme la robe, un immense manteau noir, et un de ces chapeaux dont Beaumarchais coiffa depuis son Basile, complétaient ce costume.

Mais, à la vue de ce grotesque accoutrement, la coquetterie de George Villiers se révolta; le moyen que le plus bel homme des trois royaumes consentît, même pour un instant, à devenir ridicule! Aussi déclara-t-il tout net que jamais il ne se présenterait devant Anne d'Autriche sous un pareil déguisement.

Mais le duc, sous ce rapport, trouva chez madame de Chevreuse un entêtement égal au sien. La confidente déclara que c'était à prendre ou à laisser; qu'il n'y avait que ce moyen de voir la reine, que le duc la verrait en dame blanche ou ne la verrait pas.

Puis vinrent les reproches.

Le duc se disait amoureux et hésitait au moment de voir celle qu'il prétendait aimer! De son côté, la reine avait consenti à tout ; prévenue, elle attendait le duc, et le duc allait la faire attendre inutilement : c'était une grande chance pour ne la revoir jamais.

Il y avait un grain de malice au fond de cette insistance de madame de Chevreuse. Selon toute probabilité, la railleuse confidente se faisait une fête, après avoir vu un cardinal déguisé en danseur espagnol, de voir un ambassadeur déguisé en fantôme.

Peut-être aussi, de son côté, la reine, se sentant entraînée vers le beau duc, voulait-elle se donner des armes à elle-même en le voyant sous cet accoutrement plus que bizarre.

Enfin, le duc céda, réfléchissant peut-être que, sous quelque déguisement que ce fût, sa belle et noble tête conserverait sa grâce et sa séduction.

Mais, sur ce point, il avait encore compté sans madame de Chevreuse. Il fallait que, si le duc était vu, il ne fût point reconnu. Elle avait, en conséquence, décidé, dans sa sagesse, qu'elle déguiserait la tête comme elle avait déguisé le reste du corps.

A cette proposition, faite par madame de Chevreuse d'un ton si ferme, que Buckingham vit bien qu'il faudrait céder comme au reste du costume, il offrit, en manière de concession, de mettre un masque de velours noir. Ces sortes de masques, qui portaient le nom de *loups*, — nous invitons ceux qui savent l'étymologie du nom à nous la dire, — ces sortes de masques étaient fort en usage à cette époque, et Buckingham comptait, en ôtant le sien, rentrer dans tous ses avantages.

Mais, en faisant cette proposition, il avait toujours compté sans madame de Chevreuse : le masque pouvait tomber, le véritable visage apparaître, le duc être reconnu, tout le monde compromis ! C'était tout autre chose qu'un loup qu'il fallait appliquer sur le visage du malheureux duc.

Il était dix heures !

La discussion avait dévoré une cinquantaine de minutes;

la mère de celui qui, un jour, faillit attendre, attendait déjà, sans doute.

Le duc dut présenter son visage et se laisser faire.

Un physicien nommé Norblin venait de signaler une nouvelle découverte : il s'agissait d'une pellicule couleur de chair, au moyen de laquelle, à l'aide d'une cire blanche et molle, on pouvait se défigurer entièrement. Cette pellicule se superposait à tous les méplats du visage et formait un masque adhérent à la peau, laissant les yeux libres, mais changeant complètement la forme des traits.

Grâce à cette ingénieuse invention, au bout de cinq minutes, Buckingham était devenu méconnaissable à ses propres yeux et se faisait peur à lui-même.

L'opération du masque achevée, le duc ôta son manteau, mais tint bon pour le reste de son costume.

La robe fut donc passée par-dessus son pourpoint et ses chausses; puis il enferma ses beaux cheveux blonds et bouclés dans le bonnet fantastique, recouvrit du masque de velours son visage, déjà défiguré par la pellicule de l'ingénieux physicien, mit sur le tout un chapeau à larges bords, et, donnant le bras à madame de Chevreuse, monta avec elle dans son carrosse.

Ce carrosse était connu au Louvre et ne pouvait inspirer aucune défiance; on avait l'habitude de le voir entrer et sortir à toute heure du jour et même de la nuit. — Au reste, le duc devait être introduit par les petites entrées.

Au guichet du Louvre, Bertin faisait sentinelle ; le concierge était prévenu par lui qu'il était là, attendant un astrologue italien que la reine voulait consulter.

Le duc passa pour l'astrologue et fut introduit.

Une fois le guichet passé, le chemin était libre jusque chez la reine.

Anne d'Autriche avait eu le soin d'éloigner madame de Flotte, sa dame d'honneur ; elle était seule et attendait avec anxiété.

A la porte, le valet de chambre abandonna madame de Chevreuse et le duc, et alla se mettre en observation au bas de l'escalier du roi.

Madame de Chevreuse n'eut pas besoin de frapper; habituée à entrer à toute heure chez sa royale amie, elle avait une clef de son appartement.

Elle introduisit le duc et entra derrière lui, laissant la clef à la porte, afin que, en cas d'alerte, Bertin pût entrer à son tour.

Après avoir traversé deux ou trois chambres, le duc se trouva enfin en présence de la reine.

Alors, ce que le galant ambassadeur avait prévu arriva : quelle que fût son angoisse, Anne d'Autriche ne put s'empêcher de rire.

Buckingham comprit que ce qu'il avait de mieux à faire était de ne pas demeurer en reste de gaieté. Il fit les honneurs de sa personne avec la désinvolture d'un homme d'esprit, et bientôt la reine, oubliant le côté ridicule de la mascarade, ne vit plus que les risques courus par un amant passionné.

Buckingham profita du changement qui se faisait dans l'esprit d'Anne d'Autriche : il la supplia de lui accorder quelques minutes de tête-à-tête.

La reine, vaincue par cette voix si douce, ouvrit la porte de son oratoire et y entra. Buckingham l'y suivit.

Madame de Chevreuse poussa doucement la porte et resta en dehors.

Dix minutes s'écoulèrent.

Au bout de ces dix minutes, Bertin entra tout pâle et tout effaré en criant :

— Le roi !

Madame de Chevreuse ouvrit la porte et répéta le cri d'alarme :

— Le roi !

Mais sa terreur fut grande.

Buckingham, non plus en dame blanche, mais sans masque, ses beaux cheveux flottants sur ses épaules, ayant rejeté son costume de fantôme et vêtu de ses habits de cavalier, était aux pieds de la reine.

Il n'avait pu y tenir, et, au risque d'être reconnu, il s'était montré à sa bien-aimée reine tel qu'il était, c'est-à-dire comme un des plus beaux cavaliers du monde.

Mais la question n'était plus là.

Le valet de chambre éperdu ne cessait de crier : « Le roi ! le roi ! » Il fallait fuir, et cela, sans perdre une seconde.

Madame de Chevreuse ouvrit un petit couloir qui donnait sur le corridor.

Le duc s'élança dans le couloir, emportant toute sa défroque. Madame de Chevreuse s'y élança derrière lui.

La porte se referma, et Anne d'Autriche, à moitié évanouie, rentra dans sa chambre, et se laissa tomber dans un fauteuil, s'attendant à chaque instant à voir apparaître le roi.

Une fois dans le corridor, Buckingham voulait jeter la robe et le manteau, et fuir en cavalier ; mais madame de Chevreuse ne permit point une pareille imprudence : elle força le duc à endosser sa robe, à replacer le masque sur son visage, à se recoiffer de son bonnet, et, seulement alors, lui permit de continuer son chemin.

Bien lui en prit d'avoir exigé du duc toutes ces précautions.

Arrivé à l'extrémité du corridor, le fugitif rencontra les gens du petit service. Il fit un mouvement pour retourner en arrière ; dans ce mouvement, le manteau tomba. Mais cet accident prouva combien étaient intelligentes les précautions de madame de Chevreuse. En voyant cette grande robe blanche constellée de larmes et ornée de deux têtes de mort, les gens du petit service, au lieu de courir après le duc, s'enfuirent chacun de son côté, comme si le diable les emportait, criant :

— La dame blanche ! la dame blanche !

Ce que voyant le duc, au lieu de continuer de fuir de son côté, il s'élança à leur poursuite, et, tandis que madame de Chevreuse retournait près de la reine, que Bertin ramassait le chapeau et le manteau, il atteignit l'escalier, gagna la porte et se trouva dans la rue.

En rentrant chez son amie, madame de Chevreuse l'avait trouvée pâle et tremblante sur son fauteuil; mais, en entendant sa joyeuse compagne rire aux éclats, Anne d'Autriche comprit que le danger était passé.

En effet, comme nous l'avons dit, le duc avait gagné la rue.

Quant au roi, il avait bien, il est vrai, quitté son appartement; mais ce n'était point pour descendre chez la reine : ayant une grande chasse arrêtée pour le lendemain, il allait, afin de ne point perdre de temps, coucher au lieu du rendez-vous. Il avait passé devant la porte de la reine, mais n'avait pas même eu l'idée de prendre congé d'elle, devant revenir au Louvre le lendemain au soir.

A son retour, il trouva le château tout en émoi, s'informa et apprit que la fameuse dame blanche avait couru par les corridors.

Il fit venir les gens qui avaient vu le fantôme, les interrogea, reçut des réponses précises sur les allures et le costume du spectre, et, comme ce costume et ces allures étaient parfaitement conformes à ceux de la tradition, il ne fit aucun doute que l'apparition ne fût réelle; mais le cardinal fut moins crédule que le roi : il mit sa police sur les traces de la prétendue dame, et sut par Boisrobert, qui séduisit Patrice O'Reilly, valet de chambre du duc, la vérité vraie touchant le singulier événement que nous venons de raconter.

Sur ces entrefaites, arriva à Paris la nouvelle de la mort de Jacques VI.

Le digne roi était trépassé le 8 avril 1625, et Charles Ier, âgé de vingt-cinq ans, était monté sur le trône.

L'ambassadeur reçut en même temps la nouvelle de cette mort inattendue et l'ordre de presser le mariage.

Nul ordre ne pouvait être plus désagréable à Buckingham, et plus agréable au roi et à Richelieu.

Buckingham avait compté sur la parenté de madame Henriette avec Charles Ier pour retarder le mariage; ils étaient cousins germains. Il savait combien, d'habitude, la cour de Rome est lente pour les dispenses; mais il avait compté sans les intérêts réunis de Louis XIII et de Richelieu.

A la suite d'une conférence avec le roi, Richelieu écrivit au pape que, s'il n'envoyait pas la bulle, on s'en passerait.

Richelieu reçut la dispense courrier par courrier.

Un mois et demi après la mort du roi Jacques, le mariage se fit.

M. de Chevreuse remplaça Charles Ier, dont, par Marie Stuart, il était le petit-cousin, et, le 11 mai, sur un petit théâtre dressé devant le portail de Notre-Dame, madame Henriette et son époux provisoire furent unis par M. le cardinal de la Rochefoucauld.

Charles Ier réclamait sa femme à grands cris; force fut donc à Buckingham de se mettre en route aussitôt la cérémonie achevée.

Par bonheur pour le favori, on marchait à cette époque à petites journées.

La cour de France devait accompagner la reine jusqu'à Amiens.

A Amiens, l'on s'arrêta.

Là devait arriver cette fameuse aventure qui fit tant de bruit, et qui est consignée dans les mêmes termes, à peu près, chez La Porte, chez madame de Motteville et chez Tallemant des Réaux.

Les trois reines, Anne d'Autriche, Marie de Médicis et madame Henriette n'avaient point trouvé de logis convenable dans la ville pour les recevoir toutes trois.

Il leur avait donc fallu prendre des hôtels séparés.

Celui d'Anne d'Autriche était situé près de la Somme, avec de grands jardins descendant jusqu'à la rivière. Comme il se trouvait à la fois le plus commode et le plus pittoresque, il était le rendez-vous des autres reines, et comme Buckingham, pour donner à cette dernière halte toute l'extension possible, inventait fête sur fête, c'était là aussi le rendez-vous de la cour.

On était d'autant plus libre que, depuis trois jours, le roi et le cardinal avaient été forcés de partir pour Fontainebleau.

Depuis ce départ, il va sans dire que Buckingham avait remis toutes ses batteries en jeu.

Donc, un soir que la reine, par un temps magnifique, par une de ces douces nuits de mai amoureuses et parfumées, avait prolongé sa promenade dans les jardins, toute frissonnante de ces tièdes inquiétudes que donnent les premières brises du printemps, advint cette fameuse aventure que l'on nomma l'*aventure d'Amiens*.

Voici comment, selon toute probabilité, les choses se passèrent :

Le duc de Buckingham donnait la main à la reine, et lord Rich accompagnait madame de Chevreuse. On avait d'abord été se promener sous les allées sombres et couvertes; on avait admiré les reflets de la lune brisant ses rayons argentés dans le cours de la Somme; puis on s'était assis sur une pelouse, jeunes gens et jeunes femmes semblables à ceux et à celles du *Décaméron* de Boccace; enfin, la reine s'était levée, avait repris le bras du duc, et s'était éloignée, distraitement peut-être, ne songeant point à ce qu'elle faisait, et sans inviter personne à la suivre.

Calculée ou instinctive, l'imprudence n'en était pas moins grande.

A défaut des pas, tous les yeux avaient suivi la reine et le duc, et on les avait vus disparaître derrière une charmille.

Tout à coup, on entendit un cri étouffé, et l'on reconnut la voix de la reine.

A ce cri, le premier écuyer de la reine, Putange, mit l'épée à la main et passa à travers la charmille.

Il vit la reine se débattre aux bras de Buckingham.

A l'aspect de cet homme tenant une épée nue à la main, le duc dégaina de son côté, lâcha la reine et se rua, furieux, sur Putange.

La reine n'eut que le temps de se jeter entre eux deux, criant tout à la fois au duc de se retirer et à Putange de remettre son épée au fourreau.

Buckingham obéit.

Toute la cour s'empressa d'arriver sur le théâtre de l'événement.

Mais la reine et Putange étaient seuls : Buckingham avait disparu.

On s'empressa autour de la reine, chacun questionnant, tâtant les massifs, furetant des yeux.

Mais Anne d'Autriche :

— Ce n'est rien, dit-elle ; M. de Buckingham s'est éloigné, me laissant seule, et j'ai eu si grand'peur de me trouver ainsi perdue dans l'obscurité, que j'ai appelé à mon aide... Je vous remercie, Putange, d'être venu.

On ne pouvait démentir la reine ; on fit donc semblant, devant elle, de croire à cette version ; mais il va sans dire que, derrière elle, la vérité sortit de terre.

La Porte raconte en toutes lettres que le duc s'émancipa jusqu'à vouloir caresser la reine, et Tallemant des Réaux, très-malveillant, du reste, pour la cour, va un peu plus loin encore...

Le lendemain, on partit ; la reine mère ne pouvait se décider à se séparer de madame Henriette. Elle voulut reconduire sa fille pendant quelque temps encore.

On remonta en carrosse.

Le carrosse se composait de Marie de Médicis, d'Anne d'Autriche et de la princesse de Conti : la reine mère et madame Henriette étaient au fond ; Anne d'Autriche et la princesse de Conti étaient sur le devant.

Il fallut enfin se séparer : les voitures firent halte ; le duc de Buckingham vint ouvrir la portière du carrosse des reines et offrit la main à madame Henriette pour la conduire au carrosse qui lui était destiné, et où l'attendait madame de Chevreuse, chargée de l'accompagner jusqu'en Angleterre.

Mais à peine eut-il remis la jeune reine à son étrange chaperon, qu'il revint vers le carrosse des reines, entrouvrit vivement la portière, et, malgré la présence de la reine mère et de la princesse de Conti, prit le bas de la robe d'Anne d'Autriche et le baisa avec passion.

Puis, comme la reine lui faisait remarquer que cette étrange marque de sa passion la pouvait compromettre, il se releva, mais, n'ayant pas le courage de s'éloigner, s'enveloppa dans les rideaux de la litière, du milieu desquels sortirent bientôt des sanglots étouffés.

Au bruit de ces sanglots, la reine, de son côté, ne put retenir ses larmes ; elle porta son mouchoir à ses yeux, et la reine mère et la princesse purent voir, au mouvement de son sein, qu'elle pleurait abondamment.

Enfin, comme, en se prolongeant, cette scène devenait ou ridicule ou dangereuse, tout à coup Buckingham s'arracha de la voiture de la reine, et, sans adresser aucun adieu à personne, s'élança dans celle de madame Henriette et donna l'ordre de partir,

Anne d'Autriche croyait cet adieu le dernier, et, n'espérant plus revoir Buckingham, qu'au fond du cœur elle aimait tendrement, elle n'essaya même plus de cacher sa tristesse et laissa les larmes inonder son visage.

C'était à Boulogne que l'embarquement devait avoir lieu.

En arrivant à Boulogne, il se trouva que le vent, d'accord

avec les désirs de Buckingham, soufflait du nord et refoulait les vagues dans la rade.

Le pilote déclara qu'il était impossible de mettre à la voile.

Buckingham était incertain sur ce qu'il allait faire, lorsqu'il vit arriver La Porte, le fidèle valet de chambre d'Anne d'Autriche. Celui-ci avait deux missions, l'une ostensible, l'autre cachée; la mission ostensible était celle-ci :

« La reine, ayant su le retard apporté au voyage par le mauvais temps, fait demander des nouvelles de madame Henriette. »

La mission cachée était, selon toute probabilité, quelque message — soit verbal, soit écrit — pour Buckingham.

Le mauvais temps dura huit jours.

Pendant ces huit jours, La Porte fit trois voyages à Boulogne.

Au retour de son troisième voyage, il annonça à la reine Anne que, le soir même, elle reverrait Buckingham.

Buckingham avait, disait-il, reçu du roi Charles Ier une dépêche qui nécessitait une dernière entrevue avec la reine mère.

Le duc, au nom de son amour, faisait supplier Anne d'Autriche de s'arranger de façon qu'il la trouvât seule.

C'était une nouvelle excursion dans le pays de l'aventure.

Mais Anne d'Autriche était tellement sollicitée par son propre cœur à faire ce que lui demandait le duc, que, sans doute dans le but de se ménager un tête-à-tête, elle avait déjà annoncé qu'elle allait se faire saigner et avait congédié tout le monde, lorsque Nogent-Bautru entra et annonça à toute la société, qui se retirait, que le duc de Buckingham et lord Rich venaient d'arriver.

C'était le renversement de tous les projets d'Anne d'Autriche. Si elle demeurait seule maintenant, il était évident que cette solitude, même innocente, donnait lieu aux plus malignes interprétations.

Il n'y avait qu'un moyen : c'était de se faire réellement saigner. Elle l'employa, espérant que cette opération éloignerait tout le monde; mais, malgré ses instances, malgré le désir qu'elle exprima de rester seule pour essayer de dormir, elle ne put éloigner madame de Lannoy.

Or, la reine avait toute raison de croire que madame de Lannoy était une créature appartenant corps et âme au cardinal.

Elle attendit donc, pleine d'angoisses, ce qui allait arriver.

A dix heures, la porte s'ouvrit, et l'on annonça le duc de Buckingham.

En même temps que madame de Lannoy disait :

— La reine n'est pas visible.

La reine disait :

— Faites entrer!

Le duc, collé contre la porte, n'attendait que cette permission. A peine lui fut-elle donnée, qu'il se précipita dans la chambre; la reine était au lit, madame de Lannoy debout à son chevet.

Le duc s'arrêta court sur le seuil : il croyait la reine seule; il était visible que le tonnerre tombant à ses pieds l'eût moins atterré que cette présence de madame de Lannoy.

La reine vit l'effet produit et eut pitié du duc; elle lui dit en espagnol quelques mots de consolation.

Sans doute ces quelques mots expliquaient la présence de madame de Lannoy.

Alors, le duc s'avança lentement, s'agenouilla devant le lit, baisa les draps, et cela, avec tant de passion, que madame de Lannoy fit observer au duc qu'il s'éloignait des règles de l'étiquette française.

— Eh! madame, dit le duc avec impatience, je ne suis pas Français, et les lois de l'étiquette française ne peuvent m'engager. Je suis George Villiers, duc de Buckingham, ambassadeur du roi Charles Ier; je représente une tête couronnée;

en conséquence, il n'y a qu'une personne ici qui ait le droit de louer ou de blâmer ma conduite : c'est la reine.

Puis, s'adressant à la reine elle-même :

— Oui, madame, dit-il, ordonnez, et à vos ordres j'obéirai à genoux... à moins que ces ordres ne me commandent une chose impossible, c'est-à-dire de ne plus vous aimer.

— Jésus Dieu! s'écria madame de Lannoy, milord-duc n'a-t-il pas eu l'audace de dire qu'il aimait Votre Majesté?

— Oh! oui! s'écria le duc, je vous aime, madame!... Et, puisque l'on en doute, je répéterai l'aveu de cet amour à la face du monde entier... Oui, je vous aime! et, comme une vie passée loin de vous me serait insupportable, je n'ai plus qu'un désir, qu'un but : c'est de vous revoir; et, pour vous revoir, fût-ce malgré le roi, fût-ce malgré le cardinal, fût-ce malgré vous-même, j'emploierai tous les moyens qui seront en mon pouvoir; ainsi donc, tenez-vous-le pour dit : dussé-je bouleverser l'Europe pour vous revoir, je vous reverrai!

Et, à ces mots, saisissant la main de la reine, il la couvrit de baisers, malgré les efforts qu'elle faisait pour la retirer.

Puis, comme un fou, comme un insensé, il s'élança hors de l'appartement.

— Fermez la porte derrière le duc, et laissez-moi seule, madame, dit la reine.

Madame de Lannoy obéit.

A peine Anne d'Autriche fut-elle seule, qu'elle fit appeler cette duègne dont nous avons déjà parlé, doña Estefania; puis, se faisant donner papier, encre et plume, elle traça quelques mots à la hâte, prit une cassette cachée dans la ruelle de son lit, et ordonna à doña Estefania de porter au duc la lettre et la cassette.

La lettre était un ordre de partir; la cassette contenait ces douze ferrets de diamants que le roi avait donnés à la reine pour la fête de madame de Chevreuse.

Trois jours après, la mer se calma, et le duc partit pour

l'Angleterre, amenant au roi Charles Ier la fille de Henri IV.

Les craintes d'Anne d'Autriche n'étaient que trop fondées : le cardinal sut dans tous ses détails l'aventure des jardins d'Amiens ; le cardinal sut dans tous ses détails l'apparition de Buckingham dans la chambre de la reine.

Du moment que le cardinal le savait, le roi devait le savoir ; seulement, chaque détail, en passant par la bouche d'un prêtre, prenait un caractère plus grave : d'une étourderie, il avait trouvé le moyen de faire un crime.

C'était une des roueries du premier ministre que d'incruster ses propres sentiments dans le cœur du roi. Ainsi, peut-être, abandonné à sa propre impulsion, Louis XIII n'eût-il pas été jaloux d'Anne d'Autriche, ou ne l'eût-il pas fait souffrir de cette jalousie ; mais, poussé par Richelieu, dont il ignorait l'amour, il se constitua le gardien de la reine, sans se douter qu'il la gardait non-seulement pour son propre compte, mais encore pour le compte de son ministre. Il en résulta que, la colère du ministre gagnant le roi, le roi fit grand bruit des deux aventures que nous avons racontées.

On congédia madame de Vernet ; on chassa Putange.

Sans doute, on eût disgracié madame de Chevreuse si elle eût été à Paris ; mais madame de Chevreuse était à Londres, et la colère du roi passa sans l'atteindre.

Cependant, soit que madame de Lannoy eût su que la reine avait donné une cassette à Buckingham, et que cette cassette renfermait les ferrets ; soit que, ne les voyant plus dans l'écrin de la reine, elle se doutât simplement de quelle façon ils avaient disparu, elle prévint le cardinal de leur disparition et du chemin qu'elle pensait qu'ils avaient pris.

Le cardinal vit dans cette révélation un moyen de perdre la reine. Il écrivit à lady Clarick, qui avait été la maîtresse de Buckingham, et lui promit cinquante mille livres si elle parvenait, d'une façon ou de l'autre, à couper deux des douze ferrets, et à les lui envoyer.

Un beau jour, Richelieu reçut les deux ferrets : lady Clarick avait réussi. Le cardinal paya scrupuleusement les cinquante mille livres promises, et dressa ses batteries pour perdre la reine. Le plan était bien simple : pousser le roi à donner ou à recevoir une fête, et faire prier par lui la reine de venir à cette fête avec ses ferrets.

Le hasard sembla d'abord être de moitié dans le jeu du cardinal. Les échevins de Paris donnaient un bal à l'hôtel de ville : ils invitèrent le roi et la reine à honorer ce bal de leur présence. Le cardinal glissa un mot dans l'oreille du roi, et la reine reçut une invitation qui équivalait à un ordre.

Cette invitation était de se parer de ses ferrets.

Le cardinal était là quand le roi avait exprimé ce désir conjugal à Anne d'Autriche : il en avait suivi l'effet sur le visage de la reine, et, à son grand étonnement, le visage de la reine demeura parfaitement calme.

Puis, avec une voix dans laquelle il était impossible de découvrir la moindre émotion :

— C'était mon intention, sire, répondit-elle.

Richelieu rentra chez lui, doutant de lui-même. Il examina les deux ferrets ; il n'y avait point à s'y tromper : ils faisaient bien partie des douze donnés par le roi à la reine.

L'heure du bal arriva ; le cardinal y assistait : le roi venait de son côté, la reine devait venir du sien.

Le cardinal passa à attendre la reine une des heures les plus anxieuses peut-être qu'il eût passées de sa vie. La reine entra dans une toilette charmante, mais de la plus grande simplicité : son seul luxe, c'étaient ces douze ferrets que lui avait donnés le roi.

Richelieu s'approcha d'elle, sous prétexte de louer son goût, examina sa toilette dans le plus grand détail, compta les ferrets : tous les douze y étaient, et non-seulement il ne manquait pas un ferret aux aiguillettes, mais encore il ne manquait pas un diamant aux ferrets.

Et cependant le cardinal, avec des convulsions de rage, serrait les deux ferrets dans sa main.

Voici ce qui s'était passé :

En revenant du bal et se dévêtant, Buckingham s'aperçut que deux ferrets venaient de lui être volés. Sa première idée fut qu'il avait été victime de la hardiesse d'un voleur ordinaire; mais, en y réfléchissant bien, il devina facilement que les ferrets avaient été enlevés dans une intention hostile. Il songea à l'instant même au tort qu'une dénonciation pouvait faire à la reine.

Maître, comme grand amiral de tous les ports du royaume, il mit à l'instant même l'embargo sur tous les ports d'Angleterre.

Il y avait peine de mort pour tout patron de bâtiment qui mettrait à la voile.

L'Angleterre tressaillit de surprise : elle crut que quelque grande conspiration venait d'être découverte, que quelque guerre mortelle était déclarée. Les politiques les plus habiles bâtirent cent romans dont pas un n'approchait de la vérité.

Pourquoi l'embargo était-il mis sur tous les ports du royaume?

Pour que le joaillier de Buckingham eût le temps de faire deux ferrets pareils aux deux ferrets volés.

La nuit suivante, un léger bâtiment, pour lequel seulement la consigne était levée, voguait vers la France et apportait les douze ferrets à Anne d'Autriche.

Douze heures après le départ de la goëlette, l'embargo était levé.

Il en résulta que la reine avait reçu les ferrets vingt-quatre heures avant l'invitation que lui fit le roi de s'en parer pour le bal de l'hôtel de ville.

De là cette grande tranquillité dont s'était si fort étonné le cardinal, qui croyait tenir dans sa main l'exil de son ennemie.

Le coup était terrible pour lui; mais, avec les moyens dont il pouvait faire usage, le cardinal ne se regarda point pour battu : ce qu'il n'avait pas pu faire avec Buckingham, il y réussirait peut-être avec le duc d'Anjou.

Le cardinal, en mettant le duc d'Anjou en avant, et en essayant de perdre la reine, se délivrait de deux ennemis.

Le duc d'Anjou détestait de longue main le cardinal.

Dès 1624, celui-ci avait, le 9 juin, fait mettre son gouverneur, M. d'Ornano, à la Bastille.

Puis Richelieu voulait absolument marier M. le duc d'Anjou, lequel n'y tenait aucunement, surtout avec la femme que l'on voulait lui donner : cette femme était mademoiselle de Guise, fille du feu duc de Montpensier.

Or, le cardinal, — écarté un instant de ses soupçons sur Gaston et de la reine par les amours bien autrement réels de Buckingham, — Buckingham parti, le cardinal revint à ce pis-aller.

Il mit la résistance de Monsieur au mariage sur le compte de son amour pour la reine.

Puis il inventa une conspiration. — On sait qu'en fait de conspirations, nulle imagination n'était plus inventive que celle de M. le cardinal de Richelieu.

Il prétendit que le colonel d'Ornano, qui venait de recevoir le bâton de maréchal, avait l'intention d'enlever le jeune prince, de l'emmener hors de la cour, et même hors de France, et de le réserver pour quelque alliance plus illustre.

Si l'on s'en rapporte aux Mémoires du cardinal, cette conjuration était une des plus horribles qui eussent jamais été tramées. Tous les princes et les grands devaient s'unir à cette révolte. L'Espagne aidait le complot de son argent; les quadruples de Philippe IV compromettaient Anne d'Autriche; il fallait donc les faire sonner bien fort. Le duc de Savoie y entrait par ressentiment de la paix faite avec l'Espagne. Les huguenots en espéraient leur salut. Quant au roi, on devait le mettre dans un monastère, ni plus ni moins qu'un prince mérovingien.

En conséquence, le cardinal décida que, la conspiration étant mûre, on arrêterait le maréchal d'Ornano, comme donnant de mauvais conseils au jeune prince.

Ce qui était décidé fut fait.

Le soir du 4 mai 1626, la cour étant retirée, le roi fit appeler le maréchal d'Ornano.

Le maréchal était en train de souper ; il se leva de table et se rendit à l'invitation du roi.

Au lieu du roi, le maréchal trouva le capitaine des gardes, qui lui demanda son épée et le mena prisonnier dans la même salle où, vingt-quatre années auparavant, Henri IV avait fait conduire le maréchal de Biron.

Le lendemain, on transféra le maréchal d'Ornano au donjon de Vincennes. Ses deux frères furent mis à la Bastille; sa femme eut ordre de se retirer aux champs, dans une de ses maisons.

« Le duc d'Anjou, dit gravement l'histoire, fut fort touché de cet événement. »

Voyons un peu, en entr'ouvrant la porte, de quelle façon le jeune prince manifesta son mécontentement.

« D'abord, Monsieur, apprenant l'arrestation de son gouverneur, s'en alla directement pester dans la chambre du roi, disant à Sa Majesté qu'il voulait savoir qui lui avait donné l'idée de faire arrêter le maréchal.

« Le jeune prince était dans une si grande colère, que le roi en eut peur et lui dit que ce qu'il avait fait, il l'avait fait par l'avis de son conseil.

» Monsieur, toujours furieux, alla trouver le chancelier d'Aligre.

» Le chancelier d'Aligre, bonhomme chartrain, vrai cul-de-plomb, esprit doux et timide, répondit en tremblant que ce n'était pas lui et qu'il n'était pas informé de cette arrestation.

» Monsieur revint chez le roi et fit plus de bruit qu'auparavant; si bien que le roi, ne sachant comment s'en débarrasser, envoya chercher le cardinal, afin qu'il se débarbouillât avec son frère.

» Richelieu, sans dénégation ni ambage, déclara tout net que c'était lui qui avait donné au roi l'avis de faire arrêter le maréchal, et qu'un jour Monsieur l'en remercierait tout le premier.

» — Moi! moi! dit Monsieur étouffant de colère; tenez, vous êtes un j...-f.....!

» Et, sur ces belles paroles, il s'en alla. »

Ce fut l'oraison funèbre du maréchal d'Ornano, qui, arrêté le 4 mai, mourut le 3 septembre.

Le bruit courut qu'il avait été empoisonné. On combattit ce bruit en disant qu'il avait été mis dans une chambre trop humide.

Cette chambre trop humide devint proverbiale. On y mettait tous ceux que l'on ne voulait pas loger trop longtemps.

Madame de Rambouillet disait en parlant de cette chambre :

— Elle vaut son pesant d'arsenic.

XII

Quelque chose qu'eût pu faire Richelieu, la reine n'avait été que médiocrement compromise dans cette affaire; il fallait lui en susciter une autre.

Nous avons dit combien le cardinal était un habile limier, une fois lâché sur ces sortes de pistes.

Il regarda tout autour de lui, et son regard sinistre tomba sur Henri de Talleyrand, comte de Chalais.

C'était un beau jeune homme de vingt-huit à trente ans,

fort élégant, fort couru, peu réfléchi, très-railleur, imprudent et vain, brave à l'excès ; un de ses duels avait fait grand bruit.

Ayant eu à se plaindre, dans une affaire d'amour, de M. de Pontgibaut, et l'ayant rencontré sur le pont Neuf, qui revenait de la campagne à cheval et en grosses bottes, il l'invita à mettre pied à terre et à lui donner satisfaction sur le lieu même.

Pontgibaut, qui était aussi brave que Chalais, descendit à l'instant, et, à la troisième passe, tomba roide mort.

La naissance de Chalais était excellente : petit-fils du maréchal de Montluc, il touchait par les femmes à cette brave race des Bussy. — Vous rappelez-vous, chers lecteurs, le Bussy de *la Dame de Monsoreau* ?

Chalais appartenait au roi, et, comme tous ceux qui appartenaient au roi, il avait honte de l'esclavage où le tenait le cardinal.

Un mot du vieil archevêque Bertrand de Chaud peint à merveille la mesure de puissance que Richelieu laissait au roi.

Louis XII lui avait promis plus d'une fois le chapeau rouge et mourut sans le lui donner.

— Ah ! disait le vieil archevêque ne lui faisant pas autrement reproche de son manque de parole, si le roi était en faveur, je serais cardinal !

Chalais était du parti de *l'aversion*. — On appelait ceux qui détestaient le cardinal, les *aversionnaires*.

Gaston avait crié bien haut contre l'arrestation du maréchal d'Ornano ; nous avons même dit dans quels termes il avait crié.

Il demandait à qui voulait l'entendre de conspirer avec lui contre le cardinal, et, comme on ne connaissait pas encore Richelieu pour si terrible qu'il fut par la suite, on répondait assez à l'appel.

Ceux qui y répondirent les premiers furent les deux frères naturels du roi et, par conséquent, de Monsieur, les deux bâtards de Henri IV : Alexandre de Bourbon, grand prieur de France, et César, duc de Vendôme.

Ils proposèrent un plan à Gaston, et y entraînèrent Chalais.

On devait assassiner le cardinal, et voici de quelle façon :

Richelieu, sous le voile éternel de la mauvaise santé, voile qui lui servit à cacher tant de choses, s'était retiré à sa campagne de Fleury ; de là, le malade dirigeait les affaires du royaume.

Le duc d'Anjou et ses amis devaient faire une chasse ; la chasse devait les conduire du côté de Fleury ; là, comme s'ils étaient fatigués, ils devaient demander l'hospitalité au cardinal, et, cette hospitalité accordée, saisir le premier moment favorable, envelopper Son Éminence, puis, enfin, lui couper la gorge.

Si ces complots paraissent étranges aujourd'hui, nous dirons qu'alors ils avaient des antécédents : c'est ainsi que Visconti avait été assassiné dans la cathédrale de Milan; Julien de Médicis dans le chœur de Sainte-Marie des Fleurs à Florence ; Henri III à Saint-Germain ; Henri IV rue de la Ferronnerie, et le maréchal d'Ancre sur le pont du Louvre.

Gaston, en se défaisant du cardinal, ne faisait donc que suivre l'exemple de son frère, se défaisant du maréchal d'Ancre. Il avait de plus cet avantage, que Louis XIII haïssait au fond son favori, et que, ce favori mort, le roi se réjouirait de cette mort avec les meurtriers.

Chalais, nous l'avons dit, était du complot ; mais, soit faiblesse de résolution, soit — ce qui est plus probable — qu'il voulût l'attirer dans le complot, Chalais s'en ouvrit un jour au commandeur de Valancé.

Le commandeur de Valancé, homme raisonnable, et qui avait mesuré la puissance du cardinal sur la faiblesse du roi, au lieu de céder aux raisonnements de Chalais, le fit plier sous les siens, et finit par le conduire chez le cardinal.

Ce fut le commandeur de Valancé qui parla ; Chalais se tut ;

il ne faisait, au reste, qu'une condition à la révélation : l'impunité des coupables. Or, les coupables, quels étaient-ils? Le frère légitime et les deux frères naturels du roi.

Le cardinal promit de ne point sévir.

Il n'était pas encore de force à faire tomber trois têtes royales, et il savait que, lorsqu'on touche à ces têtes-là, il faut qu'elles tombent.

Le cardinal remercia Chalais et l'invita à le revenir voir en particulier; puis il alla trouver le roi, lui raconta tout, en demandant son indulgence pour un complot qui ne menaçait que lui, Richelieu.

Le cardinal, disait-il, gardait toute sa sévérité pour les complots qui menaceraient le roi.

Il posait, sur cette feinte magnanimité, la première planche de ses échafauds à venir.

Mais le roi lui demanda ce qu'il comptait faire en cette circonstance.

— Sire, répondit le cardinal, laissez-moi mener l'affaire jusqu'au bout; seulement, comme je n'ai autour de moi ni gardes ni cavaliers, prêtez-moi quelqu'un de vos gens d'armes.

Le roi lui prêta soixante cavaliers.

Ces soixante cavaliers arrivèrent à Fleury la veille du jour où l'assassinat devait avoir lieu. On les cacha dans les communs.

La nuit s'écoula tranquillement.

Le cardinal ne dormait point cependant, et ruminait son projet.

Le matin venu, il ne l'avait pas encore arrêté, quand le chef du complot lui donna lui-même un moyen de sortir galamment d'embarras.

Au point du jour, les officiers de la bouche du duc d'Anjou arrivèrent à Fleury. Ils annonçaient qu'au retour de la chasse, leur maître devait s'arrêter chez Son Éminence, et, pour lui épargner tout ennui, à lui et à ses gens, les envoyait préparer son dîner.

Le cardinal répondit que lui et sa maison étaient au service du prince; mais aussitôt il sauta à bas de son lit, se fit habiller, et partit pour Fontainebleau.

Sa résolution était prise.

Il arriva vers sept heures du matin, et au moment où Monsieur, de son côté, se levait et s'habillait pour la chasse.

Tout à coup, la porte de sa chambre à coucher s'ouvrit, et l'on annonça au jeune prince le cardinal de Richelieu.

Avant que le valet de chambre de service eût eu le temps de répondre que son maître n'était pas visible, Son Éminence était dans la chambre.

Le trouble avec lequel Monsieur reçut l'illustre visiteur prouva à celui-ci que Chalais avait dit la vérité.

Aussi Gaston n'était-il point encore revenu de son étonnement, quand le cardinal, s'approchant de lui :

— En vérité, monseigneur, dit-il, j'ai raison d'être fâché contre vous.

Gaston était facile à effrayer.

— Contre moi! fâché! vous! s'écria-t-il tout démonté; pourquoi donc cela?

— Mais parce que vous n'avez pas voulu me faire l'honneur de me commander à dîner à moi-même, et que vous avez envoyé vos officiers de bouche; circonstance qui m'indique que Votre Altesse désire être en liberté chez moi : je lui abandonne donc Fleury afin qu'elle en dispose à son plaisir.

A ces mots, le cardinal, tenant à prouver au duc d'Anjou qu'il était son très-humble serviteur, prit la chemise des mains du valet de chambre, et, presque de force, la passa au prince; après quoi, il se retira en lui souhaitant une bonne chasse.

Gaston comprit que le complot était éventé, se plaignit d'une indisposition subite, et se mit au lit.

Il va sans dire que la chasse fut remise à un autre jour.

Or, le cardinal, forcé de faire grâce cette fois, avait une terrible revanche à prendre.

Abandonnant le complot qui lui était personnel, il s'occupa d'en créer un autre contre les mêmes conjurés.

Il lui fallait un complot où fussent compris M. le grand prieur de France, le duc de Vendôme, et même Chalais : — il avait gardé une dent contre le pauvre Chalais, l'illustre cardinal, et sa révélation n'avait pu lui faire pardonner sa complicité.

Au reste, au milieu de cette cour brouillonne et tapageuse, les complots n'étaient pas difficiles à faire éclore.

Voici celui que le cardinal pétrit de ses propres mains :

Nous avons dit les difficultés que Monsieur opposait à son mariage avec mademoiselle de Montpensier, fille de madame la duchesse de Guise. Or, Gaston résistait, non point que la future ne fût pas jeune, ne fût pas jolie, ne fût pas riche, elle était tout cela, mais parce qu'elle ne lui apportait aucune assistance pour ses projets ambitieux.

Que fallait-il à un homme qui, toutes les nuits, essayait en rêve la couronne de France? L'appui d'un prince étranger chez lequel il pût se réfugier si l'un de ses complots échouait.

Il y avait donc à la cour un parti pour l'alliance étrangère; ce parti, qui se rattachait à Gaston, était le parti de tous les mécontents; et Dieu sait ce qu'il y avait de mécontents à la cour de France!

Le cardinal avait dirigé les yeux du roi sur cette manœuvre de son frère; il lui avait fait comprendre le motif réel de cette répulsion contre son mariage avec mademoiselle de Montpensier; il lui avait montré ses deux frères naturels l'encourageant dans cette résistance.

Le roi était donc convaincu que le duc d'Anjou, pour le bien et la sécurité de la couronne, devait épouser mademoiselle de Montpensier; et il finit par convenir avec le cardinal que ce serait bien heureux si l'on pouvait à la fois mettre la main sur le grand prieur et sur son frère.

C'était quelque chose que d'avoir amené le roi à cet aveu; mais ce n'était pas tout : après avoir reconnu que ce serait bon de les arrêter, il fallait en arriver à les arrêter. Là gisait la difficulté.

Tâchons de faire comprendre cela à nos lecteurs.

On représente l'histoire avec un flambeau à la main; mais elle tient d'habitude le flambeau si élevé, qu'il n'éclaire que les hauts sommets; plaines et vallons se perdent dans la demi-teinte de l'obscurité; à plus forte raison les précipices.

Et quelle époque, grand Dieu! est plus pleine de précipices que le règne de Louis XIII, ou plutôt du cardinal de Richelieu!

Allumons donc notre lanterne au flambeau de l'histoire, et descendons au plus profond de ces précipices.

Nous sommes, si je m'en souviens, à la recherche de la difficulté qu'il y avait à mettre, d'un seul coup, la main sur les deux frères.

M. le grand prieur était bien à portée; malheureusement, il n'en était pas ainsi du duc de Vendôme.

Le duc de Vendôme était gouverneur de Bretagne : — c'était déjà quelque chose que d'être le chef d'un pareil gouvernement, mais ce n'était pas tout ce qu'était le duc de Vendôme; — par le fait de sa femme, héritière de la maison de Luxembourg, et, par conséquent, de la maison de Penthièvre, il avait de grandes prétentions à la souveraineté de cette province; de plus, il nouait, disait-on, un mariage entre son fils et l'aînée des filles du duc de Retz, qui avait deux places fortes dans la province.

La Bretagne, ce fleuron toujours mal soudé à la couronne de France, pouvait donc s'en détacher à la voix du fils de Henri IV.

Or, voici ce qui pouvait arriver, un mot d'ordre étant donné par la reine, Monsieur et les deux bâtards royaux, en supposant que Monsieur épousât quelque fille de prince du saint-empire :

A la voix de la reine, l'Espagnol traversait la frontière; — à la voix du duc d'Anjou, l'Empire marchait contre la France; — à la voix du duc de Vendôme, la Bretagne se révoltait.

L'arrestation des deux frères et le mariage de M. le duc d'Anjou déjouaient donc ce grand complot.

Exista-t-il jamais ailleurs que dans l'esprit du cardinal ? C'est ce que nous ne pourrions dire.

Maintenant, suivons le travail patient de l'araignée à la toile de pourpre.

Les ennemis du cardinal, voyant l'affaire de Fleury manquée, et n'ayant pas été poursuivis, quoique Richelieu fût plus puissant que jamais, attribuaient au hasard l'avortement du complot.

Le grand prieur, qui s'était momentanément éloigné de la cour, y reparut; le duc de Vendôme, seul, resta prudemment dans sa province.

La première fois que le cardinal revit le grand prieur, après trois mois d'absence, il le reçut à bras ouverts.

L'accueil paraissait si sincère et si franc, que le bâtard royal se hasarda d'exprimer un désir qui, depuis longtemps, était l'objet de son ambition : c'était qu'on lui confiât la charge de grand amiral.

— Si la chose ne dépendait que de moi, dit Richelieu, vous savez, monseigneur, qu'elle serait faite.

Le grand prieur s'inclina tout joyeux.

— Mais, demanda-t-il, si l'obstacle ne vient point de Votre Éminence, de qui viendra-t-il ?

— Du roi, répondit le cardinal.

— Du roi ! reprit le grand prieur étonné. Et quel grief le roi a-t-il donc contre moi?

— Aucun.

— Eh bien, mais alors ?...

— Laissez-moi vous dire la vérité, monseigneur.

— Dites, dites.

— C'est votre frère qui vous fait du tort.

— Mon frère César ?

— Oui, le roi se défie de lui.

— A quel propos ?

— Le roi pense — à tort, je n'en doute pas, mais il pense ainsi, — le roi pense qu'il écoute des gens mal intentionnés.

— Que faire, alors ?

— Effacer les mauvaises impressions que le roi a reçues contre votre frère, puis ensuite revenir à vous...

— Votre Éminence veut-elle que j'aille querir mon frère dans son gouvernement, et que je l'amène au roi pour le justifier ?

— Écoutez, dit le cardinal, — et les choses s'arrangent à merveille pour que le roi ne puisse croire à quelque chose de préparé entre nous ; — d'ici à quelques jours, le roi compte aller se divertir à Blois. Partez pour la Bretagne, amenez à Blois M. de Vendôme ; nous lui aurons épargné la moitié du chemin, et la visite paraîtra toute naturelle.

— Mais, dit le grand prieur, Votre Éminence comprend qu'il me faudrait une assurance qu'il n'arrivera rien de fâcheux à mon frère.

— Quant à cette assurance, monseigneur, répondit humblement le premier ministre, c'est au roi à vous l'offrir, et je suis certain qu'il ne vous la refusera pas.

— Eh bien, immédiatement après avoir vu le roi, je pars.

— Allez attendre chez vous l'ordre d'audience, monseigneur ; je vous promets que vous ne l'attendrez pas longtemps.

En effet, dès le lendemain, le grand prieur était reçu par le roi.

Louis XIII ne lui donna pas la peine de chercher une entrée en matière : le premier, il entama la question du voyage de Blois, invitant aux chasses magnifiques qui allaient avoir lieu le grand prieur et son frère.

— Mais, hasarda le grand prieur, mon frère sait que le roi croit avoir des griefs contre lui ; peut-être aurai-je quelque peine à lui faire quitter son gouvernement.

— Allons donc! dit Louis XIII, qu'il vienne en toute assurance, et je vous engage ma parole royale qu'*il ne lui sera point fait plus de mal qu'à vous.*

Le roi pouvait s'engager à cela : il comptait les faire arrêter tous deux.

Le grand prieur partit pour la Bretagne, et, le surlendemain, la cour partit pour Blois.

Sous prétexte que sa mauvaise santé l'obligeait à voyager à petites journées, le cardinal s'était mis en route dès la veille. Quoique parti vingt-quatre heures avant le roi, il n'arriva qu'un jour après lui, et, trouvant la ville trop bruyante, se retira dans une charmante petite maison située à une lieue de la ville et appelée Beauregard.

Deux ou trois jours après l'installation du roi au château, le grand prieur et son frère arrivèrent à leur tour. Le même soir, ils étaient reçus par le roi, qui les invitait à la chasse du lendemain; mais eux répondirent qu'ils remerciaient le roi, et lui demandèrent un jour de repos. Ils venaient, pour présenter leurs hommages à Sa Majesté, de faire quatre-vingts lieues à franc étrier! — Le roi les embrassa tous deux et leur souhaita une bonne nuit.

A trois heures du matin, pour ne point mentir à la promesse faite qu'il n'arriverait *pas plus de mal à César de Vendôme qu'au grand prieur*, le roi les faisait arrêter tous deux et acheminer sur Amboise.

On comprend le bruit que fit l'arrestation des deux fils de Henri IV.

Chalais l'apprit comme les autres. Il avait continué de voir le cardinal, et, le cardinal continuant de lui faire bon accueil, il croyait, sur la promesse qu'il avait reçue, que tous ceux qui avaient participé à l'affaire de Fleury étaient sauvegardés pas cette promesse.

Voyant le grand prieur et son frère arrêtés, il courut chez Richelieu, et réclama le bénéfice de sa parole.

Le cardinal répondit que M. le grand prieur et M. de Vendôme n'étaient point arrêtés comme complices ou instigateurs du complot de Fleury, mais à cause des mauvais conseils qu'ils donnaient, l'un de vive voix, l'autre par lettres, à monseigneur le duc d'Anjou.

Chalais se retira assez mécontent de cette réponse.

Aussi, après avoir réfléchi pendant quelque temps, il crut son honneur engagé à faire au cardinal une déclaration positive : cette déclaration était qu'il retirait sa parole et priait le cardinel de ne plus compter sur lui ; seulement, la difficulté était de trouver quelqu'un qui portât un semblable avis au ministre.

Deux ou trois, bien avisés du danger qu'ils couraient, refusèrent.

Chalais prit le parti d'écrire, et écrivit en effet.

Presque aussitôt, il renoua avec madame de Chevreuse, qui avait autrefois été sa maîtresse.

C'était une déclaration de guerre bien autrement flagrante que la lettre qu'il avait écrite.

Dès lors, il fut désigné dans l'esprit du cardinal comme le bouc expiatoire du premier complot qui aurait lieu.

D'ailleurs, le cardinal se doutait bien que Chalais ne se tiendrait pas tranquille, et qu'il allait se mettre immédiatement à intriguer.

Il attendit.

L'attente ne fut pas longue.

M. d'Anjou, singulièrement effrayé de l'absence de ses deux

frères, cherchait plus que jamais un lieu de refuge hors des frontières, ou quelque place forte en France, derrière les murailles de laquelle il pût tenir tête au cardinal et dicter ses conditions.

Chalais s'offrit au jeune prince comme intermédiaire.

La proposition fut acceptée.

Chalais se mit à l'œuvre.

Il écrivit à la fois au comte de Soissons, qui tenait Paris, au marquis de Lavalette, qui tenait Metz, et au marquis de Laisque, favori de l'archiduc, à Bruxelles.

Lavalette refusa, non point à cause du cardinal, dont il avait à se plaindre comme toute la noblesse de France, mais parce que, madame de Montpensier étant sa proche parente, il ne se souciait pas d'entrer dans une cabale qui rompait son mariage avec un fils de France.

Le comte de Soissons accepta, et, de plus, envoya au duc d'Anjou un homme à lui, nommé Boyer, lequel lui offrit cinq cent mille écus, huit mille hommes de pied et cinq cents chevaux, si le prince le voulait venir rejoindre à l'instant même à Paris.

Quant au marquis de Laisque, on verra plus tard comment les choses se passèrent de son côté.

Le même jour où le comte de Soissons envoyait Boyer au duc d'Anjou, Louvigny venait prier Chalais de lui servir de second.

Roger de Grammont, comte de Louvigny, était frère de père et de mère du maréchal de Grammont. En sa qualité de cadet de famille, il n'avait pas le sou et se faisait, d'apparence du moins, plus pauvre encore qu'il n'était. C'était la gueuserie personnifiée, et, généralement, on disait qu'il eût mieux fait d'aller sans chausses que de montrer celles qu'il portait. Il n'avait qu'une chemise et une fraise; tous les matins, on les lui blanchissait et repassait. Une fois, Monsieur l'envoya querir. Monsieur était très-pressé.

— Ma foi, répondit Louvigny, monseigneur attendra : ma chemise et ma fraise ne sont pas encore blanchies.

Une autre fois, il marchait en pleine boue, sans faire aucunement attention à l'endroit où il posait le pied.

— Prenez garde, comte, lui dit-on ; vous gâtez vos bas!

— Laissez faire, répondit Louvigny, ils ne sont pas à moi.

Tout cela n'eût rien été; mais Louvigny avait commis une lâcheté épouvantable. Se battant avec Hocquincourt, qui fut depuis maréchal de France et vivement pressé par lui :

— Mes éperons me gênent, dit-il à son adversaire ; ôtez les vôtres, et laissez-moi ôter les miens.

Hocquincourt s'arrêta, prit son épée entre ses dents et se baissa pour déboucler la courroie. Alors, traîtreusement et par derrière, Louvigny lui avait passé son épée au travers du corps.

Hocquincourt avait failli en crever et était resté six mois au lit. Au moment où il était au plus mal, son confesseur le supplia de pardonner à Louvigny ; mais Hocquincourt lui en voulait trop pour ne pas prendre ses précautions.

— Si je meurs, oui, dit-il, je lui pardonne; mais si j'en reviens, non.

C'était là un si fâcheux antécédent, il était si connu, il avait si souvent été reproché à Louvigny, que, quand celui-ci vint demander à Chalais de lui servir de témoin, ou plutôt, comme on le disait plus correctement alors, de second, Chalais refusa.

« Le méchant garçon fut si piqué de ce refus, dit Bassompierre, qu'il s'en alla droit révéler au cardinal tout ce qu'il savait et tout ce qu'il ne savait pas. »

Or, Louvigny, qui vivait avec Chalais comme un frère, savait à peu près tout : Louvigny raconta donc que Chalais avec écrit au marquis de Lavalette, au comte de Soissons et au marquis de Laisque.

C'était la conspiration brabançonne qui allait le mieux au cardinal ; aussi fut-ce celle-là qu'il choisit.

Une conspiration avec l'Espagne, peste! c'était cela qu'il cherchait depuis si longtemps ; on la lui apportait : elle était la bienvenue. En la conduisant avec adresse, on y faisait entrer le roi d'Espagne ; et le roi d'Espagne était le frère d'Anne d'Autriche.

Enfin, le cardinal tenait donc son complot!

Il appela Rochefort, son âme damnée. — Le lecteur se le rappelle, nous l'espérons : nous en avons fait la cheville ouvrière de notre roman des *Mousquetaires*.

Rochefort reçut l'ordre de partir pour Bruxelles, déguisé en capucin. Le moine de contrebande emportait une lettre du père Joseph, qui le recommandait aux couvents de Flandre; cette lettre était signée du gardien du couvent des capucins de la rue Saint-Honoré. Tout le monde devait ignorer son déguisement ; il voyagerait à pied, sans argent, en véritable frère mendiant ; il entrerait chez les capucins de Bruxelles et se soumettrait à toute l'austérité de l'ordre.

Là, il devait suivre de l'œil tous les mouvements du marquis de Laisque.

Le marquis était ami du supérieur et familier du couvent. Rochefort avait un rôle bien simple à remplir : ennemi du cardinal, il n'avait qu'à parler comme un écho, qu'à répéter le mal que l'on disait du prélat-ministre.

Il renchérit, inventa, broda ; il arrivait de Paris, on écouta ce qu'il disait.

Rochefort était un homme habile; il joua son rôle de telle façon, que tout le monde s'y laissa prendre, de Laisque tout le premier.

Au bout de quinze jours, de Laisque, parfaitement convaincu, s'ouvrit au faux moine.

Il s'agissait de rentrer en France et de remettre à leur adresse des lettres de la plus haute importance.

Rochefort commença par refuser; l'habit qu'il portait lui interdisait tout contact avec les choses temporelles.

De Laisque insista.

Le faux moine eût bien voulu rendre service à un gentilhomme qui lui donnait tant de marques de bonté; mais, pour rentrer en France, il lui fallait quitter le couvent; et comment quitter le couvent sans la permission du gardien, souverain chef de la communauté ?

N'était-ce que cela?

Le marquis de Laisque fit parler au gardien par l'archiduc lui-même : on comprend qu'une pareille recommandation aplanit toutes les difficultés; le faux moine fut autorisé à aller prendre les eaux de Forges, et le marquis de Laisque le chargea, non point de remettre des lettres à Paris, mais d'écrire au destinataire de les venir prendre au rendez-vous qu'il lui donnerait.

Rochefort partit.

A peine en deçà de la frontière de France, il écrivit au cardinal de lui envoyer un homme sûr. Le messager ne se fit pas attendre. Rochefort lui remit le paquet qui lui avait été confié par le marquis de Laisque; Richelieu en prit connaissance, fit copier toutes les lettres qu'il contenait, et retourna le paquet à Rochefort, qui le reçut à quelques lieues de Forges.

Remis en possession du paquet, Rochefort écrivit au destinataire de venir chercher les lettres; cinq ou six jours après, le destinataire arriva : c'était un avocat nommé Pierre, qui logeait rue Perdue, près la place Maubert.

Celui-ci revint à Paris, et descendit tout droit à l'hôtel de Chalais.

Chalais lut les lettres et y répondit.

Que contenait cette réponse? Nul ne le sut jamais, que le cardinal et le roi.

Au premier avis que le cardinal donna au roi de cette menée, le roi voulait faire arrêter Chalais et mettre en jugement la reine et le duc d'Anjou; mais le cardinal supplia le roi d'attendre que le complot fût mûr.

Que fallait-il au complot pour qu'il mûrît ?

Il fallait une lettre du roi d'Espagne en réponse à une lettre écrite par Chalais. Cette lettre devait annoncer que Sa Majesté Catholique était prête à conclure un traité avec la noblesse de France.

Mais, pendant que cette lettre viendrait, Chalais pouvait avoir des soupçons et fuir. Le roi commanda un voyage en Bretagne ; la cour le suivit : Chalais suivit la cour. — En sa qualité de maître de la garde-robe, il ne pouvait quitter le roi. — Louis XIII, qui le voyait à son lever et à son coucher, était sûr de l'avoir sous la main, lorsqu'il voudrait étendre la main sur lui.

Enfin la lettre de Philippe IV arriva.

Le jour même qu'il la reçut, Chalais eut un long entretien avec la reine et avec Monsieur ; en outre, jusqu'à deux heures du matin, il resta chez madame de Chevreuse.

Le lendemain, il fut arrêté.

Le complot était mûr !

Chalais commençait cette liste de favoris que Louis XIII livra les uns après les autres à son ministre, et son ministre au bourreau.

Louis XIII avait fort aimé Chalais ; mais, un jour qu'en sa qualité de maître de la garde-robe, Chalais passait la chemise du roi, le jeune homme s'amusa à contrefaire un des tics de Sa Majesté. Par malheur, Louis XIII passait sa chemise devant une glace : il vit dans cette glace Chalais se moquant de lui.

Plus d'une fois aussi, Chalais avait raillé le roi sur sa froideur de tempérament et sur sa faiblesse physique ; ces plaisanteries, qui n'étaient que des griefs, devinrent des crimes lorsque Chalais fut accusé par le cardinal. Quelle était cette accusation, — celle qui transpirait du moins ?

D'avoir voulu, de connivence avec la reine et M. le duc d'Anjou, assassiner le roi.

Comment cela ?

Les uns disaient avec une chemise empoisonnée; les autres disaient en le frappant tout simplement d'un coup de poignard; quelques-uns allaient même plus loin : ils racontaient qu'un jour, ou plutôt une nuit, Chalais avait tiré les rideaux du lit pour accomplir cet assassinat, mais que, reculant devant la majesté royale, toute tempérée qu'elle était par le sommeil, le couteau lui était tombé des mains.

Quant à cette dernière accusation, elle s'évanouit devant ce simple article du cérémonial de France :

« Le maître de la garde-robe ne demeure pas dans la chambre du roi quand le roi dort, et le valet de chambre ne quitte jamais la chambre quand le roi est au lit. »

Si l'action avait été vraie, et que l'événement se fût passé comme on le racontait, il eût fallu que le valet de chambre eût été complice de Chalais, ou que Chalais eût tenté l'assassinat pendant le sommeil du valet de chambre.

Nous l'avons dit, le cardinal tenait son complot; il le mena habilement. La reine tomba en disgrâce complète; le duc d'Anjou, pour échapper à un jugement de complicité, fut contraint d'épouser mademoiselle de Montpensier; enfin, Chalais fut condamné à être appliqué à la question ordinaire et extraordinaire, à avoir la tête tranchée, et le corps coupé en quatre quartiers!

Quelques jours avant que cet arrêt fût rendu, la mère de Chalais était arrivée à Nantes : c'était une de ces femmes de grande race et de grand cœur, telles qu'on en voit de place en place, voilées et en deuil, sur les degrés de l'histoire. Comme la condamnation n'était point douteuse, elle fit tout ce qu'elle put pour parvenir jusqu'au roi; mais les ordres étaient donnés : le roi n'était visible que pour le cardinal.

L'arrêt prononcé, madame de Chalais la mère fit de nouvelles démarches pour arriver jusqu'au roi : tout fut inutile.

Enfin, elle pria, supplia tant, qu'elle obtint que l'on remettrait au roi une lettre qu'elle avait apportée. Le roi reçut la lettre, la lut, et fit dire qu'il rendrait la réponse dans la journée.

Cette lettre, que je ne trouve dans aucune histoire, — pas même dans l'histoire couronnée de M. Bazin, — mérite d'être connue; aussi, au risque de ne pas obtenir le prix de dix mille francs pour être descendu à de pareils détails, la mettrons-nous sous les yeux du lecteur :

« Sire,

» J'avoue que qui vous offense mérite, avec les peines temporelles, celles de l'autre vie, puisque vous êtes l'image de Dieu; mais, lorsque Dieu promet pardon à ceux qui le demandent avec une digne repentance, il enseigne aux rois comme ils doivent en user. Or, puisque les larmes changent les arrêts du ciel, les miennes, sire, n'auront-elles pas la puissance d'émouvoir votre pitié? La justice est un moindre effet de la puissance des rois que la miséricorde : le punir est moins louable que le pardonner. Combien de gens vivent au monde qui seraient sous terre avec infamie, si Votre Majesté ne leur eût fait grâce!

» Sire, vous êtes roi, père et maître de ce misérable prisonnier : peut-il être plus méchant que vous n'êtes bon, plus coupable que vous n'êtes miséricordieux? ne serait-ce pas vous offenser que de ne point espérer en votre clémence? Les meilleurs exemples pour les bons sont de la pitié; les méchants deviennent plus fins et non pas meilleurs par les supplices d'autrui. Sire, je vous demande, les genoux en terre, la vie de mon fils, et de ne permettre point que celui que j'ai nourri pour votre service meure pour celui d'autrui; que cet enfant que j'ai si chèrement élevé soit la désolation de ce peu de jours qui me restent, et, enfin, que celui que j'ai mis au monde me mette au tombeau. Hélas! sire, que ne mourut-il en naissant ou du coup qu'il reçut à Saint-Jean, ou à quelque autre des périls où il s'est trouvé pour votre service tant à Montauban, Montpellier ou autres lieux, ou de la main même de celui qui nous a causé tant de déplaisirs? Ayez pitié de lui, sire : son ingratitude passée rendra votre miséricorde d'autant plus recommandable. Je vous l'ai donné à huit ans; il était petit-fils du maréchal de Montluc et du président Jeannin par alliance. Les siens vous servent tous les jours, qui n'osent se jeter à vos pieds, de peur de vous déplaire, ne laissant pas de demander, en toute humilité et révérence, les larmes à l'œil, avec moi, la vie de ce misérable, soit qu'il la doive achever dans une prison perpétuelle, ou dans les armées étrangères, en vous faisant service. Ainsi Votre Majesté peut relever les siens de l'infamie et de la perte, satisfaire à sa justice et à sa clémence, nous obligeant de plus en plus à louer sa bénignité, et à prier Dieu continuellement pour la santé et prospérité de sa royale personne, et moi particulièrement qui suis,

» Votre très-obéissante servante et sujette

» De Montluc. »

Voulez-vous savoir comment Louis XIII, le roi sans cœur et sans entrailles, répondit à ce chef-d'œuvre d'éloquence maternelle? Il est vrai que, selon toute probabilité, la réponse fut dictée par le cardinal.

A madame de Chalais la mère.

« Dieu, qui n'a jamais failli, serait grandement mécompté si, établissant par ses décrets un séjour éternel de peines pour les coupables, il faisait grâce à tous ceux qui demandent pardon. Alors, les bons et les vertueux n'auraient pas plus d'avantages que les méchants, qui ne manquent jamais de larmes pour changer les arrêts du ciel. Je l'avoue, et cet aveu ferait que je vous pardonnerais très-volontiers, si, Dieu m'ayant fait cette grâce particulière de m'élire ici-bas sa vraie image, il n'eût encore fait celle, qu'il s'est réservée à lui seul, de pouvoir connaître l'intérieur des hommes; car, alors, selon la vraie connaissance que je pourrais puiser de cette divine grâce, je lancerais et retirerais la foudre de mes châtiments [illegible] la tête de votre fils, dès que j'aurais reconnu sa vraie r[illegible]ce ou non, de laquelle toutefois, bien que je ne puisse [illegible] aucun jugement assuré, vous pourriez encore obtenir pardon de ma clémence, s'il n'y avait que moi seul qui eusse intérêt dans cette offense ; car sachez que je ne suis point roi cruel et sévère, et que j'ai toujours les bras de ma miséricorde ouverts pour recevoir ceux qui, avec une vraie contrition de leur faute commise, m'en viennent humblement demander pardon.

» Mais, quand je jette la vue sur tant de millions d'hommes qui s'en reposent tous sur ma diligence, dont je suis le fidèle pasteur, et que Dieu m'a donnés en garde comme à un bon père de famille, qui en doit avoir pareil soin et gouvernement qu'il a pour ses propres enfants, afin de lui en rendre compte après cette vie ; et c'est en quoi je vous témoigne assez que la justice est un moindre effet de la puissance que la miséricorde et la compassion que j'ai de mes loyaux sujets et mes fidèles serviteurs, lesquels espérant tous en ma bonté, je veux les sauver tous du présent naufrage par le juste châtiment d'un seul : n'y ayant rien de plus certain que c'est quelquefois une grâce envers plusieurs que d'en bien châtier quelqu'un. Si je vous avoue que beaucoup de gens vivent encore qui seraient sous la terre avec infamie si je ne leur avais pardonné, aussi m'avouerez-vous que l'offense de ceux-là, n'étant pas à comparer au crime exécrable de votre fils, les a rendus dignes de ma clémence. Comme vous pouvez voir, en effet, la vérité que je vous dis par les exemples de quelques autres atteints et convaincus du même crime, qui, justement punis, pourrissent maintenant sous la terre, lesquels, s'ils eussent survécu à leurs entreprises impies et damnables, cette couronne qui ceint mon chef serait, à présent, un déplorable objet de misère à ceux-là mêmes qui ont vu fleurir les sacrés lis au milieu des mouvements et des troubles ; et cette puissante monarchie, si bien et si heureusement gouvernée et conservée par les rois mes prédécesseurs, serait maintenant déchirée et mise en pièces par d'illégitimes usurpateurs. Ne m'estimez donc non plus cruel que l'habile chirurgien qui coupe quelquefois un membre gangrené et pourri pour garantir les autres parties du corps qui s'en allaient être la nourriture des vers sans ce pitoyable retranchement ; et assurez-vous que, s'il y a quelques méchants qui deviennent plus fins, aussi y en a-t-il beaucoup qui s'amendent par l'appréhension du supplice.

» Levez donc vos genoux de terre, et ne me demandez plus la vie d'un qui la veut ôter à celui qui est, comme vous le dites vous-même, son bon père et maître, et à la France, qui est sa mère et sa nourrice. Cette considération, ma cousine, m'ôte maintenant la croyance que vous l'avez jamais nourri et élevé pour mon service, puisque la nourriture que vous lui avez donnée produit des effets d'un naturel si méchant et si barbare, que de vouloir commettre un si étrange parricide! Je l'aime donc bien mieux voir à présent la désolation du peu de jours qui vous restent à vivre que de récompenser indignement sa trahison et son infidélité par la ruine de ma personne et de tout mon peuple, qui me rend une entière et fidèle obéissance ; j'autorise bien les regrets que vous avez qu'il ne soit pas mort à Saint-Jean, Montauban ou autres lieux, qu'il tâchait de conserver, non pour son prince naturel, mais pour d'autres ennemis de mon bien ; non pour le repos de mon peuple, mais pour le troubler. Cependant, s'il est vrai qu'à quelque chose malheur est bon, je dois remercier le ciel de pouvoir garantir tout mon État à un si noble exemple, puisqu'il servira de miroir à ceux qui vivent aujourd'hui et à la postérité, pour apprendre comme il faut aimer et servir fidèlement son roi, et qu'il sera la crainte de plusieurs autres qui se rendraient plus hardis à commettre un semblable crime par l'impunité de celui-ci.

» C'est pourquoi vous implorez désormais en vain ma pitié, vu que j'en ai plus que je ne le saurais exprimer et que ma volonté serait que cette offense ne touchât que moi seul; car ainsi vous auriez bientôt obtenu le pardon que vous demandez; mais vous savez que les rois, étant personnes publiques, dont le repos de l'État dépend entièrement, ne doivent rien permettre qui puisse être reproché à leur mémoire, et qu'ils doivent être les vrais protecteurs de la justice.

» Je ne dois donc rien souffrir, en cette qualité, qui puisse m'être reproché par mes fidèles sujets, et aussi je craindrais que Dieu, qui, régnant sur les rois comme les rois règnent sur les peuples, favorise toujours les bonnes et saintes actions et punit rigoureusement les injustices, ne me fît un jour rendre compte, au péril de ma vie éternelle, d'avoir injustement donné la vie temporelle à celui qui ne peut espérer de ma miséricorde d'autres promesses que celles que je vous fais à tous deux, qu'en considération des larmes que vous versez devant moi, je changerai l'arrêt de mon conseil, adoucissant la rigueur du supplice; comme aussi l'assistance que je vous promets de mes saintes prières, que j'enverrai au ciel, afin qu'il lui plaise d'être aussi pitoyable et miséricordieux envers son âme qu'il a été cruel et impitoyable envers son prince, et à vous, qu'il vous donne la patience en votre affliction, telle que vous la désire votre bon roi.

» LOUIS. »

Restait le cardinal.

Madame de Chalais n'y songea même pas; elle préféra s'adresser aux bourreaux. Nous disons *aux bourreaux*, car il y en avait en ce moment deux à Nantes : l'un qui avait suivi le roi, et que l'on appelait le *bourreau de la cour;* l'autre qui restait à Nantes, et que l'on appelait le *bourreau de la ville*.

La malheureuse mère réunit tout ce qu'elle avait d'or et de bijoux, attendit la nuit, et se présenta tout à coup chez ces deux hommes.

L'exécution ne devait avoir lieu que le lendemain.

Qu'on nous permette d'emprunter les détails suivants à notre *Histoire de Louis XIV;* nous pouvons répondre que de nouvelles recherches ne nous apprendraient rien de nouveau.

« Chalais avait nié toutes les révélations faites au cardinal, disant qu'elles avaient été dictées par Son Éminence, sous promesse de grâce ; enfin il avait réclamé une confrontation avec Louvigny, son seul accusateur.

» C'était bien le moins qu'on lui accordât cela, et l'on n'avait pas cru pouvoir s'y refuser.

» A sept heures, Louvigny fut donc conduit à la prison et mis en face de Chalais. Louvigny était pâle et tremblant ; Chalais était ferme comme un homme qui sait n'avoir rien dit. Il adjura Louvigny, au nom du Dieu devant lequel lui, Chalais, allait paraître, de déclarer si jamais il lui avait fait la moindre confidence touchant l'assassinat du roi et le mariage de la reine avec le duc d'Anjou. Louvigny se troubla, et avoua, malgré ses déclarations précédentes, qu'il ne tenait rien de la bouche de Chalais.

» — Mais, demanda le garde des sceaux, comment, alors, le complot est-il parvenu à votre connaissance ?

» — Étant à la chasse, répondit Louvigny, j'ai entendu des gens vêtus de gris que je ne connais point, qui, derrière un buisson, disaient à quelques seigneurs de la cour ce que j'ai rapporté à M. le cardinal.

» Chalais sourit dédaigneusement, et, se retournant vers le garde des sceaux :

» — Maintenant, monsieur, dit-il, je suis prêt à mourir.

» Puis, à voix basse :

» — Ah ! traître cardinal, murmura-t-il, c'est toi qui m'as mis où je suis !

» En effet, l'heure du supplice approchait ; mais une circonstance étrange faisait croire que l'exécution n'aurait pas lieu : le bourreau de la cour et le bourreau de la ville avaient disparu tous deux, et, depuis le point du jour, on les cherchait vainement.

» La première idée fut que c'était une ruse employée par le cardinal pour accorder à Chalais un sursis pendant lequel on obtiendrait pour lui une commutation de peine ; mais bientôt le bruit se répandit qu'un nouveau bourreau était trouvé, et que l'exécution serait retardée d'une heure ou deux, voilà tout. Ce nouveau bourreau était un soldat condamné à la potence, et auquel on avait promis sa grâce s'il consentait à exécuter Chalais.

» Comme on le pense bien, si inexpérimenté qu'il fût à cette besogne, le soldat avait accepté.

» A dix heures, tout fut donc prêt pour le supplice. Le greffier vint prévenir Chalais qu'il n'avait plus que quelques instants à vivre. C'était dur, quand on était jeune, riche et beau, issu d'un des plus nobles sangs de France, de mourir pour une si pauvre intrigue et victime d'une pareille trahison ; aussi, à l'annonce de sa mort prochaine, Chalais eut-il un moment de désespoir.

» En effet, le malheureux jeune homme semblait abandonné de tout le monde. La reine, cruellement compromise elle-même, n'avait pu hasarder une seule démarche ; Monsieur s'était retiré à Chateaubriand et ne donnait pas signe de vie ; madame de Chevreuse, après avoir fait tout ce que son esprit remuant lui avait inspiré, s'était réfugiée chez M. le prince de Guéménée, pour ne pas voir cet odieux spectacle de la mort de son amant.

» Chalais croyait donc n'avoir plus rien à attendre de personne au monde, lorsque, tout à coup, il vit apparaître sa mère, dont il ignorait la présence à Nantes, et qui, n'ayant pu sauver son fils, venait l'aider à mourir.

» Madame de Chalais, nous l'avons dit, était une de ces nobles natures pleines à la fois de dévouement et de résignation ; elle avait fait tout ce qu'il était humainement possible de faire pour disputer son enfant à la mort ; il lui fallait maintenant l'accompagner à l'échafaud et le soutenir jusqu'au dernier moment. C'était dans ce but que, après avoir obtenu la permission d'accompagner le condamné, elle se présentait devant lui.

» Chalais se jeta dans les bras de sa mère et pleura abondamment ; mais, puisant une force virile dans cette force maternelle, il releva la tête, essuya ses yeux et dit le premier :

» — Je suis prêt !

» Il sortit de la prison. A la porte attendait le soldat, à qui on avait donné, pour remplir sa terrible mission, la première épée venue : c'était celle d'un garde suisse.

» Le funèbre cortége s'avança vers la place publique, où était dressé l'échafaud. Chalais marchait entre le prêtre et sa mère.

» On plaignait fort ce beau jeune homme, richement vêtu, qui allait être exécuté ; mais il y avait aussi bien des larmes pour cette noble veuve, encore en deuil de son mari, et qui accompagnait son fils unique à la mort.

» Arrivée au pied de l'échafaud, elle en monta les degrés avec lui.

» Chalais s'appuya sur son épaule ; le confesseur les suivit par derrière.

» Le soldat était plus pâle et plus tremblant que le condamné.

» Chalais embrassa une dernière fois sa mère, et, s'agenouillant devant le billot, fit une courte prière. Sa mère s'agenouilla près de lui et unit ses prières aux siennes.

» Un instant après, Chalais se retourna du côté du soldat :

» — Frappe ! dit-il, j'attends.

» Le soldat, tremblant, leva son épée et frappa. Chalais poussa un gémissement, mais releva la tête; il était seulement blessé à l'épaule : l'exécuteur inexpérimenté avait frappé trop bas.

» On le vit tout couvert de sang, échanger quelques paroles avec le bourreau, tandis que sa mère se levait et venait l'embrasser.

» Puis il replaça sa tête sur le billot, et le soldat frappa une seconde fois.

» Chalais poussa un second cri : cette fois encore, il n'était que blessé.

» — Au diable cette épée! dit le soldat; elle est trop légère, et, si l'on ne me donne pas autre chose, je ne viendrai jamais à bout de la besogne.

» Et il jeta l'épée loin de lui.

» Le patient se traîna sur ses genoux et alla poser sa tête toute sanglante et toute mutilée sur la poitrine de sa mère.

» On apporta au soldat la doloire d'un tonnelier; mais ce n'était pas l'arme qui manquait à l'exécuteur, c'était le bras.

» Chalais reprit sa place.

» Les spectateurs de cette horrible scène comptèrent trente-deux coups. Au vingtième, le condamné criait encore :

» — Jésus! Maria! »

» Puis, lorsque tout fut fini, madame de Chalais se redressa, et, levant ses deux mains au ciel :

» — Merci, mon Dieu! dit-elle, je croyais n'être que la mère d'un condamné, et je suis la mère d'un martyr!

» Elle demanda les restes de son fils, et on les lui accorda. Le cardinal était parfois plein de clémence.

» Madame de Chevreuse reçut l'ordre de demeurer au Verger, où elle était.

» Gaston apprit la mort de Chalais tandis qu'il était au jeu, et continua sa partie.

» La reine fut sommée par le roi de descendre au conseil, où on la fit asseoir sur un tabouret. Là, on lui montra la déposition de Louvigny et les aveux de Chalais. On lui reprocha d'avoir voulu assassiner le roi pour épouser Monsieur.

» Jusque-là, la reine avait gardé le silence; mais, à cette dernière accusation, elle se leva et se contenta de répondre avec l'un de ces dédaigneux sourires si familiers à la belle Espagnole :

» — Je n'aurais point assez gagné au change.

» Cette réponse acheva de lui aliéner l'esprit du roi, qui crut jusqu'à son dernier moment que Chalais, Monsieur et la reine avaient véritablement conspiré sa mort.

» Louvigny ne porta pas loin son infâme accusation : un an après, il fut tué en duel.

» Quant à Rochefort, il était audacieusement retourné à Bruxelles, et même, après l'exécution de M. de Chalais, il demeura dans son couvent, sans que personne sût la part qu'il avait prise à la mort de ce malheureux jeune homme. Mais, un jour, en tournant l'angle d'une rue, il rencontra l'écuyer du comte de Chalais et n'eut que le temps d'abaisser son capuchon sur son visage; cependant, malgré cette précaution, craignant d'avoir été reconnu, il s'échappa aussitôt de la ville. Bien lui en prit, car derrière lui les portes se fermèrent; puis des recherches furent faites, et le couvent fut fouillé.

» Il était trop tard : Rochefort, redevenu cavalier, courait la poste sur la route de Paris; il revint alors près de Son Éminence, s'applaudissant du succès de sa mission, que, dans ses idées à lui, il déclarait avoir honorablement remplie. »

Ce que c'est que la conscience!

XIII

Au milieu des péripéties de ce drame sanglant, une nouvelle fortune s'était faite : c'était celle d'un jeune homme ayant nom François de Barradas.

D'où venait ce champignon de fortune? comme on disait alors. C'est difficile à savoir; les biographes n'ont pas jugé son nom digne d'être inscrit sur leurs colonnes, et les mémoires particuliers en disent peu de chose.

Il est vrai que, comme l'impie, le temps de passer, il n'était déjà plus.

Tallemant des Réaux est court mais explicite; il dit :

« Le roi aima violemment Barradas : on l'accusait de faire cent ordures avec lui. »

Le commencement de la brouille entre Barradas et le roi vint de ce que celui-ci était amoureux d'une dame de la reine nommée la belle Cressios, et la voulait épouser; le roi refusa son consentement.

Dans cette disposition d'esprit du roi, il fallait bien peu de chose pour perdre le favori.

Laissons Ménage raconter ce qui le perdit : il y a certains détails que j'aime autant donner par citation.

« Il était un jour à la chasse avec le roi, lorsque le chapeau de ce prince, étant tombé, roula justement sous le ventre du cheval de Barradas; dans ce moment-là, le cheval, étant venu à pisser, gâta tout le chapeau du roi, qui se mit dans une aussi grande colère contre le maître du cheval que s'il l'avait fait exprès. Cet incident, qui en aurait fait rire un autre, fut très-mal pris par le roi, qui commença, dès ce temps-là, à ne plus aimer Barradas. »

Le cardinal profita de la circonstance. Barradas n'était pas complétement blanc dans l'affaire de Chalais; le cardinal demanda au roi le renvoi de ces petites gens, *qui abusaient insolemment de son oreille.*

Le roi donna congé à trois de ses domestiques, dont deux se croyaient bien sûrs de la faveur du maître, ayant trempé dans l'assassinat du maréchal d'Ancre.

Barradas fut compris dans la disgrâce; mais, n'ayant pas eu le temps d'abuser de son favoritisme, il en fut quitte pour l'exil. Six mois de faveur encore, et peut-être y eût-il laissé sa tête.

Alors, comme il fallait toujours que le roi aimât quelqu'un, il s'attacha à un jeune homme nommé Saint-Simon.

Il est vrai que celui-ci avait des qualités solides et qui justifiaient bien l'attachement du roi : il rapportait toujours des nouvelles certaines de la chasse; il ne tourmentait pas les chevaux, et, quand il sonnait du cor, il ne bavait pas dedans.

Ouvrez tous les mémoires du temps, chers lecteurs, et cherchez d'autres causes à la grande fortune dont jouit ce jeune homme ; je vous mets au défi d'en trouver.

Aussi, le 14 décembre 1626, Malherbe écrivait-il à son ami Peiresc :

« Vous avez su le congé donné à Barradas. Nous avons M. Saint-Simon, page de la même écurie, qui a pris sa place. Le roi, mercredi dernier, le présenta à la reine mère ; c'est un jeune garçon de dix-huit ans ou environ. La mauvaise conduite de l'autre lui sera une leçon, et sa chute un exemple de faire mieux. J'ai ouï dire à madame la princesse de Conti que le roi, par caresse, lui jeta un jour quelques gouttes d'eau de fleur d'oranger au visage dans la chambre de la reine (à Barradas) ; il se mit dans une telle colère, qu'il sauta sur les mains du roi, lui arracha le petit pot où était l'eau et le lui cassa aux pieds. Ce n'est point là l'action d'un homme qui voulait mourir dans la faveur. »

Celui qui, dans tout cela, avait le plus agi contre le pauvre Barradas, était M. de Champagny.

M. de Champagny passait pour le fils du cardinal.

Un jour qu'il se tenait chez le roi une assemblée où il était question de renverser M. de Richelieu, et de le mettre à la Bastille, Champagny vota comme les autres.

— *Tu quoque, fili!* s'écria le roi.

L'inimitié de Champagny contre Barradas venait de ce que celui-ci ne l'avait pas salué, à cause d'une incivilité que l'autre lui avait faite. Lorsque le roi vit l'ordre d'envoyer Barradas dans une province éloignée, il secoua la tête en disant :

— Je le connais, il n'ira pas.

Barradas se débattit longtemps, en disant, en effet, qu'il ne partirait pas sans voir le roi ; mais, enfin, il lui fallut obéir à la force.

Plus tard, tandis que Louis XIII assiégeait Corbie, Barradas prit si bien son temps, qu'il revit le roi. Alors, — toujours plein de haine contre Richelieu — il proposa d'arrêter le cardinal, ne demandant pour cela que cinq cents chevaux, un cordon bleu et un capitaine des gardes ; si l'on souscrivait à ces conditions, il attendrait le cardinal dans un défilé, et il prétendait que Son Éminence, en se voyant tout à coup face à face avec un homme qu'elle croyait exilé et qu'elle savait être encore aimé du roi, perdrait la tête et se laisserait conduire où l'on voudrait.

C'était à M. de Soissons que Barradas faisait cette ouverture.

— C'est bien, monsieur, dit le comte ; j'en parlerai à monseigneur le duc d'Anjou.

— Oh ! monsieur le comte, repartit Barradas, c'est inutile : je ne veux avoir affaire qu'à des honnêtes gens.

Au reste, tout cela distrayait un peu ce pauvre roi, qui s'ennuyait à mourir. C'était un des malheurs de cette organisation incomplète que de toujours s'ennuyer. Aussi n'était-il sotte invention dont il n'essayât pour se distraire; il apprit toute sorte de métiers, outre ceux qui concernaient la chasse : il savait faire des canons de cuir, des lacets, de la monnaie. Il était bon cuisinier, faisait des confitures dans la saison, soignait et cultivait des pois verts qu'il envoyait vendre au marché; enfin, un jour, il apprit à larder!

Pendant tout le temps que cette fantaisie le tint, on vit venir dans sa chambre son écuyer Georges avec des lardoires d'argent et des longes de veau magnifiques.

Un jour, le conseil fit annoncer qu'il était réuni.

— La délibération ne saurait avoir lieu aujourd'hui, observa l'huissier : Sa Majesté larde.

Il rasait aussi bien que le meilleur barbier. Un jour, il lui prit l'idée de raser tous ses officiers en ne leur laissant qu'un petit toupet de barbe au menton : de là vient le nom de *royale* appliqué à cet ornement du visage.

On fit une chanson sur cette fantaisie; elle est intitulée : *Chanson sur ce que le roi ne laissa plus qu'un toupet sous la lèvre d'en bas, et coupa lui-même la barbe ou la fit couper en sa présence à tous ses officiers et courtisans.*

Voici cette chanson; elle n'est pas bien méchante, comme on va voir :

— Hélas! ma pauvre barbe,
Qu'est-ce qui t'a faite ainsi?
— C'est le grand roi Louis,
Treizième de ce nom,
Qui tout a ébarbé sa maison.

— Çà, monsieur de la Force,
Que je vous la fasse aussi.
— Hélas! sire, merci!
Ne me la faites pas,
Plus ne me reconnaîtraient vos soldats.

Laissons la barbe en pointe
Au cousin de Richelieu,
Car, par la vertudieu !
Ce serait trop oser,
Que de la lui prétendre raser.

Nous ne citons pas la chanson pour la chanson; mais comme pièce justificative.

Nous avons déjà dit que Louis XIII était assez bon musicien et même compositeur. Quand le cardinal mourut, éprouvant le besoin de faire un air à propos de cet événement, il prit un rondeau de circonstance qui commençait par ces mots :

Il a passé, il a plié bagage...

Le rondeau était de Miron, le maître des comptes.

Son dernier métier fut de faire des châssis de fenêtre; dès sa jeunesse, il avait le goût de toutes ces occupations ; car, à la date de 1618, Bassompierre dit de lui :

« En ce temps-là, le roi, qui était fort jeune, s'amusait à faire force petits exercices de son âge, comme de peindre, de chanter, d'imiter les artifices des eaux de Saint-Germain par de petits canaux en plume, de faire de petits engins de chasse, de jouer du tambour, — à quoi il réussissait fort bien. »

On fit sur lui une épitaphe qui finissait par ces mots :

Il eut cent vertus de valet,
Et pas une vertu de maître.

« Cependant, dit Tallemant des Réaux, on lui a trouvé une vertu de roi, si la dissimulation en est une. La veille que l'on arrêta MM. de Vendôme, il leur fit mille caresses, et, le lendemain, comme il disait à M. de Liancourt :

» — Eussiez-vous jamais cru cela ?

» — Non, sire, répondit M. de Liancourt, je ne l'eusse pas cru : vous avez trop bien joué votre personnage. »

Charles IX aussi, le lendemain de la Saint-Barthélemy de

mandait à sa mère : « Eh ! madame, comment trouvez-vous que j'ai joué mon petit *rôlet ?* »

Eh bien, malgré toutes ces distractions que se créait le roi, il ne laissait pas que de s'ennuyer encore. Dans ce cas, et quand l'ennui devenait trop fort, il choisissait celui pour lequel, dans le moment, il avait le plus de sympathie, et, le prenant par le bras :

— Mettons-nous à cette fenêtre, monsieur, disait-il, et ennuyons-nous.

Et, alors, le roi s'ennuyait, mais un peu moins cependant, attendu que quelqu'un s'ennuyait avec lui.

Maintenant, veut-on savoir ce qu'étaient devenus les ennemis du cardinal, un an après la conspiration de Chalais ?

Chalais, on l'a vu, avait été exécuté ; le maréchal d'Ornano était mort au donjon de Vincennes ; le grand prieur et son frère y étaient prisonniers ; madame de Chevreuse était exilée en Lorraine ; le comte de Soissons s'était réfugié en Italie ; enfin, le duc d'Anjou était marié et doté par le roi d'un million d'apanage : sa femme lui avait apporté quatre cent mille livres de rente, et, par le fait de cette alliance, il était devenu prince de Dombes et de la Roche-sur-Yon, duc d'Orléans, de Chartres, de Montpensier et de Châtellerault, comte de Blois, seigneur de Montargis. — Seulement, tous ces titres étaient écrits au contrat avec le sang de Chalais !

Quant au prince Henri de Condé, il avait été mis, quatre ou cinq ans auparavant, à Vincennes et ne s'était jamais relevé de cet échec. — Il est vrai que, pendant ses trois ans de captivité, M. le Prince s'était rapproché de sa femme, et que, de ce rapprochement, il était résulté deux enfants : Anne-Geneviève de Bourbon, connue plus tard sous le nom de duchesse de Longueville, et Louis II de Bourbon, qui fut depuis le grand Condé.

Rien de tout cela n'était donc plus à craindre pour le cardinal ; mais, tandis qu'il abaissait les ennemis de l'intérieur, un ennemi avait grandi à l'extérieur : cet ennemi, c'était le duc de Buckingham.

Buckingham, amant aimé, avait quitté la France sans perdre l'espoir de devenir amant heureux ; il avait conservé des relations avec madame de Chevreuse, et, par cet intermédiaire, il n'ignorait pas qu'il tenait toujours la première place dans le cœur d'Anne d'Autriche.

En conséquence, il faisait solliciter sans relâche par le roi Charles Ier la permission de revenir à Paris comme ambassadeur ; mais Louis XIII ou plutôt le cardinal refusait cette permission avec une persistance égale à celle qu'on mettait à la demander.

Or, Buckingham avait dit à la reine : « Si je ne puis revenir en ami, je reviendrai en ennemi, et je vous reverrai, dussé-je, pour vous revoir, bouleverser le monde ! »

Le moment était arrivé pour Buckingham de tenir sa promesse ; ne pouvant revenir en ami, il résolut de revenir en ennemi ; la Rochelle lui servit de prétexte.

Mais, avant de prendre un parti extrême, il avait épuisé tous les autres moyens.

D'abord, il avait suscité des tracasseries entre Charles Ier et madame Henriette, tracasseries semblables à celles que, de son côté, Richelieu suscitait entre Louis XIII et Anne d'Autriche.

Puis il avait, un beau matin, fait renvoyer toute la maison française de la reine, comme, un beau matin, Louis XIII avait renvoyé toute la maison espagnole de l'infante, et, cela, si brutalement, que madame Henriette avait été obligée de faire ses adieux à ses compatriotes du haut de cette même fenêtre de Whitehall par laquelle, vingt-deux ans plus tard, Charles Ier passa pour monter à l'échafaud.

L'outrage était violent ; l'Espagne, en cas de guerre, offrait de se joindre à la France ; mais Richelieu pensa que c'était là une trop petite cause pour brouiller deux royaumes. En conséquence, il se contenta, le 27 septembre 1626, d'envoyer à Londres le maréchal de Bassompierre, afin d'obtenir une réparation amiable de l'insulte faite à la reine.

L'ambassade produisit un accommodement conjugal imparfait, tout en laissant subsister les haines amoureuses et politiques.

Le maréchal ramenait en Angleterre le confesseur de la reine. On voulut d'abord le lui faire renvoyer; mais Bassompierre tint bon, et il parvint non-seulement à réinstaller le confesseur et le desservant ordinaire de la chapelle de la reine, mais encore à faire admettre un évêque et dix prêtres français non réguliers. On stipula, en outre, le nombre de serviteurs que madame Henriette pourrait tirer de son pays.

Après quoi, il fut donné de grandes fêtes qui n'abusèrent personne, et le comte de Bassompierre revint en France avec des présents magnifiques, et ramenant, — comme Duquesne devait le faire plus tard, à son retour de l'Algérie, — soixante et dix prêtres catholiques anglais, qu'à sa prière on avait tiré de prison.

Alors, Buckingham, voyant que ces deux premières tentatives avaient été insuffisantes pour amener une rupture, engagea le roi d'Angleterre à adopter le parti des protestants de France, et à leur fournir des seconrs ; en même temps, il faisait sous main dire à la Rochelle, menacée par Richelieu, de s'adresser à lui.

Les Rochellois s'empressèrent de mettre l'avis à profit : ils envoyèrent à Buckingham le duc de Soubise et le comte de Brancas ; et le favori, accordant à ceux-ci plus qu'ils ne venaient demander, conduisit hors des ports de la Grande-Bretagne une flotte de cent voiles, et vint se ruer avec elle sur l'île de Ré, dont il s'empara.

La citadelle seule résista : elle était défendue par le comte de Toiras et deux cents Français : cette poignée de vaillants soldats tint en échec vingt mille Anglais!

Cette fois, il n'y avait pas moyen pour la France de refuser la guerre : le gant lui était jeté, et sur son propre territoire.

Quel était l'espoir de Buckingham? Le voici :

Buckingham, qui disposait des forces de toute l'Angleterre, comptait encore réunir contre la France, l'Espagne—froissée que l'on eût repoussé son alliance —l'Empire et la Lorraine.

Or, la France, si forte que l'eût faite Henri IV et qu'essayait de la faire Richelieu, ne pouvait résister à une telle coalition; elle serait forcée de plier.

Buckingham alors se présenterait comme négociateur; la paix serait accordée; mais une des conditions de cette paix serait la rentrée de Buckingham à Paris comme ambassadeur.

L'Europe allait donc se soulever, la France allait donc être mise à feu et à sang à propos des amours d'Anne d'Autriche et de Buckingham!

O grands secrets soigneusement enfermés dans les arcanes de l'histoire, que vous êtes petits quand la main du chroniqueur vous fait paraître nus et sans voile aux regards du public! Le beau livre que l'on ferait sur les véritables causes des guerres qui ont ensanglanté le monde depuis la guerre de Troie jusqu'à la guerre de Sept ans! et l'effroyable statistique que celle des morts laissés sur les champs de bataille de l'Asie, de l'Europe, de l'Afrique et de l'Inde, à propos des amours des reines et des ambitions des rois!

Le poignard de Felton mit fin à celle-ci.

Le 24 août, cette nouvelle s'élança de Portsmouth et alla s'abattre dans toute l'Europe, que lord Buckingham venait d'être assassiné.

Trois jours auparavant, une sédition avait éclaté à Portsmouth; le peuple prétendant, à juste raison, que tous les malheurs du temps lui venaient de Buckingham, avait enfoncé les portes de son hôtel et égorgé son médecin.

Le lendemain, on trouva ce placard affiché dans toutes les rues de Londres :

« Qui gouverne le royaume? Le roi.

» Qui gouverne le roi? Le duc.

» Qui gouverne le duc? Le diable!

» Que le duc y prenne garde, car il aura le sort de son docteur! »

Buckingham était habitué à ces sortes de menaces; il ne fit pas même attention à celle-là.

Mais, le 23 août 1628, au moment où, après avoir reçu, dans la maison qu'il habitait à Portsmouth, le duc de Soubise et les envoyés de la Rochelle, Buckingham sortait de sa chambre et se retournait pour adresser la parole au duc de Frias, il éprouva tout à coup une vive douleur au flanc gauche, y porta la main, et sentit le manche d'un couteau qui sortait de sa blessure.

En même temps, apercevant un homme qui fuyait :

— Ah! le misérable, cria-t-il, il m'a tué!

A ces mots, il tomba entre les bras de ceux qui l'accompagnaient, murmura quelques paroles inintelligibles, — un adieu aux rêves de ses amours sans doute, — et expira.

Près du duc, à terre, se trouvait un chapeau; un des témoins le ramassa, et, dans ce chapeau, aperçut un papier sur lequel étaient écrits ces mots :

« Le duc de Buckiugham était l'ennemi du royaume : à cause de cela, je l'ai tué. »

Alors, les assistants coururent aux fenêtres et crièrent :

— Le lord-duc vient d'être assassiné! L'assassin est nu-tête... Arrêtez l'assassin!

Damiens fut arrêté pour une cause toute contraire : après avoir frappé Louis XV, il avait gardé son chapeau sur sa tête; peu familier avec l'étiquette, il avait oublié que, lorsqu'on poignarde les rois, il faut les poignarder le chapeau à la main.

Revenons à l'assassin de Buckingham. Celui-ci ne faisait que de faibles efforts pour fuir; aussi fut-il arrêté facilement.

Lorsqu'on se jeta sur lui, en criant : « Cet homme est l'assassin du duc! »

— Oui, répondit-il tranquillement, c'est moi qui l'ai tué.

C'était un Irlandais nommé John Felton, un fanatique de la trempe des Jacques Clément et des Ravaillac; de plus, un ambitieux. Lieutenant dans l'armée anglaise, il avait deux fois demandé au duc le grade de capitaine; deux fois le duc le lui avait refusé.

Il mourut avec la fermeté d'un sectaire et le calme d'un martyr.

Un officier de la reine d'Angleterre apporta la nouvelle en France.

— Impossible! s'écria Anne d'Autriche à moitié évanouie; je viens de recevoir une lettre de lui!

Mais il lui fallut bien croire à la nouvelle de cette mort : elle lui fut confirmée par le roi Louis XIII, et celui-ci la lui annonça avec tout le fiel qu'il avait dans le caractère, ne cachant pas la joie que lui causait l'événement. Il ordonna devant la reine que l'on comptât mille écus au messager qui avait annoncé *la bonne nouvelle.*

De même que Louis XIII ne cachait point sa joie, Anne d'Autriche ne cachait point sa douleur; elle s'enferma avec ses plus intimes, et, là, dans cette intimité, donna un libre cours à ses larmes.

Aussi, ses familiers, sachant combien elle gardait du beau duc un tendre souvenir, s'entretenaient-ils souvent de lui, certains que ce sujet de conversation, si douloureux qu'il fût, était encore le plus agréable à l'amante royale.

Cherchez dans le roman de *Cinq-Mars* de notre ami Alfred de Vigny, et vous trouverez une scène pleine de mélancolie, où la reine, en ouvrant une boîte richement ornée, se trouve en face d'un portrait entouré de diamants et d'un vieux couteau rongé par la rouille.

Un soir, au reste, que la pauvre reine, triste et isolée

comme une simple femme, causait dans sa chambre du pauvre duc en tête-à-tête avec son poëte favori Voiture, la conversation tomba peu à peu et le poëte resta plongé dans une profonde rêverie.

La reine le regarda quelque temps en silence; puis, enfin, désirant savoir ce qui le préoccupait ainsi :

— A quoi pensez-vous, Voiture? lui demanda-t-elle.

Alors, celui-ci, relevant la tête, et la regardant avec tristesse, lui répondit :

Je pensais que la destinée,
Après tant d'injustes malheurs,
Vous a justement couronnée
Aujourd'hui d'éclat et d'honneurs,
Mais que vous étiez plus heureuse
Lorsque vous étiez autrefois,
Je ne dirai pas amoureuse,
La rime le veut toutefois.

Je pensais — nous autres poëtes,
Nous pensons extravagamment, —
Ce que, dans l'humeur où vous êtes,
Vous feriez si, dans ce moment,
Vous avisiez en cette place
Venir le duc de Buckingham,
Et lequel serait en disgrâce
De lui ou du père Vincent...

Le père Vincent était le confesseur de la reine.

Or, en quelle année Voiture faisait-il ces vers? En 1644, c'est-à-dire seize ans après l'assassinat que nous venons de raconter. — Seize ans de fidélité à la mémoire d'un mort, c'est beau pour une reine!

Il est vrai que cette reine était bien malheureuse.

Profitons de ce que le nom de Voiture vient de se glisser sous notre plume, pour faire un retour vers la littérature de l'époque.

D'ailleurs, Voiture nous ouvrira tout naturellement les

portes de l'hôtel Rambouillet, où nous avons promis d'introduire nos lecteurs.

Voiture fut le poëte à la mode de l'époque ; il était en grande faveur au Louvre, et, ce qui était peut-être moins important pour sa fortune, mais plus important pour sa réputation, en haute faveur aussi près de l'hôtel Rambouillet.

Vincent Voiture était né à Amiens en 1598 ; il avait donc un peu plus de trente ans à l'époque où nous sommes arrivés. C'était le fils d'un marchand de vin ; — lui, niait le fait, mais plus il niait, plus ses ennemis, et même ses amis, faisaient allusion à sa naissance.

Un jour que, devant madame des Loges, qui lui en voulait pour quelques propos tenus contre elle, il racontait certaine anecdote une première fois déjà racontée par lui :

— Oh ! monsieur Voiture, dit madame des Loges, vous nous avez déjà raconté cela ! *tirez-nous du nouveau*, si cela vous est possible.

Voiture était un joueur acharné ; il tenait, au reste, ce défaut de son père, qui se prétendait le premier joueur de piquet de France, et qui avait donné son nom à ce coup de soixante et dix qui se marque par quatre jetons en carré : on appelait ces quatre jetons *le carré de Voiture*.

Cette madame des Loges avait alors une grande réputation d'esprit.

« Comme ç'a été, dit Tallemant des Réaux, la première personne de son sexe qui ait écrit des lettres raisonnables, et que, d'ailleurs, elle avait une conversation enjouée et un esprit vif et accort, elle fit grand bruit à la cour. »

Aussi, Balzac — celui qu'on appelait alors le grand Balzac — lui écrivait-il :

« Dieu vous a élevée au-dessus de votre sexe et du nôtre, et n'a rien épargné pour achever en vous son ouvrage. Vous êtes admirée de la meilleure partie de l'Europe ; en ce point s'accordent les deux religions, et les catholiques n'ont point de dispute avec les huguenots. Le nonce du pape vous a présenté notre créance jusque chez nous, toute parfumée de compliments et de civilités d'Italie; les princes sont vos courtisans, et les docteurs sont vos écoliers. »

On est tout étonné que des noms qui tenaient une pareille place dans la société d'alors, société qui, à tout prendre, est l'aïeule de la nôtre, soient à peine connus de nos jours; c'est à nous de les exhumer et de les faire connaître : les historiens ne descendent point jusque-là.

Faisons donc une petite excursion à la suite de madame des Loges; nous reviendrons ensuite à Voiture.

Monsieur, dans *sa petite jeunesse*, — expression charmante du temps, et qui mérite d'être conservée, — Monsieur allait souvent chez elle, et, comme il lui *chantait* toute chose dont il avait à se plaindre, on appelait Monsieur *la linotte de madame des Loges.*

Monsieur, quand on lui fit sa maison, c'est-à-dire lors de son mariage, — donna à madame des Loges quatre mille livres de pension, sous prétexte que son mari n'était point payé de ses deux mille livres de traitement comme gentilhomme de la chambre.

Ce n'était point vrai, mais cela le devint : le cardinal, voyant quelque chose de louche dans cette grande faveur dont jouissait madame des Loges près du nouveau duc d'Orléans, le cardinal, disons-nous, fit réellement supprimer les deux mille livres à son mari.

Trois ans après, — en 1629, — elle, prévoyant bien que l'on finirait par la chasser comme madame de Chevreuse, qui était une autre grande dame qu'elle, se retira en Limousin, chez M. d'Oradour, son gendre.

Elle était fille d'un brave Champenois nommé Bruneau; ce digne homme était riche : il vint à Paris, acheta la charge de secrétaire du roi, et s'appela M. *de Bruneau*. Il avait deux filles; l'aînée fut mariée à Beringhen, père de M. *le Premier* :

— on désignait ainsi le premier valet de chambre ; — la cadette était Marie de Bruneau, qui devint depuis madame des Loges.

Marie de Bruneau avait, s'il faut en croire les mémoires du temps, une liberté admirable en toutes choses : elle écrivait devant cinq ou six amis qui bavardaient autour d'elle, et avec autant de facilité que si elle eût été seule ; elle faisait, en outre, des impromptus fort ingénieux.

Comme toutes les dames de cette époque, elle était légèrement galante, et, sous ce rapport, elle avait donné de bonne heure son prospectus. Fiancée, à l'âge de treize ans, à M. des Loges et ne devant l'épouser que deux ans plus tard, elle se trouva enceinte à quatorze ans : on s'empressa de conclure le mariage. Elle soutint toujours que son mari et elle étaient si naïfs, qu'ils avaient péché par pure innocence.

Voiture, après avoir été rabroué par elle comme nous l'avons vu, devint plus tard son favori.

Du reste, dès le collége, Voiture commença de faire du bruit. Il s'était lié sur les bancs de la classe avec d'Avaux, qui fut plus tard l'amant de madame de Saintot, femme du trésorier. Malgré l'humeur jalouse du mari, d'Avaux avait entrée chez cette dame, et, de peur qu'il n'arrivât malheur à son ami, Voiture l'accompagnait jusqu'à la porte de la maison; mais il n'avait pas permission de passer outre, et il attendait là. Or, comme, en attendant, il s'ennuyait, il s'accosta d'une voisine dont il eut une fille nommée Latouche.

Enfin, à force d'attendre à la porte, Voiture fut introduit, et ce fut à son tour d'être le second maître de la maison.

Une lettre de lui, qui a beaucoup couru, et qui fit en son temps grande sensation, est adressée à madame Saintot.

Elle porte pour suscription :

« A madame de Saintot, en lui envoyant le *Roland furieux* d'Arioste, traduit en français. »

La réputation de Voiture était donc déjà en bon train, lorsqu'un jour M. de Chaudebonne, — M. de Chaudebonne était de la maison du Puits-Saint-Martin de Dauphiné, et le meilleur des amis de madame de Rambouillet, — lorsqu'un jour, disons-nous, M. de Chaudebonne, le rencontrant dans une maison, lui dit :

— Monsieur Voiture, vous êtes trop galant homme pour demeurer dans la bourgeoisie; il faut que je vous en tire.

Et, incontinent, il en parla à madame de Rambouillet, qui lui donna permission d'amener le poëte chez elle.

C'est ce qui fait que Voiture dit dans une de ses lettres :

« Depuis que M. de Chaudebonne m'a réengendré avec madame et mademoiselle de Rambouillet... »

L'épreuve était dure, pour le fils d'un petit marchand de vin, de passer tout à coup de la bourgeoisie dans l'un des salons les plus aristocratiques de Paris : Voiture en sortit triomphant. Il fut bientôt l'âme et la joie de tous les précieux et de toutes les précieuses; aussi répudia-t-il la pauvre madame de Saintot, qui commença par faire pour lui toutes les folies de la terre, et lui resta fidèle jusqu'à la mort.

Voiture était petit mais bien fait; lui-même trace son portrait, dans sa lettre à une inconnue :

« Ma taille, dit-il, est de deux ou trois doigts au-dessous de la médiocre; j'ai la tête assez belle avec beaucoup de cheveux gris, les yeux doux, mais un peu égarés, et le visage assez niais. »

C'était, suivant la chronique du temps, le plus coquet de tous les hommes; ses passions dominantes étaient l'amour et le jeu, mais le jeu encore plus que l'amour : il jouait avec tant d'ardeur, que toujours, après avoir joué, et parfois même en jouant, il fallait qu'il changeât de chemise.

Quand Voiture n'était pas avec son monde, il demeurait bouche close, rien ne pouvait le faire parler. Il était sujet, au reste, à de grandes inégalités d'humeur, même avec ceux à qui il voulait plaire. Soit distraction, soit familiarité, il se livrait par moments à d'étranges inconvenances : un jour, on le vit, devant madame la Princesse, quitter ses galoches pour se chauffer les pieds; c'était déjà beaucoup que d'avoir des galoches, mais c'était un peu trop que de les quitter!

Au surplus, les grands seigneurs le prenant ainsi, Voiture eût été bien bon de se gêner. M. le duc d'Enghien disait de lui :

— En vérité, si Voiture était de notre condition, il n'y aurait pas moyen de le souffrir.

Madame de Rambouillet prétendait que ses négligences, ses distractions et ses familiarités lui avaient fait perdre grand nombre d'amis; que, quant à elle, elle avait fini par s'y habituer de telle façon, qu'elle n'était pas plus gênée, lui étant là, que lui n'y étant pas; s'il était en humeur de causer, elle le faisait causer; s'il était en humeur de rêver, elle le laissait rêver, et n'en faisait pas moins tout ce qu'elle avait à faire.

Voiture était fort galant et en contait à toutes les femmes. La chose était tellement passée chez lui en habitude, que parfois il ne savait plus à qui il s'adressait. Mademoiselle de Chalais, dame de compagnie de la marquise de Sablé, racontait que, comme il était près de mademoiselle de Kerveno, et qu'il la venait voir, il voulait faire sa cour à mademoiselle de Kerveno, qui n'avait que douze ans! Mademoiselle de Chalais l'en empêcha; mais, alors, Voiture s'adressa à sa sœur, qui n'avait que sept ans! Mademoiselle de Kerveno laissa Voiture lui défiler tout son chapelet; puis, quand il se leva et prit son chapeau pour partir :

— Eh! monsieur Voiture, dit-elle, nous avons encore là une demoiselle de Kerveno qui est en nourrice; ne lui faites-vous pas aussi quelque compliment avant de vous en aller?

Miossens, qu'on appela plus tard le maréchal d'Albret, et dont nous aurons peut-être occasion de parler à propos de ses amours avec la duchesse de Rohan, fut longtemps sans savoir ce qu'il disait; ses paroles étaient une espèce de galimatias double auquel personne n'entendait mot, quoique, à travers tout cela, jaillit parfois un trait spirituel. Un jour qu'il y avait grand *rond* à l'hôtel Rambouillet, — depuis, au lieu de *rond*, on a dit *cercle*, — Miossens parla un quart d'heure de son style ordinaire, tout le monde écoutant, mais ne comprenant rien.

Au beau milieu de son discours, Voiture, impatienté, se lève et va à lui.

— Monsieur de Miossens, lui dit-il, je me donne au diable si j'ai compris un mot de ce que vous venez de dire! Parlerez-vous encore longtemps ainsi? Dans ce cas, prévenez-moi franchement.

Au lieu de se fâcher, Miossens se mit à rire; seulement :

— Eh! mon cher monsieur Voiture, dit-il, épargnez un peu vos amis!

— Ah! par ma foi, répondit Voiture, il y a si longtemps que je vous épargne, que je commence à m'en ennuyer.

Un jour, il trouve dans la rue Saint-Thomas deux meneurs d'ours avec leurs bêtes muselées; il leur donne à chacun un écu, et leur fait signe de le suivre à l'hôtel Rambouillet. Le suisse les laisse passer : — Voiture avait entrées franches, non-seulement pour lui, mais encore pour les bêtes et les gens qu'il lui plaisait d'amener. — Avec son étrange compagnie, il monte dans la chambre de madame de Rambouillet; elle lisait près du feu, entourée d'un paravent : elle entend quelque bruit, se retourne et voit deux museaux d'ours apparaître au-dessus de sa tête!

Madame de Rambouillet pensa d'abord en mourir de peur, puis finit par raconter l'aventure à tout le monde comme une gentillesse de son ami Voiture.

M. le comte de Guiche en tint aussi pour sa part. Ayant dit un jour à Voiture :

— Est-il vrai, monsieur Voiture, que vous soyez marié? Le bruit en court.

Voiture ne lui répondit rien pour le moment; mais, quelques jours plus tard, à deux heures du matin, il se présente à l'hôtel Grammont.

Le suisse lui demande ce qu'il veut à une pareille heure.

— Avant tout, dit Voiture, le comte est-il à l'hôtel?

— Sans doute qu'il y est.

— Tant mieux.

— Mais il est couché!

— N'importe, il faut que je lui parle pour affaires d'importance.

Le suisse résistait; mais Voiture insista tant et si bien, qu'on le conduisit à la chambre du comte.

Celui-ci était couché, en effet, et dormait à poings fermés.

— Hé! monsieur le comte, crie Voiture, çà, éveillez-vous!

Le comte se frotte les yeux, regarde et reconnaît notre poëte.

— Ah! c'est vous, monsieur Voiture, dit-il en bâillant à se démonter la mâchoire; que diable me voulez-vous si matin?

— Monsieur le comte, dit Voiture, il y a quelques jours, vous me fîtes l'honneur de me demander si j'étais marié; je viens vous dire que je le suis.

— Ah! peste! s'écria le comte, croyez-vous que cela m'occupe au point que j'aie besoin d'être réveillé à deux heures du matin pour le savoir?

— Monsieur, reprit gravement Voiture, après la bonté que vous avez eue de vous informer de mes petites affaires, je ne pouvais, à moins d'être un ingrat, demeurer plus longtemps marié sans vous le venir dire.

Un jour qu'il se promenait au Cours avec M. Arnauld et le marquis de Pisani, le troisième enfant de madame de Rambouillet, et qu'il s'amusait à deviner sur la mine la profession des gens, un carrosse passa dans lequel il y avait un homme vêtu de taffetas noir avec des bas verts.

— Que peut être cet homme? demande le marquis de Pisani.

— Je gage que c'est un conseiller à la cour des aides, dit Voiture.

— Nous gageons, M. Arnauld et moi, à la condition que vous irez le lui demander. — N'est-ce pas, Arnauld?

— Ma foi, oui, dit celui-ci.

— Tope! dit Voiture. — Arrêtez, cocher!

Il descend alors du carrosse du marquis de Pisani, et, s'approchant de celui de l'inconnu :

— Monsieur, dit-il, n'est-il point vrai que vous soyez conseiller à la cour des aides?

— Pourquoi me demandez-vous cela, monsieur? répond l'homme aux bas verts.

— Parce que j'en ai fait la gageure, dit Voiture.

— Monsieur, reprit celui auquel il venait de s'adresser, gagez toujours que vous êtes un sot, et vous ne perdrez jamais.

Voiture était fort sujet à la colique. Quand la chose le prenait en ville, et qu'il en avait le temps, il se faisait conduire ou courait à toutes jambes chez un brave homme de la rue Saint-Honoré qu'il favorisait de ses visites dans ces sortes de circonstances.

L'homme, qui avait parfois besoin de visiter le même endroit, y trouva deux ou trois fois Voiture, aussi tranquillement installé là que saint Louis sous son chêne, et prenant son temps et ses aises.

Lassé d'attendre ainsi le bon plaisir d'un inconnu sur un terrain où il croyait avoir tout droit de suzeraineté, le propriétaire fit mettre un cadenas à la porte.

Le lendemain, Voiture, plus pressé que jamais, accourt et trouve, comme on dit, visage de bois.

Il va à la porte de l'appartement, et sonne.

Un domestique vient ouvrir.

Voiture sans rien dire, s'accroupit dans un coin et fait ce qu'il avait à faire.

— Eh! monsieur, s'écrie le domestique, êtes-vous fou ?

— Par ma foi, dit Voiture, cela apprendra à ton maître à faire poser un cadenas à la porte de son cabinet!

Avec ces façons d'agir, on comprend que Voiture ramassât de temps en temps quelque mauvaise affaire; une fois ramassée, du reste, il la menait jusqu'au bout.

Il y avait, à cette époque, tel bravo de profession qui n'eût pas pu se vanter d'avoir fait ce que fit Voiture; car il s'était battu, non-seulement de jour et de nuit, au soleil et à la lune, mais encore aux flambeaux : la première fois, ce fut au collége, contre le président des Hameaux; la seconde, au jeu, contre un de ses amis nommé Lacoste; la troisième fois, ce fut à Bruxelles, et au clair de la lune, contre un Espagnol; enfin, la quatrième fois, ce fut dans le jardin même de l'hôtel Rambouillet, et aux flambeaux, contre l'intendant de la maison Chavaroche.

Nous avons dit que Voiture était un joueur enragé. Un jour, il fit vœu de ne plus toucher ni cartes ni dés; mais, au bout de quarante-huit heures, le diable le tente : que faire? Aller chez le coadjuteur, qui le relèvera de son vœu. Chez le coadjuteur, il trouve Geoffroy, marquis de Laigue, capitaine des gardes de monseigneur Gaston, duc d'Orléans. Celui-ci demande à Voiture ce qui l'amène; Voiture le lui dit.

— Bon! dit Laigue, vous connaissez le proverbe : « Serment de joueur!... » Moquez-vous de votre vœu et jouons.

Ils jouent, et Voiture perd trois cents pistoles.

Ce fut son dernier exploit de joueur. « S'étant purgé tandis qu'il avait la goutte, dit Tallemant des Réaux, il tomba malade, et mourut au bout de quatre ou cinq jours de maladie. »

Pendant l'été qui avait précédé sa mort, il avait fait une promenade à Saint-Cloud avec le coadjuteur, le maréchal de Turenne, madame de Lesdiguières et deux autres dames; la nuit les prend au bois de Boulogne, et pas de flambeaux

Cela monte l'imagination des femmes, qui se mettent à faire des contes de revenants.

Au moment le plus terrible du récit, Voiture passe la tête hors de la portière, pour voir si un écuyer qui était à cheval suivait le carrosse.

— Ah! vraiment, dit-il, mesdames, si vous en voulez voir, des revenants, en voilà huit qui sont à nos trousses!

On regarde, et, en effet, on distingue huit figures noires qui allaient en pointe; plus l'on se hâtait, plus les fantômes se hâtaient aussi. Ces huit figures fantastiques suivirent le carrosse jusque dans Paris.

On faisait cent conjectures.

— Pardieu! dit le coadjuteur, je jure bien que je saurai ce que c'est.

Il fit faire des recherches et découvrit que c'étaient huit augustins déchaux, qui revenaient de se baigner à Saint-Cloud, et qui, de peur que la porte de la ville ne fût fermée, suivaient le carrosse à grande course afin de rentrer avec lui.

Tallemant des Réaux a écrit une historiette sur Voiture. — Qu'on nous permette de citer, comme enseignement, trois paragraphes de cette historiette.

Le premier concerne Voiture lui-même; le second, Corneille; le troisième, Bossuet.

On verra comment les grands hommes sont appréciés de leur temps.

§ Ier. « Voiture est le premier qui ait amené le libertinage dans la poésie; avant lui, personne n'avait fait de stances inégales, soit de vers, soit de mesure. »

§ II. « Corneille est aussi celui qui a gâté le théâtre; par ses dernières pièces, il y a introduit la déclamation. »

§ III. « Un soir. M. Arnauld avait amené le petit Bossuet de Dijon, aujourd'hui l'abbé Bossuet, qui a de la réputation pour la chaire, afin de donner à madame la marquise de Rambouillet le divertissement de le voir prêcher; car *il a prêchoté* dès l'âge de douze ans; ce qui fit dire à Voiture : « Je n'ai « jamais vu prêcher de si bonne heure ni si tard. »

Faites donc le *Discours sur l'histoire universelle* et les *Oraisons funèbres*, pour qu'on dise que vous avez *prêchoté* dès l'âge de douze ans!

XIV

Nous voici enfin arrivés à ce fameux hôtel Rambouillet et à ses hôtes, qui firent tant de bruit pendant un bon tiers du XVIIe siècle.

L'hôtel Rambouillet était situé rue Saint-Thomas-du-Louvre, à Paris; c'était l'ancien hôtel Pisani, qui avait changé de nom, et qui était devenu la propriété de madame de Rambouillet, du chef de son père. L'hôtel Rambouillet proprement dit avait été vendu, en 1606, par le marquis de Rambouillet, au prix de trente-quatre mille cinq cents livres tournois, à Pierre Forget-Dufresny, lequel le revendit, en 1624, au prix de trente mille écus, au cardinal de Richelieu. Le cardinal ne le rachetait que pour le faire raser, et faire élever en son lieu et place le Palais-Cardinal, depuis le Palais-Royal.

Quant à la maison de Rambouillet, c'était une branche de la maison d'Angennes, qui, dès le XIVe siècle, posséda la terre de Rambouillet, et qui produisit quelques personnages remarquables : entre autres, Jacques d'Angennes, seigneur de Rambouillet, favori de François Ier, capitaine de ses gardes, etc; Charles d'Angennes, cardinal de Rambouillet, qui fut évêque du Mans, assista au concile de Trente, et fut ambassadeur auprès de Grégoire XIII; enfin, Charles d'Angennes, marquis de Rambouillet, maréchal de camp, et ambassadeur en Piémont et en Espagne, — lequel n'est autre que le fameux marquis de Rambouillet, époux de Catherine de Vivonne, et père de la célèbre Julie-Lucine d'Angennes, qui épousa M. de Montausier, type de l'Alceste du *Misanthrope*.

Le grand-père, Jacques d'Angennes, seigneur de Rambouillet, était un homme fort grave. Un jour qu'il avait disputé avec sa femme, il lui demanda une trêve comme il eût fait à l'ennemi sur le champ de bataille; sa femme la lui accorda. Alors, s'adressant à elle :

— Madame, lui dit-il, faites-moi le plaisir de me prendre par la barbe.

On portait, à cette époque, la barbe longue et les cheveux courts.

— Pour quoi faire? demanda la femme étonnée.

— Prenez toujours.

Elle prend son mari par la barbe.

— Tirez ! dit le seigneur de Rambouillet.

— Mais je vous ferai mal.

— Ne vous inquiètez point; tirez !

Elle tire.

— Plus fort.

— Mais, monsieur...

— Non, non; tirez de toute votre force! tirez! tirez!

Elle tira à en perdre haleine.

— Ah! par ma foi, monsieur, dit-elle, je ne puis davantage.

— Vous y renoncez?

— Oui.

— A mon tour.

Il lui prend quelques cheveux, et tire.

La dame crie : lui continue de tirer.

Elle crie plus fort : lui tire toujours.

Enfin, elle appelle à l'aide : il la lâche; puis, sérieusement :

— Vous voyez, lui dit-il, que je suis plus fort que vous.

Dans votre intérêt, je vous prie, ne nous battons donc pas !

Madame de Rambouillet comprit la parabole et devint, assure la chronique, d'une douceur charmante à l'endroit de son mari.

A propos, nous oubliions, dans la liste des hommes éminents de cette maison, le père du marquis, qui fut vice-roi de Pologne en attendant l'arrivée de Henri III.

Henri III arrivé :

— Sire, dit le marquis de Rambouillet, j'ai une somme considérable à vous remettre entre les mains.

C'était plus de cent mille écus.

— Vous vous moquez, monsieur de Rambouillet ; c'est votre épargne.

— Soit, insista le marquis, prenez toujours, car vous en aurez bon besoin !

Henri III prit l'argent, et, en effet, s'en trouva bien.

Après la bataille de Jarnac, le même Henri III, qui n'était encore que duc d'Anjou, manda au roi Charles IX que l'on devait le succès de la journée à M. de Rambouillet. Charles IX écrivit au marquis pour l'en remercier. On gardait précieusement la lettre dans la famille.

M. de Rambouillet avait été fort lié avec le maréchal d'Ancre ; il disait de celui-ci que c'était un homme qui avait tellement peur de se compromettre, que, lorsqu'on lui demandait l'heure qu'il était, pour toute réponse, il tirait sa montre et faisait voir le cadran.

Mais laissons ce marquis de Rambouillet, et terminons-en avec le nôtre.

Nous avons dit qu'il avait été ambassadeur en Espagne ; c'était sous le cardinal-duc et à propos de la Valteline : il pensa faire mourir le comte-duc enragé ! — c'est M. d'Olivarès que l'on désignait alors par le titre de *comte-duc*, comme on désignait M. de Richelieu par celui de *cardinal-duc*. Le comte d'Olivarès se faisait donner de l'*excellence* et n'en voulait pas donner aux autres; ce que voyant M. de Rambouillet, il refusa d'entamer aucune affaire qu'on ne lui donnât le même titre qu'au comte-duc. Il disait à ce sujet qu'étant ambassadeur extraordinaire, et nourri aux dépens du roi d'Espagne, c'était une grande économie pour lui de gagner du temps, qu'il n'était donc pas pressé, et qu'il ne demandait pas mieux que de finir ses jours à Madrid, où il se trouvait beaucoup mieux que dans son hôtel de la rue Saint-Thomas-du-Louvre, que madame de Rambouillet n'avait pas encore fait arranger à cette époque.

Enfin, le comte-duc céda sur un point, M. de Rambouillet céda sur un autre, et, s'il n'eut pas de l'*excellence*, il eut au moins du *vos*. Il possédait un talent merveilleux pour mettre le comte-duc en colère et lui faire dire tout ce qu'il avait sur le cœur, tandis que, lui, quoiqu'il enrageât intérieurement, n'en laissait jamais rien voir au dehors, sauf un petit tremblement nerveux dont ses amis seuls s'apercevaient.

Comme il avait la vue très-courte et la bourse assez mal garnie, les Espagnols disaient de lui :

— Monsieur l'ambassadeur est aussi court de bourse que de vue.

Au reste, d'après le portrait qu'en fait Tallemant des Réaux, ce devait être un admirable diplomate.

« Il n'y avait, dit le chroniqueur, que Dieu qui pût lui ôter de la tête ce qu'il y avait mis une fois; il avait terriblement d'esprit, mais frondeur, et persuadé que l'État n'irait jamais bien s'il ne gouvernait. C'était un des plus grands disputeurs qui aient jamais été ; à cet égard, il avait bien trouvé chaussure à son pied en son gendre Montausier. »

M. de Rambouillet mourut à l'âge de soixante-quinze ans, sans avoir été longtemps malade; on prévint M. et madame de Montausier du danger où était leur père; mais, quoiqu'ils eussent des reprises à faire à sa mort, ils répondirent que, tant que leur mère vivrait, ils n'avaient absolument rien à prétendre.

Le marquis laissa sa fortune dans un état déplorable ; la bonne administration de sa veuve rétablit peu à peu les choses ; puis M. et madame de Montausier, n'ayant plus à craindre cette discussion incarnée, vinrent demeurer à l'hôtel ; ce qu'ils n'auraient fait pour rien au monde du vivant de M. de Rambouillet.

Passons à la marquise.

Catherine de Vivonne, marquise de Rambouillet, était fille de Jean de Vivonne, marquis de Pisani, et de Julia Savelli, de la vieille maison romaine des Savelli ; elle était née en 1588 ; elle avait épousé, en 1600, le marquis de Rambouillet, auquel elle avait apporté dix mille écus de son personnel.

A l'époque où nous sommes arrivés, elle avait donc quarante-quatre ans.

Sa mère, comme nous l'avons dit, et comme son nom le dit bien mieux que nous, était une grande dame ; on en faisait grand cas à la cour du Louvre, et Henri IV l'envoya, avec madame de Guise, recevoir le reine mère à Marseille. Elle s'était mariée, à un peu plus de onze ans, avec le vidame du Mans.

Madame de Rambouillet avait toujours fort aimé les belles-lettres : à l'âge de vingt ans, elle allait apprendre le latin, dans le seul bnt de lire Virgile, quand une maladie l'en empêcha. Elle était habile en toutes choses ; elle avait été elle-même l'architecte du nouvel hôtel Rambouillet ; mal satisfaite de tous les dessins qu'on en avait faits, elle se mit à rêver à l'œuvre de cette construction.

Tout à coup, on l'entendit crier : « Du papier ! du papier ! vite ! j'ai trouvé ce que je cherchais. » C'était Archimède et son *euréka*.

On lui apporta le papier demandé, une règle, un crayon, un compas ; la même nuit, le plan géométral de l'hôtel Rambouillet était achevé. On suivit le dessin de point en point. Ce fut d'elle que les gens du métier apprirent à mettre les escaliers sur les côtés, pour avoir une longue suite de chambres ; avant elle, on ne savait faire qu'un salon à droite, une chambre à gauche, avec l'escalier au milieu. Ce fut encore d'elle qu'on apprit à exhausser les planchers, à faire des portes et des fenêtres hautes et larges, et à les placer vis-à-vis les unes des autres. Aussi, quand la reine mère bâtit le Luxembourg, ordonna-t-elle aux architectes d'aller visiter l'hôtel Rambouillet, et de soumettre leurs plans à la marquise. Jusque-là, on n'avait peint les chambres qu'en rouge : madame de Rambouillet eut l'idée de faire tapisser la sienne couleur d'azur ; d'où vint le nom historique de la fameuse *chambre bleue*.

« La chambre bleue, dit Sauval, l'auteur des *Antiquités de Paris*, si sévère dans les œuvres de Voiture, était parée d'un ameublement de velours bleu rehaussé d'or et d'argent ; c'était celui où Arthénice recevait ses visites. Les fenêtres sans appui, qui règnent de haut en bas depuis son plafond jusqu'à son parterre, la rendent très-gaie et laissent jouir sans obstacle de l'air, de la vue et du plaisir du jardin. »

L'hôtel de Rambouillet était, pour ainsi dire, le théâtre de tous les divertissements ; c'était le rendez-vous de ce qu'il y avait de plus galant à la cour, et de plus poli parmi les beaux esprits du siècle. Or, ces réunions préoccupaient fort le cardinal ; ne pouvant y assister, il désirait au moins savoir ce qui s'y disait. Il en résulta qu'un jour, il envoya Boisrobert à madame de Rambouillet pour lui promettre son amitié, si elle voulait lui donner avis de ceux qui parleraient mal de lui chez elle.

Madame de Rambouillet se contenta de répondre que chacun connaissait trop la considération et le respect qu'elle portait à Son Éminence pour en mal parler chez elle. Boisrobert n'en put tirer autre chose.

Elle fut encore plus claire et plus précise dans une autre circonstance, car le cardinal ne s'était point tenu pour battu. Comme M. de Rambouillet était en Espagne, il envoya le père Joseph chez la marquise.

Un mot sur le père Joseph, qu'on appelait *l'éminence grise;* nous reviendrons ensuite à madame de Rambouillet.

Le père Joseph, de l'ordre des capucins, se nommait François Leclerc du Tremblay; il était né à Paris, le 4 septembre 1577, et était frère de M. du Tremblay, qu'il avait fait nommer gouverneur de la Bastille. Ayant été envoyé par ses supérieurs dans le Poitou, comme il n'était encore que simple abbé, il eut ainsi l'occasion de se faire remarquer du cardinal, qui dès lors le prit pour son confident. C'était un intrigant avec un esprit tout de feu; il avait passé une partie de sa vie à prêcher la guerre sainte : ce fut d'abord contre le Grand Turc qu'il dirigea sa croisade; tous les jours, en compagnie de M. de Mantoue, de M. de Brèves et de madame de Rohan, il conquérait les États du sultan et prenait Constantinople. Après le Turc, vint le tour de la maison d'Autriche: le révérend père se vantait d'être né pour abattre l'Empire, se croyant bon à tout, au métier des armes comme à son métier de capucin.

Un jour qu'il prenait Vienne sur la carte, il montra au colonel écossais Hailbrun la route qu'il comptait suivre, indiquant cette route avec l'index.

— Nous passerons telle rivière ici, disait-il, tel fleuve là...

— Eh! monsieur, lui dit le colonel, pour passer si facilement rivières et fleuves, prenez-vous votre doigt pour un pont?

Le père Joseph soulageait fort le cardinal-duc : il faisait ses courses, ses commissions secrètes ou autres; il les faisait d'abord à cheval; mais, un jour, ayant rencontré en route le père Ange Sabini, moine du même ordre, qui avait un cheval entier, tandis que lui, Joseph, avait une jument, il s'ensuivit un groupe dans lequel les capuchons des deux moines jouaient un rôle si grotesque, que le cardinal se décida à donner un carrosse à son factotum.

Une personne de la cour eut la curiosité d'aller faire une visite au couvent où était le père Joseph avant qu'il vînt à Paris. Comme la faveur dont jouissait l'ancien frère auprès du cardinal était une source de bien-être et d'aubaines pour le monastère, on y avait conservé une espèce de culte pour l'éminence grise.

— Oh ! dit le frère gardien en joignant les mains, ne nous apprendrez-vous rien, cher monsieur, du bon père Joseph ?

— Il se porte fort bien, répondit le visiteur, et est exempt de toute espèce d'austérités...

— Le pauvre homme ! s'écria le gardien.

— Il a une excellente litière quand il voyage...

— Le pauvre homme !

— Lorsqu'il y a quelque chose de bon à la table de M. le cardinal, on le lui envoie...

— Le pauvre homme !

— Enfin, il est en grand crédit à la cour, et les plus fiers seigneurs le cultivent avec soin.

— Le pauvre homme !

Plus le visiteur renchérissait sur la bonne position du père Joseph, plus le frère gardien s'écriait : « Le pauvre homme ! »

Le conte fut fait à Molière, qui en tira parti et en fit une des scènes les plus comiques du *Tartufe*.

C'est, comme on sait, le père Joseph qui mena toute la diablerie de Loudun. Il avait à se venger d'Urbain Grandier, à qui les capucins disputaient la direction des religieuses, et qui l'avait emporté sur les capucins. Laubardemont se trouvait à Loudun pour veiller à la démolition du château fort, lorsque la *possession* commença ; il rendit compte au roi et au cardinal et fut chargé par eux d'informer. On sait comment il informa.

Donc, le père Joseph fut, comme nous le disions, envoyé chez madame de Rambouillet. Arrivé là, il commença par donner un prétexte honnête à sa visite ; puis, sans faire semblant de rien, parla à la marquise de l'ambassade de son mari, lui dit que le cardinal voulait profiter de la circonstance pour faire quelque chose de considérable à son endroit, mais qu'il fallait que, de son côté, madame de Rambouillet donnât à monseigneur une petite satisfaction qu'il désirait d'elle. La marquise répondit qu'elle était prête à donner toute satisfaction au cardinal, mais qu'encore était-il bon qu'elle sût de quoi il s'agissait.

— Madame, lui dit le messager, vous savez qu'un premier ministre ne peut prendre trop de précautions. M. le cardinal désire savoir, par votre moyen, les intrigues de madame la Princesse et du cardinal la Valette.

— Mon père, repartit la marquise, je ne crois pas que madame la Princesse et le cardinal la Valette aient aucune intrigue ; mais, quand ils en auraient, veuillez dire à Son Éminence que je ne me sens pas propre au métier d'espion.

Un des grands plaisirs de madame de Rambouillet était d'envoyer de l'argent aux gens sans qu'ils sussent d'où venait cet argent. On lui disait un jour que donner était un plaisir de roi.

— Vous vous trompez, reprit-elle, c'est un plaisir de dieu.

Elle ne pouvait souffrir les femmes qui avaient pour amants des gens d'Église.

— C'est une des choses pour lesquelles je suis aise de n'être point demeurée à Rome, disait-elle. J'étais bien sûre de ne pas faire de mal ; mais, à coup sûr, on en eût dit de moi, et je fusse morte de rage le jour où le bruit se serait répandu que j'étais la maîtresse d'un cardinal.

C'était la meilleure amie qu'il y eût au monde. Arnault d'Andilly, fils d'Antoine Arnault, et dont la brusquerie allait souvent jusqu'à la brutalité, se posait devant elle en professeur d'amitié, et lui donnait des leçons dans l'art d'aimer son prochain.

— Feriez-vous telle ou telle chose pour un de vos amis? demandait-il à la marquise, croyant que la chose qu'il indiquait serait un grand sacrifice pour elle.

— Comment! répondit madame de Rambouillet, mais ce que vous dites là, si je savais qu'il y eût un honnête homme aux Indes, — ne l'eussé-je jamais vu, ne dussé-je jamais le voir, — je le ferais pour lui sans hésiter.

— Alors, reprit M. d'Andilly, s'il en est ainsi, vous êtes plus forte que moi en amitié, madame, et je n'ai rien à vous montrer.

Elle avait la manie de faire des surprises. Un jour, Philippe de Cospéan, évêque de Lisieux, l'étant venu voir à Rambouillet, elle lui proposa une promenade ; l'évêque accepta.

Il y avait, au pied du château, une grande prairie, et, au milieu de cette prairie, un cercle de grosses roches entre lesquelles s'élevaient de grands arbres qui formaient un ombrage charmant. C'était la retraite de prédilection de Rabelais; le curé de Meudon s'y divertissait fort, à ce que l'on rapporte, et l'on montrait une roche creuse et enfumée que l'on appelait *la marmite de Rabelais.*

Pour en revenir à la marquise, elle proposa donc à M. de Lisieux une promenade dans la prairie, et le conduisit du côté de ces roches; à mesure qu'il approchait, il lui semblait voir dans les interstices quelque chose de brillant dont il ne pouvait se rendre compte. Bientôt il crut reconnaître des femmes, et des femmes vêtues en nymphes!

Alors, se tournant vers la marquise :

— Mais voyez donc, madame! cria-t-il; mais, madame, voyez donc!

Elle l'entraînait toujours en avant, ne répondant que par ces mots :

— Je ne sais pas ce que vous voulez dire.

Enfin, on se trouva tout près du groupe mythologique.

C'était mademoiselle de Rambouillet et toutes les demoiselles de la maison, effectivement vêtues en nymphes, et qui, assises sur des roches, offraient, dit la chronique, le plus charmant spectacle du monde.

Le bon évêque, au reste, en fut si charmé, que, depuis, il ne voyait jamais la marquise sans lui parler des roches de Rambouillet.

Ce Philippe de Cospéan, qui aimait tant les nymphes et qui s'en cachait si peu, avait une certaine réputation comme prédicateur ; Bossuet lui dédia sa première thèse de philosophie. Voici comment il avait fait la connaissance de la marquise. La belle-mère de celle-ci, étant venue passer le carême à Rambouillet, demanda un prédicateur pour son usage particulier.

— Si elle veut se contenter de trois sermons par semaine, répondit l'évêque, je suis son homme.

C'était fort raisonnable ; la pieuse belle-mère s'en contenta ; l'évêque vint au château, fit connaissance du marquis et de la marquise de Rambouillet, et resta lié avec eux.

Il avait connu M. de Vendôme en Bretagne ; quand M. de Vendôme fut arrêté avec le grand prieur, lui seul osa parler au cardinal en faveur du prisonnier.

Il fut d'abord évêque d'Aire, puis de Nantes, puis de Lisieux. Quand il passa de Nantes à Lisieux, comme l'évêché était beaucoup plus considérable :

— Vous allez avoir plus grande charge d'âmes, lui dit-on.

— Bah ! répliqua-t-il, je sais de bonne part que les Normands n'en ont pas.

C'était un homme très-reconnaissant, ainsi que le prouve l'anecdote suivante :

Comme il avait sacré l'évêque de Rio, et que le nouveau prélat l'en venait remercier :

— Hélas ! monseigneur, dit-il, c'est à moi de vous rendre grâce.

— Comment cela ?

— Sans doute !... avant que je vous eusse sacré, j'étais le plus laid des évêques de France !

Revenons à madame de Rambouillet.

Elle avait eu six enfants : madame de Montausier était la première ; madame d'Hyères, la seconde ; le marquis de Pisani, le troisième.

Puis venait encore un garçon qui mourut de la peste à huit ans : sa gouvernante alla voir un pestiféré, et, en quittant le lit de cet homme, revint à l'enfant, qu'elle eut la sottise d'embrasser : elle et lui moururent de la peste.

Madame de Rambouillet, madame de Montausier et mademoiselle Paulet — chez laquelle allait Henri IV lorsqu'il fut assassiné rue de la Ferronnerie — soignèrent nourrice et enfant jusqu'au dernier soupir, et n'en furent nullement incommodées.

Puis venait madame de Saint-Étienne, puis madame de Pisani.

Le marquis de Pisani naquit beau, droit et bien conformé ; il promettait d'être un vrai Rambouillet, c'est-à-dire d'avoir un jour cinq pieds huit pouces ; tout le monde, père, mère et sœurs, était grand dans la maison, et l'on disait, en parlant d'eux, *les sapins de Rambouillet ;* — mais il arriva que, la nourrice du jeune marquis l'ayant laissé tomber, il eut, sans que personne le sût, l'épine du dos démise, de sorte qu'il en devint tout contrefait, et que non-seulement son corps, mais son visage même en fut gâté ; il demeura donc petit et bossu comme un sac de noix.

En revanche, il avait grand esprit et grand cœur, mais peu ou point d'éducation. Craignant qu'on ne le fît d'Église, il n'avait jamais voulu étudier ; et, cependant, il raisonnait comme s'il eût eu en tête toute la logique du monde; malgré son infirmité, qui faisait de lui quelque chose de monstrueux, il était bien reçu des dames, fort débauché du reste, et aimant le jeu à en enrager; ce qui faisait qu'il n'avait jamais le sou. Un jour, pour avoir de l'argent, il fit accroire à son père et à sa mère, qui, en vingt-huit ans, n'avaient couché qu'une nuit à Rambouillet, qu'il y avait du bois mort dans le parc et qu'il le faudrait ôter : on le chargea de ce soin, et il fit couper six cents cordes du plus beau et du meilleur.

Il était grand ami de M. le Prince, disputant toujours avec lui, et, malgré la terrible figure qu'il faisait à cheval, le voulant suivre dans toutes ses campagnes.

On l'appelait *le chameau du bagage de M. le Prince.*

Il y avait un gros gueux qui demandait l'aumône à la porte de l'hôtel de Rambouillet. Un jour, la marquise, en sortant, lui dit :

— Pisani, donne donc à ce pauvre homme.

— Peste ! madame, répondit Pisani, je m'en garderai bien : j'ai entendu dire qu'il était riche comme le roi, et je compte lui emprunter un de ces jours mille écus.

Il fut tué à la bataille de Nordlingen ; il était à l'aile du maréchal de Grammont, qui fut rompue.

Le chevalier de Grammont, d'historique mémoire, lui dit :

— Viens par ici, Pisani !

Mais lui secoua la tête, disant :

— Je ne veux pas me sauver en si mauvaise compagnie. Merci, chevalier !

Et il tira du côté opposé, tomba dans un parti de Croates, et fut massacré.

Nous avons dit qu'à la mort de leur père, M. de Montausier et sa femme allèrent demeurer chez madame de Rambouillet ; ils y prirent l'appartement du défunt, et en firent un appartement à la fois commode et magnifique.

La marquise s'amusait à versifier. Un jour, de la fenêtre de sa chambre, rue Saint-Thomas-du-Louvre, elle aperçut un jet d'eau dans le parterre du logement de Mademoiselle, aux Tuileries; n'ayant, elle, pour son compte, qu'une maigre fontaine, l'envie lui prend d'avoir un jet d'eau, ni plus ni moins qu'une princesse du sang; elle en parle à madame d'Aiguillon, qui lui promet d'en toucher un mot au cardinal, et qui, malgré sa promesse, est quelque temps à lui répondre. Alors, pour lui rendre la mémoire, madame de Rambouillet lui adressa ce quatrain :

Oranto, dont les soins obligent tout le monde,
Garde que le cristal dont se forme cette onde,
Qui dans le grand parterre a son trône établi,
A la fin ne se perde au fleuve de l'oubli!

Cette fontaine de Mademoiselle, dont le mince filet d'eau faisait si fort envie à la marquise, avait cependant été chantée par Malherbe.

C'est pour elle que le poëte fit cette inscription :

Vois-tu, passant, couler cette onde,
Et s'écouler incontinent :
Ainsi fait la gloire du monde,
Et rien que Dieu n'est permanent.

Toute jeune encore, le marquise avait été atteinte d'une singulière infirmité : le feu lui échauffait étrangement le sang et la faisait tomber en faiblesse. Comme elle était très-frileuse et aimait passionnément à se chauffer, elle ne s'en abstint pas tout d'abord : au contraire, ayant franchi l'été, elle voulut, dès que le froid fut revenu, voir si son incommodité continuait; elle trouva que les huit mois écoulés n'avaient fait qu'augmenter le mal. Elle essaya de nouveau l'hiver suivant; mais, alors, elle ne pouvait plus du tout supporter le feu; puis, au bout de quelques années, ce fut au tour du soleil de lui causer les mêmes douleurs que le feu ; c'était bien pis ! Cette fois, elle ne voulait pas absolument se rendre. Personne plus qu'elle n'aimait à se promener ; mais, un jour qu'elle se rendait à Saint-Cloud, elle n'était pas encore à l'entrée du cours, qu'elle s'évanouit ; on lui voyait bouillir le sang dans les veines ; il est vrai qu'elle avait la peau fort délicate.

Plus elle avança en âge, plus cette étrange incommodité augmenta ; une bassinoire qu'on oublia par mégarde sous son lit lui donna un érésipèle. A partir de ce moment, madame de Rambouillet fut condamnée à rester chez elle ; cette nécessité lui fit emprunter aux Espagnols la mode des alcôves. Quand il gelait, elle se tenait sur son lit, les jambes dans un sac de peau d'ours, tandis que les visiteurs, quand ils avaient froid, allaient se chauffer dans les antichambres.

Mécontente des prières que l'on trouve dans les livres de messe, madame de Rambouillet s'en était composé pour son usage particulier ; puis elle les donna à M. Conrard pour les faire copier par Nicolas Jarry, le plus célèbre des calligraphes du XVIIe siècle. M. Conrart les fit copier et même relier ; après quoi, il les rendit à la marquise.

— Monsieur, avait dit Jarry en rapportant les prières à celui qui les lui avait données à copier, laissez-moi prendre quelques-unes de ces prières ; car, dans les heures que l'on me fait copier, il y en a de si sottes, que j'ai honte de les transcrire.

Madame de Rambouillet avait, pour certaines choses, la prétention de la double vue.

Ainsi, le roi Louis XIII étant à l'extrémité, on disait :

— Le roi mourra aujourd'hui ; le roi mourra demain.

— Non, dit madame de Rambouillet, il ne mourra que le jour de l'Ascension.

Le matin de l'Ascension, on lui annonça que le roi se portait mieux.

— N'importe, répondit-elle, il n'en mourra pas moins ce soir.

Et, en effet, le soir, il mourut.

Au reste, elle détestait le roi Louis XIII, sentiment qui lui était commun avec les trois quarts de la France; seulement, chez elle, cette haine allait si loin, que mademoiselle de Rambouillet disait :

— J'ai peur que l'aversion que ma mère a pour le roi ne la fasse damner.

La marquise de Rambouillet mourut, elle, le 27 décembre 1665, à l'âge de soixante-dix-huit ans. A part cette incommodité de ne pouvoir sentir le feu, et celle de branler la tête — qu'elle attribuait à un trop grand abus des pastilles d'ambre — elle n'avait rien d'une vieille femme, ayant conservé le teint très-beau. Une maladie lui avait rendu les lèvres d'une vilaine couleur, et aux lèvres seulement elle mettait du rouge. Elle avait, au reste, l'esprit et la mémoire aussi nets qu'à trente ans; elle lisait toute la journée sans avoir la vue le moins du monde fatiguée.

Tallemant des Réaux, son ami intime, ne lui trouvait qu'un défaut : c'était d'être un peu trop persuadée que la maison Savelli, de laquelle, nous l'avons dit, elle descendait par sa mère, était la première maison non-seulement de Rome, mais encore du monde entier. Cette maison avait, en effet, donné deux papes : Honoré III, mort en 1227, et Honoré IV, mort en 1287.

Vers la fin de sa vie, madame de Rambouillet avait composé elle-même son épitaphe. Nous la retrouvons dans Ménage :

Ici gît Arthénice, exempte des rigueurs
Dont la rigueur du sort l'a toujours poursuivie ;
Et si tu veux, passant, compter tous ses malheurs,
Tu n'auras qu'à compter les moments de sa vie.

Passons, maintenant, à madame de Montausier.

Nous avons déjà dit qu'elle se nommait Julie-Lucine d'Angennes.

Lucine, malgré son surnom mythologique, qui rappelle un de ceux de Junon, n'était point une déesse païenne ; c'était, au contraire, la seconde sainte de la maison Savelli ; car, outre ses deux papes, la maison Savelli avait eu une sainte; ce qui est bien autrement rare dans les grandes maisons romaines!

Au reste, Lucine était un prénom de famille : la mère et la grand'mère de madame de Montausier l'avaient porté avant elle, et, dans la maison Savelli, on avait, depuis deux ou trois siècles, contracté l'habitude de joindre ce nom à celui des filles en les baptisant.

Après Hélène — sans avoir toutefois causé la ruine d'un empire — Julie d'Angennes (qu'on nous laisse l'appeler comme l'appelaient ses adorateurs) est bien certainement la femme dont la beauté a été le plus chantée ; et cependant, quoique de taille grande et élégante, elle n'était pas précisément belle ; seulement, elle avait le teint éclatant, dansait admirablement bien, faisait tout avec infiniment de grâce et d'esprit, et était en tout point une charmante personne.

« Elle eut des amants de plusieurs sortes, » disent les chroniques du temps; — mais le mot *amant* n'avait point, à cette époque, la signification qu'il a aujourd'hui : il voulait seulement dire *aimant*, *amoureux ;* — les principaux sont Voiture et Arnault.

Le dernier n'eut jamais de prétention qu'au titre de martyr; quant à Voiture, fort entreprenant de caractère, c'était autre chose. Un jour qu'il tenait les mains de mademoiselle de Rambouillet, il s'émancipa jusqu'à lui baiser le bras; mais elle lui témoigna si hautement que cette hardiesse ne lui plaisait point, qu'elle lui ôta l'envie de prendre une autre fois la même liberté. — Paris s'occupa tout un mois de cette hardiesse de Voiture, et elle est consignée dans le *Ménagiana*, tome II, page 8, édition de 1715.

Pour M. de Montausier, avant de devenir le mari de la belle Julie, il avait été son *mourant* pendant une douzaine d'années. — *Mourant* est un terme du temps, qui tenait le milieu entre *amant* et *martyr*.

Il avait d'abord été question de marier Julie avec M. de Montausier l'aîné, frère de celui qui l'épousa ; mais la personne qui s'était faite l'intermédiaire de ce mariage, Françoise Lebreton Villandry, confisqua le futur à son profit, de sorte que le mariage manqua.

Ce n'était point une petite affaire, en effet, que de marier mademoiselle de Rambouillet ; elle n'appartenait pas à ses parents, elle appartenait encore moins à elle-même : elle appartenait à l'hôtel Rambouillet, c'est-à-dire à toute une coterie de beaux esprits dont elle était l'âme et qui ne la voulaient lâcher pour rien au monde.

Aussi, un jour que l'on disait à M. de Rambouillet qu'il ne devait marier sa fille qu'à quelqu'un qui ne la pût point éloigner de la capitale :

— Alors, dit le marquis, il faut donc la marier à l'archevêque de Paris ?

— Gardons-nous-en bien ! s'écria Voiture, MM. les prélats ont une telle aversion pour la résidence, que, sur les douze mois dont se compose l'année, l'archevêque en passe huit à Saint-Aubin d'Angers.

Achevons l'histoire de M. de Montausier aîné, que l'on appelait le marquis de Montausier.

En arrivant à la cour, la première connaissance que fit le marquis fut cette demoiselle Françoise Lebreton Villandry, femme de Jean Aubry, conseiller d'État ordinaire.

Madame Aubry traitait terriblement son mari de haut en bas, dit la chronique : il était quelquefois trois mois à la prier pour obtenir d'elle une fois ce que Louis XV appelait *le devoir*.

Un jour qu'elle parlait à M. de Montausier de l'hôtel Rambouillet, et qu'elle lui faisait un grand éloge de la compagnie qui y tenait assemblée :

— Eh bien, madame, lui dit le marquis, menez-m'y.

— Oh! s'écria madame Aubry, *menez-m'y!* Saintongeois que vous êtes! apprenez d'abord à parler; je vous y mènerai après.

Et, en effet, de trois mois, elle ne l'y voulut mener, prétendant toujours qu'il avait des façons de parler qui feraient tache avec le langage des précieux et des précieuses.

Sur ces entrefaites, la guerre survint. Le marquis était homme de guerrre endiablé; il se jeta dans Casal, et eut part aux grands exploits qui s'y firent : il arrêta notamment toute l'armée du duc de Savoie devant un pont dont le passage paraissait ne pouvoir être défendu.

Mais il fit bien autre chose encore : étant amoureux d'une dame piémontaise, et la ville où elle était se trouvant assiégée, il se déguisa en capucin, entra dans la ville, se fit reconnaître, prit le commandement de la garnison, et y tint contre toute probabilité.

A son retour d'Italie, il retrouva madame Aubry sur sa route; elle jeta de nouveau le filet sur lui, et il redevint son favori; seulement, comme il fallait un prétexte, non pas aux yeux du mari — le bon conseiller ne voyait que ce que sa femme lui permettait de voir — mais aux yeux du monde, pour demeurer du matin au soir, et quelquefois plus tard, dans la maison, on fit courir le bruit que le marquis recherchait mademoiselle Aubry, qui épousa depuis Louis de la Trémouille, duc de Noirmoustier.

Cela dura ainsi quatre ans.

Cette madame Aubry était, paraît-il, fort agréable, sans être précisément belle : « Elle avait le teint clair, la taille souple, et était fort propre (lisez : fort élégante); » elle avait infiniment d'esprit, et chantait si bien, qu'elle ne le cédait qu'à mademoiselle Paulet, qui, on se le rappelle, fit un jour mourir de jalousie un rossignol! Au reste, inquiète, soupçonneuse, coquette, querelleuse, exigeante, elle rendait le pauvre marquis si malheureux, que madame de Rambouillet nommait son tourment l'*enfer d'Anastarax*. — Anastarax est le nom que portait parmi les précieux le marquis de Montausier.

Madame Aubry apprit cela, et défendit, sous peine de vie, au pauvre marquis d'aller à l'hôtel Rambouillet. Cette défense fit rompre la corde trop tendue : lassé d'être le *patito* de madame Aubry, M. de Montausier la planta là, et s'en alla tout droit et tout vif à l'hôtel dont l'entrée lui était défendue.

Le déplaisir de la conseillère en fut si grand, qu'elle se mit au lit, fit une confession générale, et mourut.

Ainsi se réalisa la prédiction de madame de Rambouillet, qui, regardant un jour dans la main du marquis, s'était écriée :

— Oh! fi, l'horreur! vous tuerez une femme!

Ce fut alors que M. de Montausier se déclara comme poursuivant de la belle Julie; mais on allait avoir la guerre en Valteline, et on le remit après la campagne.

Le marquis laissa tomber sa tête dans sa main, comme s'il eût été plongé dans une rêverie profonde; puis, la relevant :

— Madame, dit-il à madame de Rambouillet, à mon tour de vous faire une prédiction : je serai tué dans la campagne, et c'est mon frère qui, plus heureux que moi, épousera la belle Julie.

Et, en effet, il partit en guerre, reçut une pierre à la tête, et mourut du coup. Il y aurait eu moyen de le sauver en le trépanant; mais il s'y opposa en disant :

— Il y a déjà bien assez d'idiots au monde et de fous dans ma famille!

Le préjugé, voulait à cette époque, qu'un homme trépané devînt idiot ou fou.

Ne parlons plus de celui-là, puisque le voilà mort.

Si, parlons-en pour en dire un dernier mot.

Le marquis de Montausier n'avait presque pas de cheveux : il se fit raser et fut le premier qui porta perruque.

Le fait méritait d'être consigné.

Autre chose encore : c'était l'homme le plus ambitieux qui se pût voir; il avouait qu'il n'y avait personne au monde, fût-il son parent le plus proche ou son ami le plus cher, qu'il ne laissât pendre, si cette pendaison pouvait le faire roi.

Madame de Rambouillet, depuis le jour où il avait soutenu cette thèse, ne l'appelait que *el rey de Georgia*. La nouvelle venait justement d'arriver en France qu'un simple particulier s'était fait roi de Géorgie.

De son côté, Voiture lui écrivait :

« Il me déplait de penser qu'avec toute cette tendresse que vous me témoignez, il y a quelque occasion pour laquelle vous voudriez que je fusse pendu! Je désire avec tant de passion que vous ayez tout ce que vous méritez, que, s'il ne tenait qu'à ma pendaison que vous eussiez un royaume, sans mentir, je crois que j'y consentirais aussi bien que vous. »

M. de Montausier le cadet, que l'on appelait M. de Salles, devint naturellement l'aîné à la mort de son frère, et reprit le nom du défunt. Il y avait déjà quatre ans à cette époque qu'il était amoureux de mademoiselle de Rambouillet; il ne se déclara point, cependant, qu'il ne fût maréchal de camp et gouverneur de l'Alsace : il est probable que son aîné connaissait cet amour, et que ce fut ainsi qu'il prédit que de Salles épouserait mademoiselle de Rambouillet quand lui, Montausier, ne serait plus là.

Au reste, le nouveau Montausier, une fois son frère mort, ne cacha plus sa passion; il la portait partout avec lui, il en parlait à tout venant, composait des compliments en prose, des madrigaux en vers, et tout cela en pure perte :

mademoiselle de Rambouillet n'y faisait aucune attention, disant qu'elle voulait rester vierge comme les Muses.

Mais lui persista toujours, malgré ses refus : il semblait n'être que plus épris.

Trois ou quatre ans avant de l'épouser, il lui envoya *la Guirlande de Julie*, c'est-à-dire une des plus illustres galanteries qui aient jamais été faites.

Cette guirlande était une guirlande de fleurs, chaque fleur était enluminée sur vélin, et, à la suite de chaque fleur, il y avait des vers écrits de cette belle écriture de Jarry dont nous avons déjà parlé. Le frontispice du livre était une guirlande au milieu de laquelle on lisait ce titre :

LA GUIRLANDE DE JULIE
pour
Mademoiselle de RAMBOUILLET, *Julie-Lucine d'*ANGENNES.

A la feuille suivante, il y avait un Zéphyre qui épandait des fleurs. Le livre entier était couvert des chiffres de mademoiselle de Rambouillet.

Il n'y eut pas jusqu'au marquis de Rambouillet, père de Julie, qui n'y mît à la suite de l'hyacinthe un madrigal de sa façon.

Voici ce madrigal :

Je n'ai plus de regret à ces armes fameuses
Dont l'injuste refus précipita mon sort ;
Si je n'ai possédé ces marques glorieuses,
Un destin plus heureux m'accompagne à ma mort :
Le sang que j'ai versé d'une illustre folie
A fait naître une fleur qui couronne Julie.

Nous avouons que nous ne comprenons point parfaitement les quatre premiers vers; peut-être cachent-ils un sens particulier qui n'est nullement donné par le récit mythologique.

Tous les beaux esprits de l'époque concoururent à cette fameuse guirlande, à l'exception de Voiture; il est vrai qu'amoureux, de son côté, de la belle Julie, ses chiens ne chassaient point avec ceux de M. de Montausier.

Ce chef-d'œuvre de l'amour et de la calligraphie fut acquis, en 1784, à la vente Lavallière, par M. Payne, libraire anglais, au prix de *quatorze mille cinq-cent dix francs !*

La belle Julie reçut la guirlande, mais ne donna rien en retour.

M. de Montausier crut que sa religion était un obstacle et se mit sous la protection d'un Dieu plus propice, puis il traita du gouvernement de la Saintonge et de l'Angoumois, pour deux cent mille livres, avec M. de Brassac, le mari de sa tante.

Alors, se voyant gouverneur de deux provinces, il fit parler à la belle Julie par mademoiselle Paulet, et par madame d'Aiguillon, nièce du cardinal.

Mademoiselle de Rambouillet estimait fort M. de Montausier, mais elle ne pouvait vaincre son aversion pour le mariage ; le cardinal fut mis en avant, et la reine elle-même : tout échoua; si bien que la marquise de Rambouillet, qui désirait cette union, se retira, un soir, toute désespérée de l'entêtement de sa fille.

Julie, ayant vu sa mère porter un mouchoir à ses yeux, demanda ce qu'elle avait ; on lui dit la cause des larmes de la marquise.

— C'est bien, répondit-elle; demain, elle ne pleurera plus.

En effet, le lendemain, elle annonça d'elle-même qu'elle était résolue à épouser M. de Montausier, et mit toute la bonne grâce possible à dissimuler sa répugnance.

Cependant, le mariage fut ajourné jusqu'à la fin de la campagne : M. de Montausier devait commander en Allemagne un corps de deux mille hommes; mais M. de Turenne le força de rester en France.

Quant au marquis de Pisani, il suivit M. le Prince à l'armée.

— Montausier est si heureux, dit-il en partant, que je ne manquerai pas de me faire tuer, puisqu'il va épouser ma sœur.

Il n'y manqua point, en effet : nous avons dit comment il était mort.

Le mariage se fit à Ruel, et M. Godeau, évêque de Grasse — celui-là même que l'on appelait *le nain de la princesse Julie* — unit les deux époux.

Les *vingt-quatre violons*, ayant appris que mademoiselle de Rambouillet se mariait, vinrent spontanément lui donner une sérénade, disant qu'elle avait fait tant d'honneur à la danse, qu'ils seraient bien ingrats s'ils ne lui en étaient reconnaissants.

M. de Montausier, malgré sa brusquerie allant jusqu'à la rudesse, et sa franchise allant jusqu'à l'incivilité, n'en faisait pas moins très-sérieusement le métier de bel esprit; étant aussi précieux que sa femme était précieuse, il allait *aux samedis*, c'est-à-dire aux assemblées chez mademoiselle de Scudéry; il faisait des traductions, mettait Perse en vers français, voyait régulièrément MM. Chapelain et Conrart, aimait mieux Claudien que Virgile, et goûtait la *Pucelle* avant toute chose.

Dans le grand *Dictionnaire historique des précieuses*, par Saumaise, M. et madame de Mautausier ont chacun leur article, sous les noms de Ménalidus et de Ménalide; seulement, il y est parlé d'eux avec toute la gravité que leur nom commandait.

« Ménalidus, dit le biographe, joint les choses qui paraissent les plus éloignées; il est vaillant et docte, galant et brave, fier et civil; en un mot, c'est un homme accompli. »

Saumaise avait raison : M. de Montausier, malgré le petit côté ridicule que l'histoire littéraire attachait à son nom, garda dans l'histoire politique l'attitude d'un homme droit, loyal et désintéressé. En 1652, au plus fort de la Fronde, s'il eût voulu, quand M. le Prince était en Saintonge, donner des soupçons au cardinal Mazarin, il eût été fait maréchal de France; mais il dit lui-même que c'eût été *escroquer le bâton.*

Il fut fait duc et pair par lettres du mois d'août 1664, enregistrées au parlement au mois de décembre 1665.

Madame de Montausier devint mère à près de quarante ans, et fut fort malade à la suite de ses couches. On envoya Chavaroche — à propos de son duel avec Voiture, nous avons dit ce qu'était Chavaroche — on envoya Chavaroche chercher, à Saint-Germain-des-Prés, la ceinture de sainte Marguerite, relique qui passait pour fort efficace dans ces sortes de douleurs. C'était en été, à la pointe du jour; or, Chavaroche, qui en tenait encore pour la belle Julie, quoiqu'elle fût devenue madame de Montausier, trouva les moines au lit, et, comme ils tardaient à se lever, il se mit dans une si grande colère, qu'il s'écria :

— Voilà, par ma foi! de beaux fichus moines, qui se permettent de dormir quand madame de Montausier accouche!

Madame de Montausier mit au jour deux jumeaux; le premier mourut au bout de trois ans, des suites d'une chute, et le second, pour n'avoir jamais voulu prendre le sein d'une autre nourrice que celle qu'on lui avait donnée d'abord, et qui perdait son lait.

« Celui-là, dit Tallemant des Réaux, en donnant ce signe d'entêtement, prouva bien qu'il était le digne fils de son père. »

Après ces deux jumeaux, madame de Montausier eut une fille; elle en eut même plusieurs; mais ne parlons que de l'aînée.

Dès sa grande jeunesse, l'enfant, qui chassait de race, promit d'être une précieuse de premier ordre, et toute la société de l'hôtel Rambouillet répétait en extase les jolis mots qu'elle disait.

On amena chez M. de Montausier un renard qui appartenait

à M. Godeau ; la petite fille, en voyant l'animal, demanda ce que c'était.

— C'est un renard, lui dit-on.

— Oh ! mon Dieu ! fit-elle en portant les mains à un collier de perles dont on lui avait fait cadeau huit jours auparavant.

— Pourquoi portes-tu les mains à ton collier? lui demanda sa mère.

— Oh! maman, j'ai peur qu'il ne me le vole : les renards sont si fins dans les fables d'Ésope!

Quelque temps après, on lui montra M. Godeau.

— Tiens ! lui dit-on, c'est le maître du renard que tu as vu l'autre jour.

— Ah ! vraiment ? dit-elle.

Et elle le regarda attentivement.

— Eh bien, qu'en penses-tu ?

— Qu'il a l'air encore plus fin que son renard.

M. Godeau, qui était de très-petite taille, crut l'embarrasser en lui demandant :

— Combien y a-t-il de temps que votre grande poupée a été sevrée ?

— Mais, répondit l'enfant, vous devez le savoir.

— Comment le saurais-je ?

— Parce qu'elle a dû être sevrée en même temps que vous : vous n'êtes guère plus grand qu'elle.

— Que fais-tu là ? lui demanda un jour sa grand'mère, en lui voyant barbouiller du papier.

— Une tragédie, grand'maman, répondit-elle.

— Comment! une tragédie?

— Oui ; mais il faudra, grand'maman, que vous priiez un peu M. Corneille d'y jeter les yeux avant que nous la jouions.

Sa gouvernante, lui apportant un bouillon, lui dit pour la déterminer à le prendre :

— Prenez ce bouillon pour l'amour de moi, ma chère enfant.

La petite le goûta, et, le trouvant bon :

— Je le prendrai pour l'amour de moi, et non pour l'amour de vous, dit-elle.

M. de Nemours, archevêque de Rouen, lui disait qu'il la voulait épouser.

— Gardez votre archevêché, monseigneur répliqua-t-elle ; il vaut mieux que moi.

Nous avons dit que madame de Rambouillet restait presque constamment au lit ; un jour, l'enfant prit un siége à sa taille et alla s'asseoir auprès du lit de la marquise, en disant :

— Çà, grand'maman, maintenant que je suis raisonnable, parlons des affaires d'État.

Elle avait cinq ans.

Lorsque son grand-père mourut, en 1652, voyant madame de Rambouillet fort triste :

— Consolez-vous, grand'maman, lui dit-elle, si grand-papa est mort, c'est que Dieu l'a voulu... Ne voulez-vous point ce que Dieu veut ?

D'elle-même, et sur ses épargnes, elle s'avisa de faire dire des messes pour le marquis.

— Ah ! dit sa gouvernante, si votre grand-papa, qui vous aimait tant, savait cela ?

— Il le sait, dit l'enfant.

— Comment, il le sait ?

— Sans doute : ceux qui sont devant Dieu ne savent-ils pas tout ?

« C'est dommage, dit Tallemant des Réaux, qu'elle ait les yeux de travers ; car elle a la raison bien droite. Pour le reste, elle est grande et bien faite. »

Pourtant, il ajoute :

« Elle s'est gâtée depuis pour l'esprit et pour le corps. »

Quant aux autres filles de madame de Rambouillet, lesquelles se firent religieuses, à l'exception d'Angélique-Clarisse d'Angennes, qui épousa le comte de Grignan, leur vie se passa dans les brigues du couvent, et ne vaut pas la peine que nous nous en occupions. Nous passerons donc, avec la permission de nos lecteurs, à deux grandes figures de l'époque qui se rattachent par plus d'un côté à la société des précieuses, et dont il a été dit quelques mots dans le courant de ce chapitre.

Nous voulons parler de M. et de mademoiselle de Scudéri.

Scudéri, ou plutôt Georges de Scudéri, était originaire de Sicile ; ses ancêtres passèrent en Provence, en suivant le parti des princes de la maison d'Anjou. Son père était attaché à André-Baptiste de Brancas, seigneur de Villars, gouverneur du Havre, créé amiral par Henri IV en 1594, et demeura toujours près de lui.

De là l'honneur qu'eut la ville du Havre de donner naissance à Scudéri et à sa sœur.

Scudéri naquit en 1601. Il commença par avoir un régiment dans la guerre du Piémont ; puis *il s'amusa* à faire des pièces de théâtre : d'abord, *Lygdamont et Lydias ou la Ressemblance*, puis *le Trompeur puni ou l'Histoire septentrionale ;* tout cela tiré de l'*Astrée.*

Il avait fait faire son portrait avec un justaucorps de buffle et graver ces mots à l'entour :

Et poëte et guerrier,
Il aura du laurier.

On en fit une caricature, et, aux deux vers que nous venons de citer, on substitua ceux-ci :

Et poëte et gascon,
Il aura du bâton

Il avait donné une édition des Œuvres de Théophile, qui était son auteur de prédilection, et il avait mis dans la préface :

« Je ne fais pas difficulté de publier que tous les morts ou tous les vivants n'ont rien qui puisse approcher des forces de ce vigoureux génie, et si, parmi les derniers, il se rencontre quelque extravagant qui juge que j'offense sa gloire imaginaire, pour lui montrer que je le crains autant que je l'estime, je veux qu'il sache que je m'appelle DE SCUDÉRI. »

Scudéri avait, comme on voit, le courage de ses opinions. Il était de ceux — et l'on doit pardonner à ceux-là : l'encens de la flatterie leur tournait la tête — il était de ceux, disons-nous, qui croyaient fermement deux choses : c'est que leurs arrêts en littérature étaient sans appel, et que le monde gravitait autour d'eux.

Écrivant une lettre à la louange d'un de ses amis, Scudéri disait en commençant :

« Si je me connais en vers, et je pense m'y connaître... »

Et, en terminant :

« C'est mon avis, je le soutiens, je le maintiens, et je signe : DE SCUDÉRI. »

A la suite d'un catalogue de ses ouvrages, il écrivait :

« Et, à moins que les puissances souveraines ne me l'ordonnent, je ne travaillerai plus à l'avenir. »

Dans une lettre à sa sœur, il disait :

« Vous êtes mon seul renfort dans les débris de ma maison. »

De son côté, mademoiselle de Scudéri, comme s'il se fût agi du bouleversement de l'empire grec, ne manquait jamais de dire : « Depuis le renversement de notre maison... »

Madame d'Aiguillon voulut faire donner à Scudéri la lieutenance d'une galère ; mais lui refusa, disant que, dans sa maison, il n'y avait jamais eu que des capitaines.

Il avait, en effet, consigné la chose dans ces quatre vers :

Moi qui suis fils d'un capitaine
Que la France estima jadis,
Je fais des desseins plus hardis ;
Ma Minerve est bien plus hautaine.

Scudéri, si bien partagé du côté de la famille et du côté du génie, avait fort peu de chance du côté de la fortune.

Une fois, cependant, il crut être sur le point de rentrer dans une dette de famille : un ami de son père, qui lui devait dix mille écus, lui écrivit de venir les toucher à Paris.

Scudéri et sa sœur partent du Havre; à Rouen, ils trouvent une personne de leur connaissance qui arrivait de Paris.

— Quelles nouvelles? demanda Scudéri.

— Ma foi, aucune... Ah! si fait : hier, un tel, se promenant parmi des milliers de gens sur le boulevard de la Tournelle, a été tué d'un coup de tonnerre!

Le mort était l'homme aux dix mille écus.

Par Philippe de Cospéan, évêque de Lisieux, dont nous avons dit quelques mots à propos des nymphes de Rambouillet, la marquise lui fit avoir le gouvernement de Notre-Dame-de-la-Garde, à Marseille. Au moment de délivrer les expéditions de cette charge, M. de Brienne écrivit à madame de Rambouillet qu'il était de dangereuse conséquence de donner ce gouvernement à un poëte qui avait fait des poésies pour l'hôtel de Bourgogne. Madame de Rambouillet répondit qu'elle avait trouvé, dans un ancien auteur, que Scipion l'Africain avait fait des tragédies.

— Oui, riposta M. de Brienne; mais il ne les a pas fait jouer à l'hôtel de Bourgogne.

Les expéditions n'en furent pas moins envoyées à madame de Rambouillet.

Scudéri partit donc pour Marseille, et s'installa à Notre-Dame-de-la-Garde.

Madame de Rambouillet disait de lui :

— Cet homme-là n'aurait pas voulu un gouvernement dans une vallée ; et il doit être magnifique à voir sur son donjon de Notre-Dame de la Garde, la tête dans les nues, regardant avec mépris tout ce qui est au-dessous de lui.

Parmi les aventures dont il était le héros, et qui flattaient sa vanité, en voici une que racontait Scudéri :

Un grand seigneur des Pays-Bas était venu le prier de vouloir bien lui faire trois stances, l'une sur le bleu, l'autre sur le vert, et la dernière sur le jaune; ce grand seigneur, amoureux d'une dame qui portait ces trois couleurs, avait pris la poste exprès pour venir lui demander cette grâce.

— Eh! monsieur, lui dit Scudéri, ne voulez-vous que trois stances ?

— Oui, monsieur de Scudéri.

— Trois, c'est bien peu ! laissez-moi faire au moins deux strophes sur chaque couleur.

— Non, monsieur, il ne me faut que trois stances.

Scudéri les fit, mais en grognant d'être restreint sur un si beau sujet.

Il va sans dire que Scudéri fut de l'Académie.

Mademoiselle de Scudéri se lan[illegible]a dans la carrière littéraire par les *Harangues des femmes illus[illegible]res* et l'*Illustre Bassa*. Elle mettait tout sous le nom de son fr[illegible], afin que cela se vendît mieux; car c'était lui qui ava[illegible] la réputation. Ce fut ainsi qu'elle fit *Cyrus* et *Clélie*.

Dans le monde des précieuses, elle [illegible]ait nom Sapho.

Tout cela, œuvres de la sœur, œuvre[illegible] du frère, se vendait fort bien; mais, par malheur, le frère, [illegible]omme chef de la communauté, touchait l'argent et en ach[illegible]it des tulipes.

La Carte du Tendre qui, d'après l'avis [illegible] Chapelain, fut mise dans la *Clélie*, était de mademoiselle [illegible] Scudéri.

Sapho avait pris le samedi pour demeur[illegible] chez elle; et ses soirées avaient un tel retentissement, qu[illegible] lorsqu'on disait : « Allez-vous aux samedis ? » on savait q[illegible] cela voulait dire : « Allez-vous chez mademoiselle de Scudéri ? »

Le grand rival de Scudéri était la Calprenède Ces deux illustres ne se pouvaient voir ni sentir : la Calpr[illegible]de était gascon ; Scudéri, gascon et demi. Et, cependant, l[illegible] premier était né au château de Toulgou, près de Sarlat, et le second au Havre.

La Calprenède s'appelait Gaultier de Costes de la Calprenède; il vint jeune à Paris et débuta par *la Mort de Mithridate*, qui fut imprimée en 1637.

Il racontait qu'il avait rimé malgré toute sa famille, et surtout malgré son père, lequel trouvait que c'était déchoir à un la Calprenède que de se faire poëte.

— Un jour que mon père me trouva faisant des vers, dit-il, il fut si indigné, qu'il prit un pot de chambre et me le jeta à la tête.

— C'est de là que vous avez la tête fêlée? demanda l'ami auquel il racontait l'anecdote.

— Non, répondit le poëte; car j'évitai le projectile, qui alla donner contre la muraille.

— Alors, ce fut le pot de chambre qui fut cassé?

— Apprenez, mon cher, repartit la Calprenède, qu'au château de mon père, tous les pots de chambre sont d'argent.

En fait de romans, il publia d'abord *Cassandre*, où la plupart des héroïnes sont veuves, parce qu'il était amoureux d'une veuve; puis *Cléopâtre*, dont il eut idée de faire la plus honnête femme de la terre; le premier n'avait que dix volumes, le second en eut vingt.

Il allait, d'habitude, chez une madame Bonté; il y rencontra une petite veuve appelée madame de Brac : celle-ci était folle de ses romans et avait quelque bien. Elle l'épousa à la condition qu'il finirait la *Cléopâtre* : la clause fut mise au contrat.

C'était le plus grand hâbleur du monde. Un jour qu'il allait par les rues avec Sarrasin, il voit passer un cavalier, et se met à crier :

— Faut-il qué jé suis malhurux! faut-il qué jé suis malhurux!

— Qu'y a-t-il donc ? lui demande Sarrasin, et quelle mouche vous pique ?

— J'avais fé serment dé tuer cé couquin la prémière fois qué jé lé rencontrerais.

— Eh bien, dit Sarrasin, l'occasion est belle, puisque le voici.

— Oui ; mais, par malhur, j'allé hier à confessé et jé promis à mon confessur dé lé laisser encore un pu dé temps !

Sarrasin disait :

— Que voulez-vous ! il a tant donné de cœur à ses héros, qu'il n'en a pas gardé pour lui.

Quelques jours après son mariage, la Calprenède, étant allé faire visite à Scarron, lui dit tout en causant :

— Jé laissé un hommé en bas ; jé vous prié, Scarron, faités monter cet hommé.

Puis, comme Scarron allait donner l'ordre :

— Non, non, reprit-il, c'est inutile, n'en faites rien.

Ce qui ne l'empêchait pas d'ajouter un instant après :

— Cependant, jé crois qu'il sérait mieux de fairé monter cé pauvre hommé.

— Voyons, dit Scarron, vous voulez me faire entendre que vous avez en bas un gentilhomme de votre suite ? C'est bon, je me le tiens pour dit.

Après *Cassandre* et *Cléopâtre*, la Calprenède fit imprimer un roman de *Pharamond* qu'il signa : « Gaultier de Costes, chevalier, seigneur de la Calprenède Toulgou, Saint-Jean de Livet et Vatimesnil. »

Quant à Sarrasin, que nous venons d'apercevoir allant par les rues avec lui, et qui était aussi un des beaux esprits du temps, c'était le fils d'un trésorier de France en la ville de Caen. Quoiques a naissance fût médiocre, il vint à Paris jouant l'homme de grande famille, et fit connaissance de mademoiselle Paulet, qui le présenta partout comme un homme de bon lieu et fort à son aise.

Il est vrai qu'il avait un carrosse ; « mais ses chevaux, dit Tallemant des Réaux, étaient les plus mal nourris de France. »

Lors de la guerre de Paris, le coadjuteur fit tant par le moyen de madame de Longueville, que le prince de Conti prit Sarrasin pour secrétaire. Celui-ci resta chez le prince jusqu'à sa mort — mort tragique, du reste, car il fut, dit-on, empoisonné par un Catalan qui le soupçonnait d'être l'amant de sa femme. — Ce qui rend la chose probable, c'est que la femme du Catalan mourut le même jour, à la même heure et de la même maladie.

XV

Pendant tout ce temps, devinez ce qu'avait fait le roi.

Il était devenu amoureux !

Oh ! mais rassurez-vous ; amoureux comme pouvait l'être le roi. Christine de Suède disait de lui que, des femmes, il n'aimait que l'espèce.

Au reste, avec son caractère triste et ennuyé, Louis XIII ne pouvait se passer ou d'une maîtresse ou d'un favori ; seulement, tout au contraire de Properce, il était plus jaloux de Gallus que de Cynthie.

Et de qui le roi était-il devenu amoureux ?

Excusons-le, s'il a besoin d'excuse : d'une personne charmante, de mademoiselle Louise de la Fayette, cinquième fille de Jean de la Fayette, seigneur de Hautefeuille, et de Marguerite de Bourbon-Busset.

Ce fut pendant le voyage que la reine fit à Lyon, en 1630, que cette passion prit naissance. Bassompierre raconte qu'étant allé, à propos de la campagne, prendre les ordres de Sa Majesté, il trouva, à son grand étonnement, le roi parmi les dames, et, contre sa coutume, galant et amoureux.

Mademoiselle de la Fayette, qui avait eu sous les yeux des exemples du peu de constance de la faveur royale, comprit qu'elle ne devait pas appuyer son avenir sur cette constance, et ne s'occupa que de distraire Sa Majesté, afin de ne faire aucun ombrage à la politique de M. de Richelieu.

Malheureusement, elle se trouva sur la route du père Joseph.

Le célèbre capucin avait remarqué la haine que le roi portait à son ministre, et, d'un génie presque égal à celui de Richelieu, il s'était dit que, si Richelieu tombait en le laissant debout, ce serait sur lui, Joseph, que s'appuierait ce roi faible et qui ne pouvait marcher sans soutien.

Mais il lui fallait d'abord être cardinal pour aller de pair avec celui qui avait été son maître. Dans l'espoir d'en arriver là, il offrit au pape Urbain VIII de faire conclure la paix avec la maison d'Autriche, et d'établir par le traité, sinon une supériorité des catholiques sur les protestants, au moins une complète égalité entre eux. Ces ouvertures flattaient le pape, qui y voyait un moyen d'agrandir la maison Barberini, dont il était.

Seulement, le père Joseph avait besoin d'une recommandation du roi. Comment obtenir cette recommandation?

L'éminence grise songea tout naturellement à mademoiselle de la Fayette, qui était quelque peu sa parente. On fit envisager à la pauvre enfant que servir les projets du père Joseph contre ceux du cardinal, c'était rendre la paix à la France; si elle réussissait, elle serait l'ange béni de toute l'Europe. Mademoiselle de la Fayette vit une mission providentielle à remplir, elle s'y dévoua au nom de l'humanité.

Le roi fut tout étonné qu'un jour — pour la première fois — mademoiselle de la Fayette lui parlât politique. Il voulut changer la conversation; mais mademoiselle de la Fayette y revint obstinément. De son côté, le père Joseph commença de démasquer ses batteries et de tirer à boulets rouges sur le cardinal.

Le faible Louis XIII vit une conspiration dans cette harmonie de sentiments politiques du capucin avec sa maîtresse, et, selon son habitude, il alla tout dire à Richelieu.

Richelieu se sentit trahi par son bras droit; il fit venir le père Joseph, lui reprocha sa perfidie, se mit à la traverse de ses projets, et résolut d'éloigner mademoiselle de la Fayette.

C'était contrecarrer les inclinations du roi, c'était briser son bonheur privé aux dépens de ses projets politiques, c'était une nouvelle lutte à entreprendre; mais Richelieu savait comment on sortait de ces sortes de luttes, et le passé lui répondait de l'avenir.

Il s'adressa au confesseur de mademoiselle de la Fayette, au père Carré, qui bientôt commença de prêcher la retraite à sa jolie pénitente, lui expliquant combien, loin du monde, son âme trouverait une voie facile pour monter au ciel.

Mademoiselle de la Fayette fit part au roi des insinuations du père Carré.

— Bon! dit le roi, je le connais, le bon père : il est un de ces sots que l'on gagne aisément dès qu'on leur dore une chapelle.

Le père Carré perdit donc son éloquence, ou peut-être cessa-t-il de la prodiguer inutilement, la chapelle du saint étant dorée.

Richelieu avisa.

Le roi avait tiré de sa garde-robe et fait l'un de ses premiers valets de chambre un nommé Boizenval : le cardinal fit venir cet homme, et le menaça de toute sa colère s'il ne se faisait pas son espion près du roi et de mademoiselle de la Fayette.

Boizenval, en sa qualité de valet de chambre, savait lequel, de Louis XIII ou de Richelieu, était le véritable roi : il se donna corps et âme au cardinal, s'obligeant non-seulement à lui rapporter les paroles et les actions des deux amants, mais encore à lui donner connaissance des lettres et des billets qu'ils s'écriraient.

Il exécuta fidèlement sa promesse : à partir de ce moment, Richelieu se trouva littéralement en tiers avec les deux jeunes gens.

Malheureusement, le cardinal alla trop loin ; il ne se contenta pas de savoir ce qui se disait dans le tête-à-tête, de lire ce qui s'écrivait pendant l'absence, il supprima certains billets, il en altéra d'autres ; de sorte qu'il y eut brouille, mais, à la suite de la brouille, explication.

L'explication amena la découverte de la vérité. Boizenval fut chassé.

Mademoiselle de la Fayette sentit alors de quel poids pesait l'inquisition du cardinal, et, d'elle-même, elle commença à parler de la retraite. Elle y était portée par un double sentiment : la piété d'abord, et ensuite le dégoût que lui inspirait la faiblesse du roi.

Il ne fallait donc que quelques instances nouvelles pour déterminer cette Madeleine sans péché à quitter le monde. Ces instances, on les fit faire par la marquise de Senneçoy, première dame d'honneur de la reine, amie de mademoiselle de la Fayette, et par l'évêque de Limoges, son oncle.

Quant au père Joseph, il était malade et retiré au couvent des capucins. Dieu l'avait puni : depuis la trahison qu'il avait commise envers son patron, sa santé s'était toute dérangée, et il ne se remit jamais bien.

Mademoiselle de la Fayette se décida donc à plier sous le vent qui la poussait vers ce qu'on appelait le port, c'est-à-dire vers le couvent de la Visitation.

Elle y entra au commencement du mois de mars de l'an 1637.

Cependant le roi continua d'aller la voir.

C'est à ces visites au couvent de la Visitation qu'il faut rattacher la naissance du roi Louis XIV.

Touchez du bout des doigts à ce mystère de la naissance du grand roi : l'histoire brûle.

Le 5 décembre 1637, le roi alla faire au couvent de la Visitation une visite à sœur Angélique. — Sœur Angélique était le nom que portait mademoiselle de la Fayette, depuis qu'elle s'était retirée du monde. — Une des prérogatives attachées au titre de roi, de reine ou d'enfant de France, était d'avoir accès dans tous les couvents et de converser librement avec les religieuses : le roi Louis XIII conversa donc librement avec sœur Angélique.

Ce qui fut dit dans cette conversation, nul ne le sut jamais; mais ce que l'on sait, c'est qu'en sortant du couvent, le roi paraissait fort pensif.

Il faisait, en outre, une affreuse tempête mêlée de pluie et de grêle, une obscurité à ne pas voir à quatre pas devant soi.

On était venu de Grosbois; — car, depuis longtemps, le roi n'allait plus au Louvre, et n'avait plus aucun rapport avec la reine. — Le cocher demanda si l'on retournait à Grosbois. Louis XIII alors parut faire un grand effort sur lui-même, et, après un instant de silence :

— Non, dit-il, nous allons au Louvre.

Et le cocher prit rapidement le chemin du palais, enchanté qu'il était de n'avoir pas quatre lieues à faire par un temps pareil.

On arriva au Louvre.

A la vue de son époux, la reine se leva avec un étonnement réel ou simulé. Elle salua respectueusement Louis XIII; Louis XIII alla vers elle, lui baisa la main, et, d'une voix contrainte ou simplement embarrassée :

— Madame, lui dit-il, il fait si mauvais temps, que je ne

puis retourner à Grosbois. Je viens donc vous demander un souper pour ce soir et un gîte pour cette nuit.

— Ce me sera un grand honneur et une grande joie d'offrir l'un et l'autre à Votre Majesté, dit la reine, et je remercie Dieu maintenant de cette tempête, qui m'a tant effrayée tout à l'heure.

Ainsi Louis XIII, pendant cette nuit du 5 décembre 1637, partagea non-seulement le souper, mais encore la couche d'Anne d'Autriche.

Le lendemain matin, il partit pour Grosbois.

Était-ce le hasard qui avait amené ce rapprochement entre le mari et la femme? La tempête avait-elle véritablement conduit Louis XIII au Louvre, ou mademoiselle de la Fayette avait-elle usé de son influence pour le pousser dans le lit de sa femme? La chose était-elle convenue d'avance entre Anne d'Autriche et sœur Angélique, et avait-on, en termes de magie blanche, fait prendre à Louis XIII la carte forcée?

Quoi qu'il en soit, cette nuit fut une nuit mémorable pour la France et même pour l'Europe; car, neuf mois après, heure pour heure, Louis XIV devait venir au monde.

La reine s'aperçut bientôt qu'elle était enceinte, et, cependant, elle ne parla de cette grossesse que le 11 mai 1638 : elle venait de sentir remuer l'enfant. A qui en parla-t-elle? A M. de Chavigny d'abord. — M. de Chavigny était ministre d'État, et, néanmoins, chose singulière, la reine avait toujours eu à se louer de lui. Elle crut donc devoir le favoriser le premier de cette confidence.

M. de Chavigny s'achemina vers l'appartement du roi. — Le roi, par hasard, était au Louvre.

Sa Majesté allait partir pour la chasse au vol; aussi, craignant d'être retardée par son ministre, son premier mouvement fut-il de froncer le sourcil.

— Eh! qu'avez-vous à me dire, monsieur? demanda

Louis XIII. Affaire d'État? Cela ne me regarde point : cela regarde le cardinal.

— Sire, dit M. de Chavigny, je viens vous demander la grâce d'un pauvre prisonnier.

— La grâce d'un prisonnier? répéta le roi. Cela ne me regarde pas, monsieur de Chavigny : cela regarde le cardinal. Demandez-lui donc cette grâce ; car ce prisonnier doit être son ennemi et, par conséquent, le nôtre.

Et, faisant un mouvement vers la porte, il indiqua à ceux qui devaient l'accompagner qu'il les invitait à le suivre.

— Sire, dit Chavigny insistant, la reine avait pensé qu'en faveur de la nouvelle que je vous apporte, Votre Majesté ferait quelque chose pour son protégé.

Ce protégé, c'était le pauvre La Porte, tenu en prison pour crime de fidélité ; — La Porte, vous vous rappelez, cher lecteur, celui qui veillait dans les corridors, tandis que madame de Chevreuse introduisait Buckingham chez la reine.

— Et quelle nouvelle m'apportez-vous? demanda le roi.

— La nouvelle que la reine est enceinte, sire, répondit Chavigny.

— La reine enceinte ! s'écria le roi. Si la reine est enceinte, ce doit être de la nuit du 5 décembre.

Louis XIII n'était point un monarque avec lequel il pût y avoir de confusion.

— Je ne sais de quelle nuit, sire, reprit Chavigny ; mais ce que je sais, c'est que Dieu, dans sa miséricorde, a regardé le royaume de France et a fait cesser la stérilité qui nous affligeait tous.

— Êtes-vous bien sûr de ce que vous me dites là, Chavigny? demanda le roi.

— Aujourd'hui même, sire, la reine a senti remuer l'enfant, et, comme il paraît que Votre Majesté lui a promis, le cas échéant, de lui accorder la grâce qu'elle lui demanderait elle vous demande, sire, de faire sortir de la Bastille La Porte, son ancien valet de chambre.

— C'est bon, c'est bon, dit le roi; si nous avons promis, nous tiendrons notre promesse.

Puis, se tournant vers les seigneurs de sa suite :

— Messieurs, dit-il, ce n'est qu'un petit retard pour notre chasse ; allez m'attendre en bas, tandis que, moi et Chavigny, nous passerons chez la reine.

Les courtisans sortirent tout joyeux. Le roi et Chavigny passèrent chez la reine.

La reine était dans son oratoire ; le roi y entra seul : Chavigny resta dans la pièce attenante.

Au bout de dix minutes, le roi sortit ; il avait le visage tout radieux.

— Chavigny, dit-il, c'était vrai. Dieu veuille, maintenant, que ce soit un dauphin !... Ah ! comme vous enrageriez, mon cher frère !

— Et La Porte, sire? demanda Chavigny.

— Il sortira demain de la Bastille, mais à la condition qu'il se retirera à Saumur.

Le lendemain, 12 mai, M. Leyras, secrétaire des commandements de la reine, se présenta à la Bastille, accompagné d'un commis de M. de Chavigny ; il fit signer à La Porte la promesse de se retirer à Saumur ; La Porte signa, et, le 13 au matin, il fut mis en liberté.

Ainsi le premier mouvement de Louis XIV dans le sein de sa mère ouvrit les portes de la Bastille à un innocent.

Nous venons de raconter les nouvelles officielles ; à présent, rapportons les cancans de la chronique privée.

Il est inutile de dire que mille bruits étranges se répandirent sur cette conception inattendue, venant vingt-deux ans après le mariage, dix-sept ans après sa consommation.

On assurait que la reine avait été parfaitement convaincue que la stérilité qu'on lui reprochait ne venait point d'elle :

ainsi, outre une première fausse couche qu'elle avait faite, en 1624, pour avoir sauté un fossé en courant, avec madame de Chevreuse, à travers les prairies de Saint-Cloud, elle se serait aperçue, vers l'année 1636, qu'elle était enceinte, mais trop tard pour que le roi pût prendre date. Cette grossesse, disait-on, avait été heureusement cachée au roi.

Là est peut-être la clef de ce grand mystère qui a préoccupé tout le XVIIIe siècle, le mot de cette énigme qu'on appela l'*homme au masque de fer*. La disparition de ce premier enfant, qui, selon les mêmes bruits, aurait été un garçon, avait donné de graves regrets à Anne d'Autriche, d'abord comme mère, ensuite comme reine : le roi, plus malade de jour en jour, pouvait mourir tout à coup, et la reine se trouvait, veuve, exposée à la vieille haine de Richelieu.

Or, nous l'avons vu, Richelieu s'était donné la peine de dire lui-même à Anne d'Autriche ce qu'il fallait faire pour éviter ce désagrément.

Aussi, à peine — disait-on toujours — s'aperçut-elle de sa troisième grossesse, qu'elle résolut d'en tirer parti en faisant accroire à Louis XIII qu'il y était intéressé, et en utilisant le fruit de cette grossesse, si c'était un garçon, comme héritier présomptif de la couronne.

La scène qui se serait passée au couvent de la Visitation, et que nous avons racontée, n'aurait été, dans ce cas, que le prologue d'une pièce déjà faite.

Des indiscrétions verbales et même *écrites* du vieux Guitaut, capitaine des gardes de la reine, corroborèrent ces bruits. M. de Guitaut avait raconté que, pendant cette mémorable soirée du 5 décembre, ce n'était pas le roi qui avait eu l'idée d'aller au Louvre, mais bien la reine qui l'avait envoyé chercher deux fois au couvent de la Visitation. Ainsi, ce serait de guerre lasse, et non pas de sa propre volonté, que Louis XIII se serait rendu au Louvre.

Quant au père de l'enfant, on indiquait d'un accord unanime le cardinal de Mazarin. Et cela devint par la suite d'autant plus vraisemblable que, Louis XIII mort, Mazarin se maria presque aussi ostensiblement avec Anne d'Autriche que, Marie-Thérèse morte, Louis XIV se maria avec madame de Maintenon. On sait qu'aucune loi canonique ne s'opposait à ce mariage, Mazarin étant cardinal, mais n'étant pas prêtre.

Il était d'habitude, à cette époque, de faire tirer l'horoscope des enfants royaux; Richelieu, plus intéressé que personne à savoir quelle serait la destinée de celui que Anne portait dans son sein, avait déclaré qu'il ne connaissait qu'un homme capable de révéler d'une façon infaillible les mystères de l'avenir : cet homme, c'était un jacobin espagnol nommé Campanella. On s'informa de ce qu'était devenu le susdit Campanella : il avait quitté la France.

Le cardinal fit prendre des renseignements sur lui; il apprit que Campanella, ayant eu maille à partir avec l'inquisition italienne, était prisonnier du saint-office et attendait son jugement dans les cachots de Milan.

Richelieu demanda sa liberté avec tant d'instances, qu'elle lui fut accordée. Il était temps : le pauvre jacobin sentait passablement le roussi!

C'était la seconde personne que Louis XIV faisait sortir de prison avant d'être venu au monde.

On sut que Campanella était acheminé vers la France; la reine n'avait donc plus qu'à accoucher.

Ce fut le dimanche 5 septembre, vers cinq heures du matin, que le roi fut averti, par la demoiselle Filandre, que la reine, qui, depuis la veille à onze heures du soir, était dans les douleurs de l'enfantement, allait probablement être délivrée.

Il se rendit près d'elle.

A onze heures et demie du matin, la sage-femme annonça que le royaume de France ne tomberait pas, cette fois encore, en quenouille, la reine étant accouchée d'un garçon.

Louis XIII prit à l'instant même des mains de la sage-femme l'enfant tel qu'il était, et alla à la fenêtre, en criant aux gens qui étaient rassemblés sous le balcon :

— Un fils, messieurs! un fils!

Cela se passait au château de Saint-Germain.

Cinq minutes après, on savait la nouvelle à Paris, des télégraphes ayant été disposés tout le long de la route.

Le cardinal était à Saint-Quentin lorsque arriva l'heureux événement; il écrivit au roi pour le féliciter, et l'invita à nommer le dauphin *Théodose*, c'est-à-dire *Dieudonné*. Le roi ne fit point la guerre à la mauvaise intention; seulement, il décida que le dauphin s'appellerait Louis.

Par le même courrier, Richelieu félicitait la reine; mais sa lettre était courte et froide. « Les grandes joies ne parlent point, » disait-il.

Le lendemain même de l'accouchement de la reine, Campanella était à Saint-Germain. Il demanda de retarder l'horoscope jusqu'à l'arrivée du cardinal.

Le cardinal arriva.

Campanella, comprenant quelle immense responsabilité il allait assumer sur lui, aurait bien voulu gagner encore du temps; mais Richelieu lui fit entendre qu'il ne l'avait pas tiré pour rien des prisons de Milan.

On prit donc jour et heure.

Le jour et l'heure arrivés, on introduisit Campanella près du dauphin; il lui fit ôter jusqu'à la chemise et l'étudia attentivement; puis, l'ayant fait rhabiller, il s'en revint chez lui pour tirer ses pronostics.

Au bout de trois heures, la reine, désireuse de savoir l'avenir qui attendait son fils, envoya chercher l'astrologue.

Campanella revint; il prétendit que les observations faites par lui sur le corps de l'enfant royal n'étaient point suffisantes; il le fit déshabiller de nouveau, et l'examina une seconde fois.

Enfin, pressé de formuler sa prédiction, il répondit en latin :

— Cet enfant sera luxurieux comme Henri IV... Il sera

très-fier... Il règnera longtemps et péniblement... Sa fin sera misérable et amènera une grande confusion dans la religion et dans le royaume.

L'ambassadeur de Suède Grotius écrivait à Oxenstiern, le douzième jour de la naissance du dauphin :

« Le dauphin a déjà changé trois fois de nourrice; car non-seulement il tarit leur sein, mais encore il le déchire.

» Que les voisins de la France prennent garde à une si précoce rapacité! »

L'horoscope de Campanella s'accomplit.

Les craintes de Grotius se réalisèrent...

Pour suivre jusqu'au bout l'influence de mademoiselle de la Fayette sur les destinées de la France, nous avons sauté par-dessus l'échafaud du duc de Montmorency.

On a vu comment Monsieur s'était tiré de l'affaire Chalais : au lieu d'y perdre quelque chose, il y avait, au contraire, gagné le titre de duc d'Orléans, de Chartres, de Montpensier et de Châtellerault; le titre de comte de Blois; le titre de prince de Dombes et de la Roche-sur-Yon, etc., etc,; plus, un apanage d'un million donné par le roi, et quatre cent mille livres de rente apportées par sa femme.

Il voulait savoir si, par le même moyen, il ne pourrait pas doubler tout cela.

Donc, il s'éveilla un beau matin, tout ému du traitement que le cardinal faisait subir à Marie de Médicis — prisonnière, ou à peu près — fit demander les pierreries de sa femme pour les convertir en argent, disposa toutes choses pour quitter l'hôtel de Bellegarde, où il était logé, et, suivi de quinze gentilshommes, il alla frapper à la porte du Palais-Royal.

Le cardinal, étonné de la visite du prince, s'avança au-devant de lui jusque dans les antichambres.

— Monsieur, lui dit le duc, je suis venu pour vous dire que je ne pouvais ni ne voulais plus rester votre ami. Je quitte Paris, et me retire dans mon apanage, où je saurai me défendre, sachez cela, monsieur!

Et, laissant le cardinal tout stupéfait de cette boutade, il monta en voiture et partit, en effet, pour Orléans.

Arrivé là, Gaston envoya de tous côtés des agents pour recruter une armée; ces agents revinrent avec une vingtaine d'hommes : c'était juste ce qu'il fallait pour faire tomber vingt têtes en Grève.

En même temps, le bruit courait que le roi en personne allait marcher sur Orléans.

On conseilla à Gaston, ou de faire la paix — chose facile, car le roi la proposait lui-même — ou de sortir du royaume.

Les conditions de la paix n'étaient point assez brillantes pour être acceptées par le duc d'Orléans : il pensa qu'étant plus coupable, il obtiendrait des conditions plus avantageuses, et prit le parti de quitter la France.

Il se mit en route, escorté par une petite troupe de seigneurs des meilleures familles; cette petite troupe était commandée par le comte de Moret, fils naturel de Henri IV, et par Louis de Gouffier, comte de Roanne.

En traversant le pays, on criait : « Vive Monsieur! vive la liberté du peuple! » Il ne se fit aucun soulèvement, et cela, pour deux raisons : le peuple savait déjà ce qu'était Monsieur, il ne savait pas encore ce que c'était que la liberté.

Au reste, toutes les villes de la Bourgogne se fermaient devant le prince rebelle; il n'y eut que Seurre qui lui ouvrit ses portes, parce que Seurre appartenait au duc de Bellegarde, et que le duc de Bellegarde ne se crut pas le droit d'interdire à un fils de France l'entrée d'une ville qui était sienne.

Là, il fut rejoint par le duc d'Elbeuf et par le comte et la comtesse du Fargis.

Mais Gaston ne fit à Seurre qu'une halte d'un instant et se retira en Lorraine.

Le roi marchait, pour ainsi dire, sur les talons de son frère : il arriva derrière lui à Seurre, y mit garnison, et, le

31 mars 1631, lança un édit par lequel tous ceux qui avaient accompagné le duc d'Orléans, et particulièrement le comte de Moret, les ducs d'Elbeuf, de Bellegarde et de Roanne, le président Lecoupieux et M. de Puylaurens étaient déclarés coupables de haute trahison.

Lorsque Gaston eut passé la frontière, et que son intention de s'établir hors de France ne fut plus douteuse, le roi revint à Fontainebleau.

Il y avait à peine quelques mois que ces faits s'étaient accomplis, lorsqu'on apprit à la cour que, par une belle soirée d'été — c'était le 18 juillet — un carrosse à six chevaux était sorti de Compiègne vers dix heures du soir; qu'à la même heure, une dame accompagnée d'un gentilhomme s'était fait ouvrir une porte du château donnant sur le rempart, dans le but apparent d'aller prendre le frais; que le carrosse avait passé l'Oise sur un bac, et que la dame sortie du château n'y était pas rentrée.

C'est-à-dire que la reine mère s'était enfuie pour aller rejoindre son second fils hors de France.

Onze ans après, l'année même où mourait Richelieu, un an avant que mourût Louis XIII, elle expirait, misérable et manquant de tout, dans la maison de son peintre Rubens, à Cologne.

Quant à Gaston d'Orléans, qui faisait mourir les autres dans l'exil, il n'était pas si fou que d'y mourir lui-même.

Son affaire avait perdu beaucoup de son importance. Chassé des États envahis du duc de Lorraine, il était poursuivi, par le maréchal de la Force, en France, où il était rentré; sa présence remuait les provinces, mais ne les soulevait point. Langres lui avait fermé ses portes, le canon de Dijon avait tiré sur lui; il avait traversé la Loire à Moulins, était entré dans le Bourbonnais, et avait pénétré jusque dans l'Auvergne, lorsque, tout à coup, on apprit, avec un étonnement mêlé de douleur, que le duc Henri de Montmorency venait de se rallier à son parti et avait soulevé tout le Languedoc en sa faveur.

Nous avons dit : « Avec un étonnement mêlé de douleur ; » en effet, le duc de Montmorency était fort aimé, et l'on savait déjà ce que risquaient les insensés qui embrassaient la cause de Gaston d'Orléans.

Expliquons en quelques mots ce qu'était le dernier duc de Montmorency, et tâchons surtout de le montrer à nos lecteurs sous son vrai jour, et non pas tel que le montrent les historiens.

Henri II, duc de Montmorency, était né à Chantilly le 30 avril 1595 ; il avait donc trente-deux ans à peine, lorsqu'il prit parti pour le duc d'Orléans. Quoiqu'il eût les yeux de travers, il était d'agréable mine, et, quoiqu'il eût la langue embarrassée, il avait le geste si gracieux, que l'on cessait d'écouter ses paroles pour ne plus voir que sa pantomime. Souvent il commençait un compliment ou un récit et s'arrêtait à mi-chemin. La première fois qu'il parut chez madame de Rambouillet, il s'embarrassa tellement, que ce fut le cardinal de la Valette qui, venant à son secours, acheva la phrase commencée ; mais, pendant ce temps-là même, le duc continua si bien d'accompagner du geste ce que disait le cardinal, qu'il eut tous les honneurs du compliment, quoique ce fût un autre qui l'eût fait.

— Jésus ! s'écria le duc de Candale, fils aîné de M. d'Epernon, que cet homme est donc heureux d'avoir des bras !

En outre, M. de Montmorency était riche, brave, galant, libéral, dansait à merveille, était très-bien à cheval, avait des gens d'esprit à ses gages, faisait faire ses vers par Théophile et Mairet, donnait beaucoup aux pauvres, étant ami de tout le monde et adoré de ceux qui l'approchaient.

Un jour, il entend dans un salon un gentilhomme qui disait :

— Si je trouvais vingt mille écus à emprunter, ma fortune serait faite.

Il le tire à part.

— Venez chez moi demain, monsieur, dit-il ; j'ai à vous parler.

Le gentilhomme se rend à l'invitation et trouve les vingt mille écus comptés sur une table.

Un an après, ce gentilhomme, enrichi, les lui rapporte.

— Gardez, dit le duc ; les Montmorency ne prêtent pas : ils donnent.

L'autre insistant :

— Monsieur, ajouta-t-il, je suis récompensé par le plaisir que j'ai à voir un gentilhomme tenir sa parole ; gardez les vingt mille écus ; vous me désobligeriez en me forçant à les reprendre.

Il envoya un jour à la marquise de Sablé, dont il était l'amant, une donation de quarante mille livres de rente en fonds de terre ; mais elle la lui renvoya, et, plus sévère sur ce point que le gentilhomme aux vingt mille écus, rien ne put la lui faire accepter.

Une femme qui refuse une donation de quarante mille livres de rente mérite bien qu'on s'occupe d'elle un instant ; nous reviendrons tout à l'heure à M. de Montmorency.

Madeleine de Souvray, femme de Philippe-Emmanuel de Laval, marquis de Sablé, était fille du maréchal de Souvray, qui avait été gouverneur de Louis XIII. Elle était fort jeune lorsqu'elle vit pour la première fois M. de Montmorency, qu'elle aima passionnément. Il obtint d'elle un rendez-vous. Ce rendez-vous était donné dans une salle basse ; au lieu d'entrer par la porte, le duc, avec une agilité qui n'appartenait qu'à lui, bondit par la fenêtre : à partir de ce moment, elle fut prise et garda cet amour à peu près toute sa vie.

Par malheur, M. de Montmorency était loin d'être aussi sentimental que sa maîtresse, et cette dissemblance dans le caractère amenait des refroidissements entre eux.

Un jour que le duc revenait de son gouvernement du Languedoc, madame de Sablé envoya un gentilhomme au-devant de lui à une demi-journée, pour lui témoigner toute l'impatience où elle était qu'il fût près d'elle.

Le gentilhomme trouva le duc et revint en disant :

— Madame, monseigneur n'est pas moins impatient que vous.

— Mais où est-il ?

— Il va venir.

— Pourquoi donc n'est-il pas venu tout de suite ?

— Madame, le lieu où il s'est arrêté pour dîner n'avait que de mauvaises auberges mal approvisionnées ; de sorte qu'il a été contraint d'envoyer chercher deux perdrix, qu'il les a fait plumer en sa présence, qu'il les a vues rôtir, et les a mangées de grand appétit.

Cela ne parut point à madame de Sablé une grande marque d'impatience, et, quoique le maréchal arrivât sur ces entrefaites, elle fut si piquée de son peu d'empressement, qu'elle s'enferma chez elle et ne le voulut point voir.

Elle était fort jalouse de M. de Montmorency, et il faut avouer qu'il y avait de quoi, car le duc était fort coquet ; seulement, elle était jalouse à tort et à travers. Un jour, elle lui reprocha d'avoir dansé au bal de la cour, et d'avoir choisi les plus belles danseuses.

— Eh ! madame, lui demanda M. de Montmorency, vouliez-vous donc que je choisisse les plus laides ?

— Certainement, monsieur, répondit-elle ; c'était votre devoir.

Après l'exécution du pauvre maréchal, elle devint une des plus grandes visionnaires du monde, surtout à l'endroit de la mort ; plusieurs fois elle tomba malade de frayeur en entendant dire que la sœur, le frère ou la tante de celui ou de celle qui parlait avait eu la rougeole ou simplement la fièvre.

Comme Mademoiselle avait la petite vérole, M. de Nemours alla visiter la marquise.

Dès qu'elle le vit, elle lui demanda :

— Ah ! monseigneur, n'avez-vous point été assez imprudent pour aller chez Mademoiselle ?

— Justement, répondit-il.

— Je parie que vous y êtes monté? s'écria la marquise pâlissant.

— Sans doute; je voulais parler à quelqu'un.

— Et que vous êtes entré dans sa chambre?

— Non; une de ses femmes est venue au-devant de moi.

— Et vous avez parlé à cette femme?

— Je montais pour cela.

— Oh! sauvez-vous, monsieur de Nemours! sauvez-vous!

Le duc s'en va. Dix minutes après, madame de Longueville arrive et trouve la chambre pleine de fumée : madame de Sablé y avait brûlé tout ce qui peut chasser le mauvais air.

Madame de Longueville voulait parler; mais la marquise n'écouta pas un mot de ce qu'elle disait, répétant sans cesse :

— Avez-vous vu un homme aussi imprudent que M. de Nemours!

Quand il s'agissait de la saigner, c'était bien une autre histoire : elle faisait d'abord conduire le chirurgien dans le lieu de la maison le plus éloigné de celui où elle couchait; là, on donnait au praticien un bonnet et une robe de chambre, s'il avait un aide, on donnait à l'aide un pourpoint; tout cela, de peur qu'ils ne lui apportassent le mauvais air.

Un jour qu'elle était chez la maréchale de Guébriant, rue de Seine, près de l'hôtel Liancourt :

— Ah! dit-elle, ne vous étonnez pas que je reste si longtemps; je suis empêchée de m'en retourner.

— Et pourquoi cela?

— J'ai vu sur le pont Neuf un petit garçon qui a eu depuis peu la petite vérole; il demande l'aumône : en le chassant, mes gens pourraient gagner le mal.

— Mais, alors, pourquoi ne vous en allez-vous point par le pont Rouge?

— Ah bien, oui! la dernière fois que j'y suis passée, je l'ai entendu qui craquait!

Elle se décida enfin à s'en aller par le pont Rouge, craignant moins encore la chute du pont que la petite vérole.

Il fut question de peste à Paris ; alors, la terreur de la marquise n'eut plus de bornes : elle crut avoir besoin d'une consultation, se sentant déjà malade. Elle fit, en conséquence, réunir trois médecins auxquels on donna à chacun une robe et un bonnet comme à l'ordinaire ; puis on les fit asseoir près de la porte d'une grande salle à l'extrémité de laquelle était la marquise, couchée sur son lit comme une personne mourante. La dame de compagnie allait dire aux médecins ce que sa maîtresse éprouvait et retournait, ensuite transmettre à celle-ci les réponses de la Faculté.

C'était juste au moment où le fils de madame de Rambouillet venait de mourir de la peste. La belle Julie d'Angennes écrivait dans le même temps à la marquise, mais en prenant, bien entendu, toutes les précautions nécessaires.

Voici, du reste, la lettre de mademoiselle de Rambouillet; nous aimons à croire qu'elle fut écrite avant la mort de son frère ; sans quoi, elle ferait plus d'honneur à son esprit qu'à son cœur : pourtant, nous devons l'avouer, le contenu de cette lettre laisse à penser qu'elle fut postérieure à la mort.

La suscription portait d'abord ceci :

« Mademoiselle du Chalais (c'était le nom de la demoiselle de compagnie de madame de Sablé) lira, s'il lui plaît, cette lettre à madame la marquise *au-dessous du vent.* »

Puis la lettre contenait ce qui suit :

« Madame, je crois ne pouvoir commencer de trop bonne heure mon traité avec vous ; car je suis assurée qu'entre la première proposition que l'on vous fera de me voir et la conclusion, vous aurez tant de réflexions à faire, tant de médecins à consulter, et tant de craintes à surmonter, que j'aurai eu tout le loisir de m'aviser. Les conditions que je vous offre sont de n'aller point chez vous que je n'aie été trois jours sans aller à l'hôtel de Condé ; de changer de toute sorte d'habillements, de choisir un jour qu'il aura gelé ; de ne vous approcher que de quatre pas ; de ne m'asseoir que sur un seul siége. Vous pourrez aussi faire faire un grand feu dans votre chambre, brûler du genièvre aux quatre coins, vous environner de vinaigre impérial, de rue et d'absinthe. Si vous pouvez trouver vos sûretés dans ces propositions sans que je me coupe les cheveux, je vous jure de les exécuter très-religieusement ; et, si vous avez besoin d'exemple pour vous fortifier, je vous dirai que la reine a bien voulu voir M. de Chaudebonne, qui sortait de la chambre de mademoiselle de Bourbon, et que madame d'Aiguillon, qui a bon goût sur ces choses-là et à qui l'on ne saurait rien reprocher sur de pareils sujets, me vient demander que, si je ne voulais aller la voir, elle viendrait me chercher ! »

On ignore si, malgré toutes ces précautions, la belle Julie d'Angennes fut reçue.

Un jour, madame la marquise de Sablé fit tirer son horoscope.

— Quel âge avez-vous, madame ? demanda l'astrologue.

— Trente-six ans.

Elle en avait quarante-deux.

L'astrologue parla tout bas à mademoiselle de Chalais.

— Que dit-il ? demanda la marquise, qui, selon son habitude, se tenait à distance.

— Madame, il me dit qu'il ne peut rien faire qu'il ne sache votre âge au juste.

— Il se moque, il se moque, cet astrologue !

Puis, au bout d'un instant :

— S'il n'est pas satisfait, je lui donne six mois de plus ; mais qu'il commence, il n'en aura pas davantage.

Avant d'emménager dans une maison, elle s'informait si personne n'y était mort. Un jour, elle résilia un bail, en payant un gros dédit, parce qu'elle apprit qu'un maçon s'était tué en la bâtissant.

Elle se faisait celer si souvent, que l'abbé de la Victoire;

Claude Duval de Coupeauville, prélat d'un esprit charmant, ne disait plus, en parlant d'elle, que *feu* la marquise de Sablé.

Pour le coup, elle se crut morte, et en demeura plus d'un an brouillée avec l'abbé de la Victoire.

Sa meilleure amie était la comtesse de Maure, visionnaire comme elle : elles s'étaient logées porte à porte pour se voir tout à leur aise ; mais, comme, à la moindre indisposition de l'une, l'autre avait peur d'attraper quelque maladie mortelle, elles étaient quelquefois trois mois sans se voir, s'écrivant dix fois le jour.

La comtesse de Maure tomba sérieusement malade.

On comprend que, dès lors, toute communication directe fut rompue entre les deux amies ; seulement, chaque jour, mademoiselle de Chalais, d'une fenêtre à l'autre, interrogeait les gens de la comtesse de Maure sur la santé de leur maîtresse.

Il est vrai que madame de Sablé avait bien recommandé, si madame de Maure mourait, qu'on ne le lui dit pas.

Enfin, celle-ci mourut.

Chalais revint toute triste de son observatoire.

— Eh bien, Chalais? demanda la marquise.

— Oh! madame!

— Est-ce qu'elle ne mange plus?

— Non.

— Est-ce qu'elle ne parle plus?

— Non.

— Ah! Chalais, elle est morte, alors?

— Madame, répondit Chalais, souvenez-vous que c'est vous qui l'avez dit, et non pas moi.

Un autre jour, elle entend un chant d'église dans la cour de son hôtel.

— Chalais, voyez ce que c'est.

— Eh! madame, ce sont tous les enfants de chœur rouges et blancs de Paris.

— Mais que font-ils?

— Ils chantent un *De profundis.*

— Pour qui ?

— Pour vous.

— Comment, pour moi ? Mais qui donc envoie ces petits misérables ?

— L'abbé de la Victoire.

— L'abbé de la Victoire ?

— Oui ; ne vous voyant pas, il continue à soutenir que vous êtes morte, et il prie et fait prier pour le repos de votre âme.

— Il est donc là, avec toute sa sainte marmaille ?

— Oui, madame.

— Eh bien, dites-lui que je lui pardonne, mais qu'il s'en aille, lui et ses maudits choristes.

— Madame, il dit qu'il ne sera sûr que vous êtes vivante que lorsqu'il vous aura parlé.

— Qu'il monte, alors !

L'abbé monta, fut pardonné et renvoya ses enfants de chœur.

Revenons à M. de Montmorency.

Nous avons dit qu'il était fort coquet ; aussi donna-t-il bien du chagrin à la pauvre marquise de Sablé.

Il aima d'abord la Choisy, fille de bon lieu, mais très-galante, qui, quoique ayant été mariée depuis, fit mettre sur son tombeau qu'elle avait été fort estimée des grands et avait eu l'amitié de plusieurs.

Puis le duc fut amoureux de la reine ; mais Buckingham vint, sans dire gare, donner au milieu de cet amour et le dérangea fort. M. de Montmorency avait un portrait de son auguste bien-aimée, et il faisait mettre à genoux les gens auxquels il le montrait.

Un jour, il eut querelle avec Bassompierre ; celui-ci dansait mal, M. de Montmorency s'en moqua.

— Il est vrai, dit Bassompierre, que je n'ai pas tant d'esprit que vous dans les pieds ; mais je me vante d'en avoir davantage ailleurs.

— En tout cas, répliqua le duc, si je n'ai pas aussi bon bec, je crois avoir meilleure épée.

— Oui, dit Bassompierre, vous avez celle du grand *Anne*.

Et Bassompierre prononça le mot comme s'il n'avait qu'une *n*.

Ils allaient se battre le lendemain, mais on les accorda avant qu'ils se séparassent.

M. de Montmorency eut une autre querelle avec le duc de Retz. Il avait été sur le point d'épouser mademoiselle de Beaupréau; mais la reine fit rompre le mariage, pour lui donner une de ses parentes qui était de la maison des Ursins; plus tard, le duc de Retz épousa mademoiselle de Beaupréau. La querelle vint de ce que, au lieu d'appeler son rival *duc de Retz*, M. de Montmorency l'avait appelé *duc de Mon-Reste.*

La duchesse de Montmorency était fort jalouse de son mari, qu'elle aimait tendrement. Cependant comme toutes les femmes couraient après son cher duc, et qu'il en venait de la province rien que pour le voir, elle fit un marché avec lui : c'est qu'il aurait carte blanche, pourvu qu'il lui racontât ses bonnes fortunes. Le marché fut non-seulement fait, mais tenu, et la duchesse se consolait des infidélités de son mari en voyant, disait-elle avec orgueil, quelles grandes dames il lui donnait pour rivales.

Le duc était très-brave, mais très-médiocre homme de guerre, comme on le verra tout à l'heure quand nous raconterons l'affaire où il tomba entre les mains des troupes royales.

Reprenons donc notre récit où nous l'avons laissé, c'est-à-dire au moment où l'on apprit que le duc venait d'embrasser la cause de Gaston d'Orléans.

L'abbé d'Elbène, neveu de l'évêque d'Albi, était venu, de la part du prince, proposer à M. de Montmorency de se déclarer contre Richelieu; il lui exagéra la gloire dont se couvrirait l'homme qui renverserait l'idole, lui promit l'épée de connétable, qui déjà quatre fois était entrée dans sa famille, et lui montra les têtes encore sanglantes de Chalais et de Marillac roulant au pied de l'échafaud.

Montmorency adhéra.

Seulement, il avait demandé le temps de faire des levées et de réunir un nombre d'hommes suffisant, lorsque, tout à coup, il apprit que Gaston d'Orléans arrivait, poursuivi par deux armées.

Gaston amenait environ deux mille hommes avec lui, et, pour ces deux mille hommes, huit ou dix maréchaux de camp.

Montmorency, quoique pris à court, ne voulut point faillir à la parole donnée. Il avait envoyé des émissaires en Espagne pour en tirer de l'argent et y lever des hommes; car à peine si, avec ce que lui amenait le duc d'Orléans, il avait six mille soldats à opposer aux troupes royales; encore étaient-ils répartis entre Lodève, Albi, Uzès, Alais, Lunel et Saint-Pons.

Deux armées, comme nous l'avons dit, poursuivaient le duc : l'une était commandée par le maréchal de la Force; l'autre par le maréchal de Schomberg.

Montmorency résolut d'attaquer la dernière.

Le 29 août 1632, il la joignit, et prit aussitôt ses dispositions de combat. Monsieur était en personne près du duc de Montmorency.

Alors, le maréchal de Schomberg, n'oubliant pas que le cardinal de Richelieu n'était que ministre, et pouvait tomber; songeant que le roi était d'une santé chancelante, et pouvait mourir ; qu'enfin, Monsieur, contre lequel il marchait, était l'héritier du trône, le maréchal de Schomberg, disons-nous, ouvrit une dernière négociation avec le prince, et envoya Cavoye pour parlementer.

Mais le duc répondit :

— Combattons d'abord ; après la bataille, on parlementera.

La journée du 31 se passa en reconnaissances mutuelles.

Le 1er septembre, à huit heures du matin, M. de Schomberg s'empara d'une maison qui n'était qu'à quelques portées de mousquet des premières lignes du duc de Montmorency, et y logea une avant-garde.

A cette nouvelle, le maréchal-duc prit avec lui cinq cents hommes, alla reconnaître l'armée de Schomberg, et, se trouvant près de la maison occupée, chargea ceux qui étaient dedans, lesquels abandonnèrent aussitôt leur poste.

M. de Montmorency revint vers son corps d'armée, tout joyeux de ce succès, qu'il tenait pour être de bon augure.

Il trouva le duc d'Orléans qui l'attendait, avec le comte de Moret, son frère naturel, et le maréchal de Rieux.

Alors, s'avançant vers le prince :

— Monsieur, lui dit-il, voici le jour où vous serez victorieux de tous vos ennemis, le jour où vous réunirez le fils avec la mère ! Mais, ajouta-t-il, il faut que, ce soir, votre épée soit comme est la mienne ce matin, c'est-à-dire rouge jusqu'à la garde !

Le duc d'Orléans n'aimait pas les épées nues et surtout les épées sanglantes : il détourna les yeux.

— Eh ! monsieur, dit-il, ne perdrez-vous donc jamais l'habitude de vos rodomontades ? Ce que vous avez fait ce matin ne préjuge en rien de la journée et nous donne tout au plus des espérances.

— En tout cas, reprit le maréchal, en supposant que je ne vous donne que des espérances, c'est plus que ne vous donne le roi votre frère ; car, au lieu de vous donner des espérances, il vous les ôte toutes, même celle de la vie.

— Bah ! fit Gaston en haussant les épaules, croyez-vous que la vie de l'héritier présomptif soit jamais en jeu ? Arrive qui arrive, je suis toujours sûr de faire ma paix, pour moi et trois personnes.

Le maréchal sourit amèrement.

— Bon ! dit-il à demi-voix au comte de Moret et au maréchal de Rieux, voilà déjà notre homme qui saigne du nez ! il compte s'enfuir, lui troisième ; mais ce n'est ni vous ni moi, n'est-ce pas, messieurs, qui lui servirons d'escorte?

Les deux gentilshommes répondirent que non.

— Eh bien, continua le maréchal-duc, joignez-vous à moi. Il faut que nous l'engagions si avant aujourd'hui, que nous le voyions l'épée à la main.

En ce moment, on vint annoncer que l'on voyait l'armée de Schomberg sortir du bois et se ranger en bataille.

— Allons! messieurs, dit le maréchal-duc, voici l'heure... Chacun à son poste!

Puis, voulant juger par lui-même de la force de l'ennemi, M. de Montmorency, tout couvert de plumes aux couleurs du duc d'Orléans, monta sur un cheval gris qui n'avait point encore fatigué, lui fit franchir un ruisseau, et s'en alla jusqu'à cinquante pas des lignes ennemies; puis, lorsqu'il eut vu ce qu'il désirait voir, il revint vers ses hommes, et prit le commandement de l'aile droite, laissant celui de l'aile gauche au comte de Moret.

Presque aussitôt, les premiers coups de feu se firent entendre; les deux généraux, qui ne devaient plus se revoir, se saluèrent une dernière fois avec leurs épées, et marchèrent à l'ennemi.

Du côté du duc, l'affaire fut courte.

Impatient d'en venir aux mains, il se met à la tête d'un escadron de cavalerie, franchit un fossé, et se jette dans un chemin étroit où quelques gentilshommes seulement peuvent le suivre.

Le comte de Rieux avait voulu le retenir; mais, voyant la chose impossible :

— Je vais donc vous suivre, monseigneur, dit-il, et au moins mourrai-je avec vous!

Il tint parole.

A l'extrémité du chemin où Montmorency s'était si imprudemment engagé, l'infanterie royale était rangée en bataille.

Le duc reçut le feu sans s'arrêter, et quoiqu'une balle l'eût touché à la gorge.

Au même instant, il se trouva en face de quelques chevau-légers du roi, accourus à sa rencontre. D'un coup de pistolet, il cassa le bras de l'officier qui les commandait, mais qui, en même temps, lui logeait deux balles dans la bouche.

Sans s'occuper de sa triple blessure, le maréchal continua de pousser en avant ; deux des chevau-légers, le baron de Laurières et son fils, tentent de lui barrer le passage; il les culbute tous deux; mais tous deux, en tombant, déchargent sur lui leurs pistolets, dont les deux balles lui labourent la poitrine.

N'importe! il continue son chemin.

Enfin, après avoir forcé le septième rang, son cheval, criblé de blessures, s'abat, et le maréchal-duc roule avec lui, perdant son sang par dix plaies, et jetant, comme dernier cri de guerre, son nom de Montmorency.

Ainsi qu'on le voit, cette bataille, dite de Castelnaudary, fut à peine un combat; pendant que le duc se faisait prendre le comte de Moret se faisait tuer. L'engagement ne dura pas plus d'une heure : M. de Schomberg, dans son rapport, compte huit morts et deux blessés. — Les deux blessés et quatre des morts l'étaient du fait de M. de Montmorency.

Le duc, tombé évanoui sous son cheval, en fut tiré par les soins d'un archer du roi.

Lorsqu'il revint à lui, sa première parole fut pour demander un confesseur; se croyant blessé à mort, il tira de son doigt une bague qu'il pria l'archer de remettre à la duchesse sa femme.

On lui enleva d'abord son armure, ce qui le soulagea fort; puis l'archer et quelques-uns de ses camarades le portèrent sur leurs bras jusqu'à une métairie voisine, où l'aumônier du maréchal de Schombeg reçut sa confession.

Un chirurgien vint ensuite, qui lava et banda ses plaies ; après quoi, on plaça une planche avec de la paille sur une échelle ; les gardes du roi y étendirent leurs manteaux, et, sur ce brancard improvisé, portèrent le duc à Castelnaudary.

Son arrivée dans cette ville, où il était adoré, occasionna presque une émeute, et il fallut employer la violence pour empêcher la douleur populaire de devenir séditieuse.

Lorsqu'on se fut assuré que les blessures du duc n'étaient pas mortelles, on s'occupa de lui faire son procès.

Pour cela, on le conduisit à Toulouse.

Mais les capitouls déclarèrent que, quelle que fût la garde que l'on donnât au maréchal, ils ne pouvaient répondre d'un prisonnier si cher au peuple; en conséquence, on l'enferma au château de Lectoure, qui, pour le gouvernement dépendait de la Guyenne, et, pour la justice, de Toulouse.

M. de Montmorency commença par récuser les juges qu'on lui voulait donner, disant que c'était au parlement de Paris de faire son procès.

Mais bientôt il eut honte, lui, soldat, d'engager cette lutte.

— Bah! dit-il, à quoi bon chicaner ma vie? Je serai aussi bien condamné à Paris qu'ici.

Alors, il coupa sa moustache et sa cadenette — on n'en portait qu'une à cette époque — et les envoya à sa femme.

Quant au duc d'Orléans, il avait, comme de raison, fait sa paix : le 1er octobre, les conditions en furent ratifiées à Montpellier. Il avait bien un peu bataillé pour obtenir la vie de Montmorency; mais, voyant que son obstination faisait traîner en longueur ses propres affaires, il avait cédé, abandonnant le pauvre maréchal comme il avait déjà abandonné Chalais.

Cependant, on faisait de grandes instances près du roi en faveur de M. de Montmorency; mais le roi ne voulait entendre à rien

— Il faut que mon frère soit puni, répétait-il. Étrange manière de punir Gaston d'Orléans que de couper le cou à Henri de Montmorency!

Sollicité de tous côtés, le cardinal ne put s'empêcher de

présenter un terme moyen : c'était de faire condamner le duc, mais de surseoir au châtiment en se tenant néanmoins tout prêt à l'exécuter, dès qu'on aurait à se plaindre du duc d'Orléans, et, cela, sans autre forme que d'envoyer le grand prévôt faire sa charge au lieu où le prisonnier serait gardé.

— Il est vrai, ajoutait le cardinal, que M. de Montmorency est d'une garde difficile !

Le roi trouva que ce serait trop d'embarras, et décida que la justice aurait son cours.

Le procès ne pouvait être long : le duc avouait tout. Amené sur la sellette, il déclara reconnaître la faute dans laquelle il était tombé, plus par imprudence que par malice, dont il avait maintes fois demandé pardon à Dieu et au roi, comme il faisait présentement.

La Cour rendit son arrêt.

Cet arrêt dépouillait le duc de tous états, honneurs et dignités ; il le condamnait à avoir la tête tranchée sur un échafaud dressé en la place de Salins, déclarait les terres de Montmorency et de Danville privées à jamais du titre de pairie et réunies au domaine avec tous les autres biens du condamné.

Le duc, au reste, avait demandé une singulière grâce qui lui avait été octroyée sans conteste : celle d'être traité, avant le jugement même, comme si l'arrêt eût été prononcé. En conséquence, on lui accorda un confesseur dès le second jour de son arrivée à Toulouse.

Le père Arnoux, ancien confesseur du roi, disgracié onze ans auparavant, avait été choisi par le duc. Il fut introduit près de lui, et y resta jusqu'au moment de l'exécution.

Montmorency demanda, en outre, pour sa lecture, l'*Imitation de Jésus-Christ*, et se fit apporter quelques reliques ; en même temps, comme s'il voulait rompre avec tous les souvenirs mondains, il se dépouilla de sa chaîne et de ses bracelets.

Le roi hâtait le jugement tant qu'il pouvait : il s'ennuyait à Toulouse, et était pressé d'en partir. Cependant l'arrêt prononcé, le père Arnoux implora vingt-quatre heures de sursis : il lui fallait ces vingt-quatre heures, disait-il, pour achever de détacher le malheureux duc des choses de ce monde. C'était un simple prétexte; car le duc était parfaitement résigné; mais tous les amis du condamné s'étaient donné le mot, et devaient profiter de cette journée pour tâcher d'obtenir sa grâce.

Par malheur, le roi s'était mis à l'abri des sollicitations en interdisant à tous les parents du condamné l'entrée de la ville où il se tenait. Madame de Condé, sœur du duc, tenta vainement d'arriver jusqu'au roi; rebutée de tous côtés, elle se retira dans une chapelle où elle demeura jusqu'au soir en prière.

Le duc d'Angoulême, qui devait sa liberté à M. de Montmorency, écrivit au roi pour implorer sa clémence; un gentilhomme du duc d'Orléans, porteur d'une lettre suppliante écrite par son maître, se jeta par trois fois au pied du roi, pleurant et baisant le bas de son manteau; mais prières et larmes furent inutiles.

Le cardinal de la Valette, le duc et la duchesse de Chevreuse, impitoyablement repoussés, forcèrent le duc d'Épernon de supplier pour eux; le vieillard, avec ses cheveux blancs et sa barbe blanche, s'agenouilla devant Louis XIII, et le pria de pardonner au duc de Montmorency le crime dont lui-même, duc d'Épernon, s'était rendu coupable, donnant sa fidélité présente comme exemple de ce que pouvait produire le pardon : le roi resta les yeux baissés, les sourcils froncés, le visage morne, et ne répondit pas plus que s'il eût été sourd et muet.

Enfin, desserrant ses lèvres blêmes et serrées par la colère :

— Retirez-vous, monsieur! dit-il au duc.

Le vieillard joignit les mains avec un geste suppliant.

— Retirez-vous! répéta le roi.

Le duc se retira.

Dès lors, tout le monde vit bien qu'il fallait s'adresser non plus au roi, mais à Dieu, et qu'un miracle seul pouvait sauver le condamné.

Ramené à l'hôtel de ville, et pendant qu'on délibérait encore, le maréchal-duc écrivit à sa femme une lettre d'adieu, lui envoya un état de ses dettes, une espèce de testament en faveur de ses domestiques et des gentilshommes de sa maison; puis, enfin, la pria de faire don de trois tableaux précieux qu'il possédait à trois légataires différents.

L'un de ces tableaux était pour sa sœur la princesse de Condé; l'autre, pour la maison professe de Saint-Ignace, et le troisième, chose étrange! pour le cardinal de Richelieu.

C'est ainsi que ceux que l'on invitait à s'ouvrir les veines, sous Caligula et sous Néron, ne manquaient jamais de laisser quelque legs précieux à l'empereur qui les faisait mourir.

Ces soins accomplis, le duc quitta l'habillement qu'il portait et en prit un de toile blanche, qu'il avait fait préparer d'avance pour son dernier jour; puis il écrivit encore deux lettres, l'une au cardinal de la Valette, l'autre à la princesse de Condé, et fit quelques nouvelles dispositions pour ses serviteurs.

On vint alors, au nom du roi, — et comme c'était l'usage en pareille occasion, — demander au condamné le bâton de maréchal et le collier de l'Ordre, qu'il remit aussitôt, en se préparant à descendre à l'étage inférieur pour y entendre l'arrêt de la cour... En ce moment, le lieutenant des gardes qui commandait à l'hôtel de ville fut mandé de la part du roi. Tout le monde crut que Sa Majesté faisait grâce, et il y eut un murmure de joie qui se répandit jusque sur la place.

Le lieutenant, plein d'espoir, arriva tout courant au logis du roi, et trouva le maréchal de Châtillon suppliant à son tour en faveur du malheureux duc : le roi resta inébranlable; seulement, « ayant égard aux prières d'un de ses serviteurs pour que l'exécution du duc se fit en un lieu particulier, ainsi qu'il fut autrefois accordé en semblable cas par son très-honoré père, que Dieu absolve, » il permit, comme Henri IV avait fait pour Biron, que Montmorency eût la tête tranchée dans la cour de l'hôtel de ville de Toulouse.

L'officier retourna vers le condamné, et, en le voyant de loin revenir morne et silencieux, on comprit que toute espérance était perdue.

En effet, il apportait pour toute grâce celle que nous avons dite.

L'heure était donc arrivée.

Le lieutenant trouva le prisonnier au milieu des gardes et s'entretenant avec le père Arnoux.

Il le fit descendre dans la chapelle.

Montmorency, un crucifix à la main, et couvert d'une méchante casaque de soldat jetée sur son linceul de toile, alla droit à l'autel, y fit sa prière, puis entendit à genoux la lecture de sa sentence.

Pendant ce temps, l'officier tentait un dernier effort.

— Je vais rendre compte au roi, avait-il dit. Attendez mon retour avant d'aller plus loin.

On attendit son retour : il rapportait au bourreau l'ordre de faire son office.

Le duc, alors, donna ses mains à lier, son cou à dépouiller, ses cheveux à couper : — il avait les cheveux longs et flottants sur les épaules, suivant la mode du temps.

La seule recommandation qu'il fit à l'exécuteur, pendant cette opération suprême que notre époque railleuse a appelée *la toilette*, fut celle-ci :

— Mon ami, veillez, je vous prie, à ce que ma tête ne roule pas jusqu'à terre.

Puis, toujours s'entretenant avec le père Arnoux, il sortit de la chapelle et s'avança vers l'échafaud, dressé dans la cour de l'hôtel de ville, dont les portes étaient fermées; sans s'arrêter, il monta les degrés d'un pas ferme, se mit à genoux, et posa sa tête sur le billot.

Au-dessus du billot, dit la relation, était suspendue une sorte de doloire tenue entre deux ais de bois et attachée par une corde qui, en se lâchant, la faisait tomber.

Cependant, comme le duc s'était mal placé, ou que, dans la position prise, ses blessures le faisaient souffrir :

— Attendez, dit-il au bourreau.

Et il se plaça autrement.

Puis, faisant signe qu'il était prêt :

— *Domine Jesu!* murmura-t-il, *accipe spiritum meum!* (Seigneur Jésus, recevez mon âme!)

La corde fut lâchée, et la tête séparée du corps.

C'était un essai de notre guillotine moderne.

Aussitôt la tête tranchée, — et l'exécuteur, fidèle à la recommandation faite, avait eu soin, en la retenant par les cheveux, d'empêcher qu'elle ne roulât à terre, — aussitôt la tête tranchée, disons-nous, on ouvrit les portes, les soldats sortirent de l'hôtel de ville, et le peuple s'y précipita.

Ainsi s'accomplit la prédiction de Nostradamus exprimée dans ces deux vers de ses *Centuries* :

> *Neufve obturée* au grand Montmorency,
> Hors lieux *prouvés*, délivre à *clère peine* (1).

La pauvre veuve, en recevant la lettre et les cheveux de son mari, se retira au couvent de la Visitation de Moulins, dont elle mourut supérieure, le 5 juin 1666.

« Elle y pleura tant, dit Tallemant des Réaux, que, de voûtée qu'elle était devenue d'une grande fluxion; elle redevint droite comme auparavant : sa fluxion, s'était écoulée par les yeux. »

Mairet, en lui dédiant une tragédie, lui donne la qualité de « très-inconsolable princesse. »

(1) *Neufve :* Castelnaudary, qui, en patois, veut dire *forteresse neuve* ; — *obturée :* fermée; — *Prouvés :* publics; — *clère peine :* manière de prononcer les arrêts de mort au parlement de Toulouse.

Elle fit élever un tombeau magnifique à son mari ; ce tombeau existe toujours à Moulins, et a son double dans la galerie de Versailles.

XVI

Cependant, le roi était redevenu amoureux.

Cette fois, c'était de mademoiselle de Hautefort, qui fut depuis la maréchale de Schomberg.

Marie de Hautefort, fille de Charles, marquis de Hautefort, était née en 1616.

A douze ans, elle fut admise parmi les filles d'honneur de Marie de Médicis, et, comme elle était très-pieuse, on ne l'appelait à la cour que *sainte Hautefort.*

Dès 1630, Louis XIII l'avait remarquée; or, à cette époque, Marie de Médicis était déjà exilée, ou à peu près, et c'était la moindre des choses de faire passer la jeune fille du service de la reine mère à celui d'Anne d'Autriche; pour justifier cette mutation, on donna à madame de Flotte, grand'mère de mademoiselle de Hautefort, la charge de dame d'atours de la reine; de sorte que mademoiselle de Hautefort se trouva, par cet arrangement, obligée de suivre la cour.

Le cardinal n'avait point nui à ce nouveau goût du roi. Nous avons vu combien il se défiait de mademoiselle de la Fayette; il poussa mademoiselle de Hautefort en avant, comme, plus tard, il poussa Saint-Simon, comme, plus tard encore, il poussa Cinq-Mars : c'était sa manière de faire.

Cependant il ne tardait jamais à se repentir de ces sortes de manœuvres, et il en fut cette fois comme à l'ordinaire. *Sainte Hautefort*, réduite à ses simples inspirations, était peu dangereuse; mais tout le monde n'avait pas son caractère inoffensif.

Elle se lia avec une autre fille de la reine nommée Chémerault; à peine liées, les deux petites filles se mirent à cabaler : c'était la rage de l'époque.

Chémerault et Hautefort reçurent aussitôt l'ordre de quitter la cour, et de se mettre en retraite chacune dans un couvent.

Hautefort choisit les Madelonnettes; or, le choix était singulier, et indiquait une humilité grande : les filles de la Madeleine, ou les Madelonnettes, établies en 1620 dans la rue des Fontaines, ne recevaient d'habitude que des *madeleines*.

Mademoiselle de Hautefort était loin de se trouver dans ce cas-là; aussi, l'abbé de la Victoire étant allé lui faire visite :

— Ah! mademoiselle, lui demanda-t-il, c'est donc pour faire honneur au roi que vous vous êtes retirée ici?

Disons quelques mots de cet abbé de la Victoire, un des beaux esprits du temps, et dont nous avons déjà cité quelques traits à propos de la marquise de Sablé.

L'abbé de la Victoire, Claude Duval de Coupeauville, était d'une bonne famille de robe, originaire de Rouen. Il fut présenté à la cour par Voiture, et se fourra immédiatement dans la société de M. le Prince.

Son abbaye de la Victoire était située près de Senlis. La reine y alla une fois; si avare que fût l'abbé — et il l'était comme une fourmi — il ne laissa point que de lui offrir une collation.

— Ah! dit la reine en regardant autour d'elle, comme vous avez bien fait raccommoder cette abbaye-là!

— Madame, repartit l'abbé, s'il vous plaisait de m'en donner encore deux ou trois vieilles, je vous promets de les faire raccommoder aussi bien que celle-ci.

La reine, sans aller aussi loin qu'il le désirait lui en obtint cependant une seconde, ce qui porta son revenu à trente mille livres, mais ne le rendit pas moins avare, au contraire. Il connaissait sa lésinerie, en riait lui-même, et se sauvait en goguenardant.

Il disait à M. Godeau, évêque de Vannes — vous savez, celui qu'on appelait le nain de la princesse Julie :

— Je vous aime tant, mon cher évêque, que, si j'étais capable de faire de la dépense, c'est pour vous que j'en ferais.

A quelque temps de là, Godeau annonce à l'abbé de la Victoire qu'à cause de la cherté du foin, il a vendu ses chevaux.

— En vérité, dit l'abbé, c'est le moment de me venir faire une visite.

— Et comment voulez-vous donc que je vous la fasse, cette visite, puisque je n'ai plus de chevaux ?

— En chaise, donc !

— Que ferez-vous des porteurs? Il m'en faudra au moins quatre.

— Bon! je les attrapperai bien : je vous enverrai prendre en carrosse à une lieue de la Victoire.

Il racontait lui-même que son cuisinier lui avait demandé congé, disant qu'à son service, il oublierait le peu qu'il savait.

Bref, on citait les mots de l'abbé de la Victoire comme on citait ceux de madame Cornuel.

Mademoiselle de Hautefort se croyait tranquille aux Madelonnettes, quand l'inquiétude du ministre vint l'y relancer; Richelieu craignit qu'on ne la rappelât à la cour, ainsi que Chémerault, et toutes deux reçurent l'ordre de quitter Paris.

Plus tard, lorsque l'ancienne fille d'honneur fut devenue duchesse de Schomberg, le jésuite Lemoine lui adressa des vers qui faisaient allusion à son exil. Les voici; peut-être sont-ils un peu bien galants pour des vers de jésuite : tant mieux! ils réhabiliteront l'ordre, qui n'était point accusé de faiblesse pour les femmes.

A la duchesse de Schomberg.

Après le mauvais temps qu'a vu votre maîtresse,
Ne vous étonnez pas, vertueuse duchesse,
Que, sans avoir égard à la fleur de vos ans,

Sans respect des amours déclarés vos suivants,
Et sans considérer ces grâces si pudiques,
Déjà de votre train, déjà vos domestiques,
Un vent funeste aux fleurs et des grâces jaloux
Se soit si rudement élevé contre vous.
De quelque noble feu que la rose s'allume,
De quelque doux esprit que l'œillet se parfume,
Et la rose et l'œillet, soit au front du Printemps,
Soit sur le sein de Flore, ont à craindre les vents ;
Et les Grâces jamais ni les Amours, leurs frères,
N'ont pu calmer ces vents du jaloux en colère.

En cela, pour le moins, vous reste le bonheur
De faire dans le trouble éclater votre cœur,
Et, par une merveille à la cour bien nouvelle,
On y vit une fleur aussi tendre que belle,
Plus forte que les vents qui font plier les pins
Et de la tête aux pieds font trembler les sapins !
Au bruit que l'on en fit, les nymphes de la Seine,
La coiffure en désordre et toute hors d'haleine,
Montèrent sur leur rive, et de leurs longs soupirs,
Secondés de leurs flots, imités des zéphyrs,
Plourèrent les vertus avec vous rejetées,
Regrettèrent en vous les grâces maltraitées.
D'autre part, à ce bruit, la Loire au lit d'argent
Dépêcha vers la Seine un zéphyr diligent,
Pour vous servir d'escorte, et, de là, vous conduire
Vers l'heureuse contrée où s'étend son empire.

Ce qui avait éloigné mademoiselle de Hautefort la ramena : Richelieu eut peur de la Fayette, qui, même derrière les grilles du couvent de la Visitation, lui paraissait une rivale redoutable. Il rappela donc mademoiselle de Hautefort, et, comme celle-ci ne voulait point revenir sans Chémerault, les deux inséparables rentrèrent ensemble à la cour.

Les amours du roi recommencèrent, — amours platoniques s'il en fut!

Un jour que Louis XIII jouait au volant avec les deux amies, le volant alla se planter dans la gorge de mademoiselle de Hautefort.

Elle, en riant, s'approcha du roi, lui offrant le volant sur la charmante raquette où il était tombé; mais lui prit les pincettes, comme on fait au lazaret de peur de la peste, et, du bout des pincettes, saisit le volant.

Une seconde occasion se présenta de faire éclater au même endroit la chasteté de Louis XIII.

La reine, ayant reçu un billet dont elle voulait faire mystère au roi et auquel cependant elle désirait répondre, attacha ce billet à la tapisserie de sa chambre, afin de l'avoir sous les yeux et de ne point l'oublier. Tout à coup, le roi vint à entrer; la reine n'eût que le temps de faire un signe à mademoiselle de Hautefort, qui s'empara du billet.

Louis XIII vit le mouvement, et, toujours soupçonneux, voulut savoir quel était ce billet et d'où il venait. En conséquence, il tenta de l'arracher à Hautefort, qui se débattit longtemps contre lui, mais qui, étant enfin à bout de force, enfonça le billet dans sa gorge.

Aux yeux de Louis XIII, c'était là un lieu d'asile, et le billet fut respecté.

La gorge de mademoiselle de Hautefort avait cependant une grande réputation de beauté. Une perle y étant tombée, Boisrobert fit à ce sujet le madrigal suivant :

> Ne te plains pas du piège où je te vois tombée,
> Riche perle qui fais le plaisir de nos yeux :
> La gorge qui t'a dérobée
> Fais des larcins plus précieux !

Cette haine de Louis le Chaste pour les gorges de ses sujettes se manifesta un jour d'une façon plus éclatante encore.

On lit dans le jésuite Barry l'anecdote suivante :

« Une jeune demoiselle s'étant présentée au dîner de Louis XIII, à Dijon, avec la gorge découverte, le roi s'en prit garde et tint son chapeau enfoncé et l'aile abattue tout le temps du dîner, du côté de cette curieuse; seulement, la dernière fois qu'il but, il retint une gorgée de vin en sa bouche et la lança dans le sein découvert de la demoiselle. »

La faveur de Louise de Hautefort grandit de telle façon, que Richelieu vit bien qu'il fallait la combattre par une autre.

Ce fut alors qu'il lança Cinq-Mars.

Le beau roman de notre confrère et ami Alfred de Vigny a donné au nom de Cinq-Mars une grande popularité en France.

Nous avons vu comment, pour combattre Barradas, le cardinal avait inventé Saint-Simon; comment, pour combattre la Fayette, il avait inventé Hautefort. Voyons comment, pour combattre Hautefort, il inventa Cinq-Mars.

Un jour, le roi allant à la chasse, entra aux Filles-Sainte-Marie, où était la Fayette.

Il resta cinq heures à causer avec elle.

En le voyant revenir, Nogent lui dit :

— Eh bien, sire, vous venez de consoler la pauvre prisonnière.

— Hélas! répondit le roi, je suis plus prisonnier qu'elle !

Le cardinal sut la chose et pensa qu'il était temps de distraire le roi par quelque nouveau visage.

Henri Coiffier, marquis de Cinq-Mars, était le second fils du maréchal d'Effiat.

Le maréchal d'Effiat — *dubiæ nobilitatis*, comme on disait alors, — s'appelait Coiffier-Ruzé, et on le prétendait parent d'une certaine Coiffier qui tenait cabaret. C'était un fort bel homme, fort élégant et fort adroit.

Lorsque le duc de Savoie — celui qu'on appelait le Bossu — vint à Paris, Henri IV lui donna de grandes courses de bague, et fit courir les gentilshommes les plus habiles à ce jeu; mais il garda d'Effiat pour la fin. D'Effiat remporta le prix.

Beaulieu-Ruzé, son grand-oncle maternel, le fit son héritier, à la condition qu'il prendrait son nom et ses armes.

A peine M. d'Effiat savait-il écrire, et Tallemant des Réaux parle d'une lettre de lui, où le mot *octobre* était écrit *auquetaubrai*.

Il fut envoyé en Angleterre pour le mariage de madame Henriette de France avec Charles Ier, puis fait grand maître de l'artillerie et surintendant des finances. Il mourut en 1632; de sorte qu'il ne vit ni l'élévation ni la chute de son fils.

Le cardinal avait remarqué que le roi avait quelque inclination pour Cinq-Mars. Il n'y avait plus rien à faire de Saint-Simon, dont la faveur durait depuis cinq ou six ans déjà. Cinq-Mars étant le fils d'une de ses créatures, Richelieu pensa qu'il n'avait rien à craindre de lui.

Cinq-Mars avait une profonde répulsion pour Louis XIII; il savait à quel prix on achetait la faveur royale : les précédents de Chalais et de Barradas n'étaient pas faits pour le rassurer; puis peut-être avait-il un pressentiment...

Quoi qu'il en soit, son destin l'entraîna.

Nous l'avons dit, Louis XIII était bien autrement ardent en amitié qu'en amour; et, tout Bourbon qu'il était, il semblait avoir hérité des vices des Valois.

Le roi n'avait jamais aimé personne aussi chaudement que Cinq-Mars : il l'appelait son cher ami; de sorte que, lorsqu'on parlait du jeune marquis à la cour, on disait d'habitude *le cher ami*.

Louis XIII commença par le faire grand écuyer; de là le titre de *M. le Grand*, que, dans les mémoires contemporains, on donne au favori aussi souvent que le nom de Cinq-Mars.

Pendant qu'il était au siége d'Arras, il fallait qu'il écrivît au roi deux fois par jour. Un matin, on trouva Sa Majesté tout en larmes : M. de Cinq-Mars avait tardé d'un jour à lui donner de ses nouvelles!

Cinq-Mars, durant la première année de sa faveur, fut tout simplement l'espion du cardinal auprès du roi; Richelieu exigeait que le jeune homme lui dît jusqu'au moindre mot échangé entre lui et son auguste compagnon; Cinq-Mars résistait, ne voulant rapporter au cardinal que ce qui pouvait intéresser directement celui-ci.

Richelieu avait d'abord désiré que M. de Cinq-Mars fût ce qu'avait été Chalais, c'est-à-dire grand maître de la garde-robe ; mais cela ne se put, M. de la Force tenant la place et refusant de s'en défaire. Le cardinal proposa alors au roi de faire son favori premier écuyer ; cette fois, ce fut Cinq-Mars qui refusa, disant qu'il resterait ce qu'il était, ou qu'on le ferait grand écuyer. Le roi ne voulut point mécontenter son cher ami : il le fit donc grand écuyer.

Ce fut le premier déboire que Cinq-Mars donna à M. de Richelieu.

Puis, bientôt, comme le roi disait tout à son favori, grandes et petites affaires, le cardinal commença d'être jaloux de cette confiance ; il en fit des reproches au roi, lui exposant le danger qu'il y avait à déposer les secrets de l'État dans une si jeune tête. Cinq-Mars, auquel le roi répéta le propos, en conçut un vif ressentiment ; aussi, quelque temps après, soupçonnant la Chesnaie, premier valet de chambre du roi, d'être son espion pour le compte de l'éminentissime, demanda-t-il instamment son renvoi.

Le roi chassa la Chesnaie, et, comme, en le chassant, il le maltraitait :

— Messieurs, dit-il, ne vous inquiétez point ; le drôle n'est pas gentilhomme.

Le cardinal vit d'où venait le coup : il fit avouer à Cinq-Mars que c'était lui qui avait exigé le renvoi de la Chesnaie.

Cinq-Mars s'excusa en disant que la Chesnaie était une mauvaise langue qui le mettait mal avec le roi.

Mais Richelieu ne pardonna point cette rébellion à son ancien protégé, et, dès ce moment, il lui déclara une guerre à mort.

Louis XIII était d'une si merveilleuse tendresse avec ses favoris, que cela leur donnait le vertige : ils se croyaient ancrés sur le roi, et cette croyance les perdait.

Il en fut ainsi de M. de Cinq-Mars.

Comment aussi les favoris ne seraient-ils pas devenus fous ? Lisez la page 74 du tome III de Tallemant des Réaux, édition Charpentier. Nous prendrions bien la peine de copier cette page ; mais nous n'osons pas : il faut, pour publier de pareilles choses, être un grave magistrat comme M. de Monmerqué.

Bref, Louis XIII était plus jaloux de M. de Cinq-Mars qu'il ne l'avait jamais été de la reine ; il le faisait épier nuit et jour pour savoir s'il n'allait pas en cachette chez quelque femme.

Il est vrai que le grand écuyer était de complexion fort amoureuse. Il avait été fou de Marion Delorme ; il allait alors chez elle jusqu'à quatre fois par jour, et, chaque fois, changeait d'habit des pieds à la tête ; — ce qui faisait fort enrager sa mère, femme de nature assez avare. — Enfin, la passion de Cinq-Mars acquit de telles proportions, que la maréchale d'Effiat, craignant qu'il ne voulût épouser la belle courtisane, obtint du parlement d'y mettre opposition.

Mais la plus grande passion de Cinq-Mars fut pour mademoiselle de Chémerault, celle que nous avons vu exiler avec mademoiselle de Hautefort ; l'amour du marquis servit même de prétexte à cet exil.

Un soir que la cour était à Saint-Germain, M. le grand écuyer rencontre un de ses amis nommé Ruvigny, et lui dit :

— Suis-moi.

Ruvigny fait quelques observations sur la colère où sera le roi quand il apprendra que Cinq-Mars a été à Paris ; mais celui-ci se contente de répondre :

— Viens si tu veux, mon cher ; quant à moi, j'ai rendez-vous avec Chémerault, et il faut que j'y aille.

Ruvigny se décide à l'accompagner.

Il y avait un endroit des fossés où un palefrenier devait attendre Cinq-Mars avec deux chevaux. Le palefrenier était bien là, mais seul : il s'était endormi, et on lui avait volé les deux chevaux !

Voilà Cinq-Mars au désespoir.

Alors, Ruvigny et lui vont de porte en porte pour se procurer d'autres montures ; mais bientôt ils s'aperçoivent que quelqu'un les suit.

— Qui êtes-vous ? que demandez-vous ? dit Cinq-Mars en se retournant.

L'homme répond que, croyant que ces messieurs voulaient se battre, il les suivait pour les en empêcher.

— Crois-moi, dit Ruvigny à Cinq-Mars, c'est un espion du roi. Rentre au château.

Cinq-Mars secouait la tête ; il voulait à toute force aller à Paris, fût-ce à pied ; cependant Ruvigny lui fit entendre raison et non-seulement le força de rentrer, mais encore de faire venir dans sa chambre quelques officiers de la garde-robe qui n'étaient point encore couchés, pour s'entretenir avec eux. L'important était de prouver au roi que Cinq-Mars n'avait pas découché.

Le lendemain, en apercevant le grand écuyer, le roi lui dit :

— Ah ! vous avez été à Paris, Cinq-Mars ?

Le jeune homme nie.

Le roi affirme.

Alors, Cinq-Mars fait venir les officiers qui lui avait tenu compagnie jusqu'à deux heures du matin.

Le roi fut bien forcé de croire à leur témoignage, et l'espion en fut pour ses frais.

Il faut dire que l'existence d'un favori du roi Louis XIII était une triste existence, et l'on comprend que Cinq-Mars s'en soit défendu tant que la chose lui fut possible. Le roi fuyait le monde et surtout Paris ; il avait honte de la misère du peuple. Quand il venait par hasard dans la capitale, à peine si quelques cris de « Vive le roi ! » s'élevaient sur son passage ; et puis Louis XIII haïssait tout ce que Cinq-Mars aimait, et Cinq-Mars aimait tout ce que Louis XIII haïssait. Ils ne s'entendaient qu'en un point : — ils détestaient abominablement tous deux le cardinal.

Ce fut sur ces entrefaites que l'éminentissime, ayant fait bâtir une salle de spectacle dans son palais, y fit représenter *Mirame*.

Parlons un peu de *Mirame*, de l'Académie, des cinq auteurs ; la chose se rattache indirectement aux affaires du malheureux Cinq-Mars.

En 1635, le cardinal avait, comme nous l'avons vu, fondé l'Académie française ; aussi les académiciens, reconnaissants, commencèrent-ils par proclamer le cardinal dieu, et par censurer le *Cid*.

Le cardinal était enragé contre le *Cid*, parce que le *Cid* avait réussi et que les pièces des cinq auteurs ne réussissaient pas, quoique Corneille en fût. Les cinq auteurs étaient Boisrobert, Colletet, Desmarets, l'Estoile et Rotrou. Chacun d'eux faisait un acte, mais le sujet était toujours donné par Son Éminence.

Richelieu disait tout haut qu'il n'aimait et n'estimait que la poésie. Un jour qu'il travaillait avec Desmarets, il lui demanda :

— A quoi croyez-vous que je prenne le plus de plaisir, monsieur ?

— Selon toute probabilité, monseigneur, à faire le bonheur de la France.

— Point du tout, dit le cardinal : à faire des vers.

Mais, sur ce point comme sur tous les autres, il n'aimait guère à être repris. Une fois, par distraction, il avait fait un vers de quinze pieds ; l'Estoile le lui fit remarquer, en disant :

— Monseigneur, voilà un vers qui ne passera jamais.

— Pourquoi cela, monsieur ? demanda le cardinal.

— Mais il a quinze pieds, monseigneur !

Le cardinal les compta.

— Bah! dit-il, nous le ferons bien passer tout de même.

Il croyait qu'il en était d'un vers comme d'un édit.

Au reste, il traitait habituellement les gens de lettres avec de grandes civilités. Un jour, il ne voulut jamais se couvrir parce que Gombaud voulait rester nu-tête : il posa, en conséquence, son chapeau sur la table, disant :

— En ce cas, monsieur Gombaud, nous nous incommoderons tous deux.

Vingt fois il força Desmarets de se couvrir et de s'asseoir dans un fauteuil, exigeant, en outre, qu'il ne l'appelât que *monsieur*.

Soit qu'il fît de la politique, soit qu'il fît de la littérature, le cardinal dictait, et le plus souvent ne travaillait que la nuit ; quand il se réveillait, il faisait réveiller son secrétaire. Ce secrétaire était un jeune garçon de Nogent-le-Rotrou nommé Chéret; il avait plu à Son Éminence parce qu'il était discret et assidu; mais cette vie de reclus que menait le pauvre diable, ce défaut de sommeil de nuit qu'on ne lui laissait pas rattraper pendant le jour, rendaient son existence presque intolérable; aussi il arriva qu'au bout de huit ou dix ans que Chéret travaillait auprès du cardinal, un homme ayant été arrêté et mis à la Bastille, Laffemas, qui avait été commis pour l'interroger, trouva parmi ses papiers quatre lettres de Chéret, dans chacune desquelles on lisait :

« Je ne puis vous aller trouver comme je vous l'avais promis; car nous vivons ici dans la plus étrange servitude du monde, et sous le plus grand tyran qui fut jamais! »

Le cardinal, ayant eu connaissance des lettres, fit appeler Chéret.

Celui-ci arriva.

— Chéret, lui demanda le cardinal, qu'aviez-vous de bien, quand vous êtes entré à mon service?

— Rien, monseigneur, répondit Chéret.

— Qu'avez-vous, maintenant?

— Monseigneur, dit Chéret tout étonné, excusez-moi ; mais il faut que j'y pense un peu.

Le cardinal attendit dix minutes.

— Eh bien, demanda-t-il, y avez-vous pensé?

— Oui, monseigneur.

— Dites ce que vous avez, alors.

Chéret fit ses comptes.

— Vous oubliez, dit le cardinal, un article de cinquante mille livres.

— Je n'ai point touché cette somme, monseigneur.

— N'importe ! vous la toucherez... Faites votre total, Chéret.

Chéret fit son total, et il se trouva que ce garçon, qui était entré sans un sou au service du cardinal, avait, au bout de huit ans, cent vingt mille écus de bien.

Alors, le cardinal, lui mettant ses lettres sous les yeux :

— Allez ! vous êtes un coquin ! lui dit-il ; que je ne vous revoie jamais.

Et il le chassa. — Mais madame d'Aiguillon le lui fit reprendre plus tard.

On voit qu'en robe de chambre, le cardinal avait parfois du bon.

Revenons à sa tragédie de *Mirame*, dont l'histoire de Chéret nous a écartés.

Nous avons dit que le cardinal avait fait bâtir une salle de théâtre dans son palais. Il avait dépensé trois cent mille écus à la construction de cette salle. — Aujourd'hui, il n'en reste rien, que l'habitude répandue dans les théâtres de France de désigner la droite du spectateur par le *côté cour* et la gauche par le *côté jardin* ; cette désignation tenait à la manière dont la salle du prélat-poëte était placée, son côté droit donnant sur la cour du palais, son côté gauche sur le jardin.

Pour inaugurer cette salle et pour se venger en même temps de la reine, Richelieu avait fait, avec Desmarets, une tragédie de *Mirame*. L'héroïne de la pièce méprise l'hommage du roi de Phrygie, et lui préfère Arimant, favori du roi de Colchos. — Il est inutile d'ajouter que le roi de Phrygie était Louis XIII, et le roi de Colchos, Buckingham.

L'abbé Arnauld, qui assistait à la représentation de cette tragédie fameuse, dit dans ses Mémoires :

« J'eus ma part de ce spectacle, et m'étonnai, comme beaucoup d'autres, qu'on eût eu l'audace d'inviter Sa Majesté à être spectatrice d'une intrigue qui, sans doute, ne devait pas lui plaire, et que, par respect, je n'expliquerai point; mais il lui fallut souffrir cette injure, que l'on dit qu'elle s'était attirée par le mépris qu'elle avait fait des recherches du cardinal. »

Son Éminence comptait donc sur deux triomphes dans la même soirée : triomphe de vengeance, triomphe de poésie. La pièce, comme nous l'avons dit, était remplie d'allusions amères contre Anne d'Autriche, et tour à tour ses relations avec l'Espagne et ses amours avec Buckingham y étaient censurés.

Le roi de Phrygie disait, par exemple :

Celle qui vous paraît un céleste flambeau
Est un flambeau funeste à toute ma famille
Et peut-être à l'État...

Plus loin, le même personnage disait encore :

Acaste, il est trop vrai, par différents ressorts,
On sape mon État au dedans, au dehors ;
On corrompt mes sujets, on conspire ma perte,
Tantôt couvertement, tantôt à force ouverte.

En outre, Mirame, accusée de crime d'État, s'accusait elle-même d'infidélité, et, dans un moment d'abandon, disait à sa confidente :

Je me sens criminelle, aimant un étranger
Qui met, par mon amour, cet État en danger.

Tous ces vers, qui entraient comme autant de poignards dans le cœur de la reine, étaient, on le comprend bien, criblés d'applaudissements.

Quant au cardinal, il était dans le délire, il sortait à moitié de sa loge, tantôt pour applaudir, tantôt pour imposer silence; il en résulta que, dans tous ces mouvements, le cardinal vit, au fond de la loge du roi, deux jeunes gens qui causaient de leurs affaires, riaient beaucoup et n'applaudissaient point. Son œil perçant alla chercher leur visage dans la pénombre où ils se tenaient, et l'auteur blessé reconnut Cinq-Mars et Fontrailles : il jura qu'il trouverait, un jour ou l'autre, l'occasion de se venger d'eux.

Finissons-en avec *Mirame*.

Mirame fut dédiée au roi. — Le roi venait de refuser la dédicace de *Polyeucte*, de peur d'être obligé de donner à Corneille ce que M. de Montausier lui avait donné pour la dédicace de *Cinna*, c'est-à-dire deux cents écus; en conséquence, *Polyeucte* avait été dédié à la reine.

Cela valait mieux que *Mirame*, mais cela faisait moins de bruit.

Quelque temps après la représentation de *Mirame*, Fontrailles, Ruvigny et quelques autres seigneurs étant dans l'antichambre du cardinal, où l'on attendait je ne sais quel ambassadeur, Richelieu sortit pour aller au-devant de celui-ci, et, trouvant sur son chemin Fontrailles, qui était petit et contrefait :

— Rangez-vous, monsieur de Fontrailles, lui dit le cardinal; cet ambassadeur n'est pas venu en France pour voir des monstres.

Fontrailles grinça des dents et fit deux pas en arrière.

— Ah ! scélérat! dit-il à demi-voix, tu viens de me mettre le poignard dans le cœur; mais, sois tranquille, je te le mettrai, moi, où je pourrai!

Dès ce moment, Fontrailles n'eut plus qu'un seul désir, celui de la vengeance.

Louis d'Astarac, vicomte de Fontrailles, était intime ami de Cinq-Mars. Comment le *monstre*, suivant l'expression de Richelieu, s'était-il attaché à l'un des hommes les plus beaux et les plus élégants de la cour, et comment cet homme s'était-il attaché à lui?

Sans doute par la loi des contrastes.

Quoi qu'il en soit, Fontrailles, étant, ainsi que nous l'avons dit, des meilleurs amis de Cinq-Mars, lui fit comprendre quelle honte c'était pour lui d'avoir la réputation de servir d'espion au cardinal, et de trahir à son profit le roi, qui le comblait de biens.

Cinq-Mars haïssait le cardinal, il était ambitieux, le vent soufflait à la conspiration : Cinq-Mars se laissa aller à une nouvelle cabale.

Il était question de la campagne du Roussillon; on avait enfin compris que c'était par les Pyrénées, et non par les Alpes, qu'il fallait chasser d'Italie les Espagnols, comme ce fut par l'Afrique que l'on chassa Annibal de la Calabre.

On fit donc, vers le commencement de 1641, tous les préparatifs de la campagne.

Un de ces préparatifs fut de faire venir l'amiral de Brézé pour armer, à Brest, des vaisseaux qui passeraient le détroit et iraient croiser devant Barcelone.

Le lendemain de son arrivée, M. de Brézé se présente chez le roi, et *gratte* à la porte; l'huissier ouvre, et, le reconnaissant, l'introduit à l'instant même.

L'amiral entre sans être vu, entend parler dans l'embrasure d'une fenêtre, et écoute.

Ceux qui parlaient étaient le roi et M. de Cinq-Mars : — Cinq-Mars disait pis que pendre du cardinal.

M. de Brézé se retire et se consulte. — Malgré la grande charge qu'il tenait, il avait vingt-deux ans à peine; de sorte que, ne se fiant pas à sa propre expérience, il hésita un instant. — Sa première idée, toute juvénile, tout honorable (M. de Brézé était cardinaliste enragé), ce fut de provoquer cet ennemi du cardinal-duc, et de tâcher d'en débarrasser Son Éminence.

Il se mit donc à suivre M. le Grand.

Un jour, à la chasse, il le rencontre dans un endroit écarté ; mais, au moment de lui faire son compliment, il aperçoit un chien ; ce chien pouvait précéder son maître : M. de Brézé croit prudent d'ajourner l'affaire.

Le lendemain, il reçoit l'ordre de partir immédiatement. Peu pressé d'obéir, il reste deux jours caché, faisant travailler à ses équipages. Le cardinal apprend qu'il est encore à Paris, l'envoie chercher et le malmène.

Alors, ne sachant plus que faire, M. de Brézé va trouver M. des Noyers, « François Sublet des Noyers, vraie âme de valet, » dit Tallemant des Réaux.

M. des Noyers répond à l'amiral :

— Ne partez pas encore demain.

Puis il va trouver Richelieu, et lui raconte tout.

Aussitôt, le cardinal fait venir M. de Brézé, le remercie de son zèle, et lui annonce qu'il peut partir ; lui, Richelieu, mettra bon ordre à tout.

Au reste, M. de Cinq-Mars, se croyant sûr de la faveur du roi, était si imprudent dans ses paroles, que le bruit courut qu'il avait fait venir des sbires pour assassiner le cardinal.

La chose fut répétée à Son Éminence, en face de M. le duc d'Enghien, qui fut depuis le grand Condé.

— Voulez-vous que je vous le tue, monseigneur? demanda tout simplement le duc d'Enghien.

Le marquis de Piennes était là : il prévient Ruvigny, afin que Ruvigny prévienne Cinq-Mars.

Cinq-Mars va raconter la chose au roi.

Le lendemain, il revoit Ruvigny.

— Eh bien ? lui demande celui-ci.

— Eh bien, le roi m'a dit : « Prends de mes gardes, cher ami. »

Ruvigny n'en crut rien, et, regardant Cinq-Mars entre les deux yeux :

— Et pourquoi n'en as-tu pas pris? lui dit-il. Le roi ne t'a pas dit cela!

Cinq-Mars rougit : il était évident qu'il avait tenté un mensonge.

— Au moins, ajouta Ruvigny en haussant les épaules, va chez M. le duc accompagné de trois ou quatre de tes amis, pour lui faire voir que tu n'as pas peur.

Cinq-Mars y alla, Ruvigny à son côté. M. le duc jouait : il le reçut à merveille, on causa galement, et l'on sortit sans aventure.

Ce qui poussa encore Cinq-Mars à conspirer, ce fut son amour pour la princesse Marie de Gonzague, qui devint plus tard reine de Pologne.

Ainsi, Cinq-Mars avait à ses oreilles les deux plus mauvais conseillers qu'il y ait au monde, attendu qu'ils sont tous deux aveugles : la haine, qui lui parlait par la bouche de Fontrailles; l'amour, qui lui parlait par la bouche de la princesse Marie.

Un mot sur cette charmante femme, qui eut une si funeste influence sur la destinée du pauvre jeune homme.

Louise-Marie de Gonzague, fille de Charles de Gonzague, duc de Nevers et de Mantoue, était née vers 1612; c'était donc déjà, lorsque Cinq-Mars s'éprit d'elle, une femme d'une trentaine d'années. Privée de sa mère avant d'avoir eu, pour ainsi dire, le temps de la connaître, elle fut mise par son père chez madame de Longueville, sa tante, mère de la fameuse duchesse qui joua un si grand rôle dans la Fronde.

Marie de Gonzague était fort belle, fort spirituelle, grande habituée de l'hôtel Rambouillet, grande amie de Julie d'Angennes.

Monsieur étant devenu veuf de mademoiselle de Guise, devint amoureux de la jeune princesse et voulut l'épouser; mais la maison de Guise s'opposa à ce mariage. La chose alla si loin, que madame de Longueville et sa mère en furent quinze jours prisonnières à Vincennes.

Plus tard, Monsieur ayant quitté la cour, et madame de Longueville mère ni M. de Mantoue n'étant plus de ce monde, la princesse, sans fortune et sans avenir, résidait tantôt à Nevers, tantôt à Paris, où la ramenaient de vagues idées d'ambition.

Un Italien nommé Promontorio, qui disait la bonne aventure et qui vendait des chiens de Bologne, avait, un jour, proposé à la princesse de lui vendre un de ces chiens cinquante pistoles, à la condition qu'elle le lui payerait quand elle serait reine.

Elle l'avait acheté à cette condition.

Et, en effet, quatre ans après la mort de Cinq-Mars, en 1646, Marie de Gonzague épousa Ladislas IV, roi de Pologne, — et, plus tard, en deuxièmes noces, Jean-Casimir, son beau-frère, aussi roi de Pologne ; — de sorte que ce fut non pas un roi, comme il lui avait été prédit, mais deux rois qu'elle épousa.

En attendant, elle poussait Cinq-Mars à cabaler, lui promettant d'être sa femme s'il devenait premier ministre.

Le cardinal voulait que l'on chassât M. de Cinq-Mars, — et, si on l'eût chassé, peut-être les choses en fussent-elles restées là ; — mais le roi ne le voulait point, par cette seule raison que le cardinal le voulait ; car la faveur de Cinq-Mars baissait de jour en jour ; ce qui rendait celui-ci plus pressé encore d'agir.

Un jour, le marquis fit dire par de Thou à Abraham Fabert (depuis maréchal de France), qu'il y aurait pour lui une fortune à faire s'il consentait à entrer dans la cabale qui s'organisait contre Richelieu.

Mais Fabert était un homme sage.

— Monsieur de Thou, répondit-il, n'allez pas plus loin, car, du moment où ce que vous me dites sentira le complot, je serai forcé de tout révéler à Son Éminence.

— Mais, reprit M. de Thou, réfléchissez donc qu'on vous laisse sans récompense aucune ! votre compagnie aux gardes elle-même, vous l'avez achetée.

— Oh! monsieur de Thou! monsieur de Thou ! dit Fabert en secouant la tête, n'avez-vous point de honte de vous faire le suivant de ce fou qui a l'air de sortir des pages? Monsieur de Thou, vous êtes dans un plus mauvais pas que vous ne pensez.

De Thou alla reporter la chose à Cinq-Mars, qui, dès ce moment, prit Fabert en grippe, mais sans s'inquiéter à son endroit, le sachant honnête homme.

Ce fut justement à l'occasion de Fabert que Cinq-Mars put s'apercevoir que son crédit baissait.

Un jour, en présence du roi, on vint à discuter fortifications et siéges. Fabert était là; Cinq-Mars émit et soutint une opinion contraire à celle du savant capitaine.

Alors, le roi, avec un mouvement d'impatience :

— Eh ! monsieur le Grand, dit-il, je vous trouve, en vérité, bien présomptueux de discuter sur de pareils sujets contre M. Fabert, qui en sait dix fois plus que vous là-dessus !

— Sire, répondit Cinq-Mars, lorsqu'on a reçu de la nature un certain sens, on sait les choses sans les avoir apprises.

Puis, comme le roi s'éloignait :

— Pardieu ! sire, ajouta le marquis, vous eussiez bien pu vous passer de dire ce que vous m'avez dit.

Mais, à cette apostrophe, le roi se fâcha tout à fait.

M. le Grand, furieux, s'éloigna; et, en s'éloignant, il dit tout bas à Fabert :

— Monsieur Fabert, je vous remercie.

Le roi n'avait pas entendu, mais il avait vu le mouvement, et se douta de tout.

Il alla à Fabert.

— Que vous a dit M. de Cinq-Mars? demanda-t-il.

— Rien, sire.

— Si fait.

— Il m'a dit adieu.

— Oui ; mais, en vous disant adieu, il vous a menacé.

— Sire, dit Fabert, on ne fait point de menaces en votre présence, et, ailleurs, je ne les souffrirais pas.

— Eh bien, alors, il faut tout vous dire, monsieur, s'écria le roi : il y a six mois que je *vomis* cet homme!

Nous demandons pardon à nos lecteurs de nous servir de ce terme royal.

— Votre Majesté m'étonne, reprit Fabert ; je le croyais au plus haut degré de faveur.

— C'est lui qui répand ce bruit-là, poursuivit le roi ; c'est lui qui veut qu'on le croie, et savez-vous ce qu'il fait pour cela? Afin qu'on s'imagine qu'il m'entretient encore quand tout le monde est retiré, il reste une heure dans la garde-robe à lire l'Arioste! Les deux premiers valets de chambre le laissent faire : ils sont à sa dévotion. Il n'y a pas d'homme plus perdu de vices, ni si peu complaisant ; c'est le plus grand ingrat du monde, monsieur Fabert! il m'a fait quelquefois attendre des heures entières dans mon carrosse tandis qu'il crapulait. Il lui faudrait un royaume pour ses dépenses, et encore... Savez-vous, à l'heure qu'il est, combien il a de bottes? Plus de trois cents! Allez, monsieur Fabert, ne vous fiez point à cette faveur-là ; car il n'en a plus pour longtemps!

Fabert se tut sur ce que venait de dire le roi, comme il s'était tu sur ce que lui avait dit Cinq-Mars ; cependant, quelque chose en transpira, puisque le cardinal le sut et envoya Chavigny — le *tu quoque* — provoquer les confidences du loyal soldat. Fabert raconta tout ; le cardinal n'en pouvait revenir : il croyait Cinq-Mars au mieux avec le roi, et reprit tout courage.

Cinq-Mars, de son côté, soit fierté, soit dégoût, négligeait de reconquérir les bonnes grâces du roi ; il se fiait sur un traité qu'il avait avec l'Espagne. Ce traité avec l'Espagne, le cardinal en avait entendu parler ; mais il ne savait point quel il pouvait être, lorsqu'un jour, on lui annonça un courrier apportant un paquet du maréchal de Brézé.

Le courrier fut introduit et remit le paquet.

En quatre lignes, le maréchal de Brézé annonçait à Son Éminence qu'une barque ayant échoué sur la côte, on y avait trouvé le traité qu'il lui envoyait : ce traité, c'était celui de M. d'Orléans avec l'Espagne, traité qui s'était fait à la diligence de Cinq-Mars.

Le cardinal était alors à Tarascon, déjà souffrant de la maladie qui devait l'emporter.

Ce billet reçu, ce traité lu, il ordonna de faire retirer tout le monde; puis, restant avec Charpentier, son premier secrétaire, dans lequel il avait une entière confiance :

— Faites-moi apporter un bouillon, Charpentier, dit-il ; je suis tout troublé.

Charpentier alla recevoir le bouillon dans la chambre voisine, et rentra.

— Fermez la porte, Charpentier, dit le cardinal.

Charpentier fit selon le désir de Son Éminence.

— Au verrou, Charpentier ! au verrou !

Charpentier obéit.

Alors, le cardinal, levant les mains au ciel :

— Oh ! Dieu ! murmura-t-il, il faut que tu aies bien soin de ce royaume et de ma personne ! — Lisez cela, Charpentier.

Et il passa à Charpentier le billet et le traité.

Charpentier les lut.

— Maintenant, reprit le cardinal, faites trois copies du traité.

Le secrétaire se mit à son bureau.

Pendant ce temps, le cardinal expédia un exprès à Chavigny, avec ordre de le venir trouver, quelque part qu'il fût.

Chavigny accourut à Tarascon.

— Tenez, lui dit le cardinal en lui remettant une des copies, voyez ce traité, Chavigny... Il faut aller trouver le roi et lui mettre cela sous les yeux.

— C'est une copie, monseigneur ?

— Oui, bien... Aussi, le roi dira-t-il que c'est une fausseté, un mensonge, une tentative pour nuire à son favori ; mais vous proposerez au roi de faire arrêter M. de Cinq-Mars, quitte à le relâcher si je n'ai point dit la vérité. Insistez s'il résiste, et dites-lui : « Sire, une fois que l'ennemi sera en Champagne, il sera trop tard pour remédier. » Allez, Chavigny ! allez !

Chavigny partit avec des Noyers, et alla trouver le roi.

Celui-ci, comme l'avait prévu le cardinal, ne manqua point de dire que l'on calomniait M. de Cinq-Mars ; il se mit dans une horrible colère contre Chavigny et des Noyers, criant que c'était une méchanceté du cardinal, qui voulait perdre M. le Grand. Enfin, après une heure de protestations, les deux messagers du cardinal-duc amenèrent le roi à leur point de vue, et lui arrachèrent l'ordre d'arrêter Cinq-Mars.

Cinq-Mars se trouvait dans les antichambres avec Fontrailles, lorsque était arrivé Chavigny : c'était déjà assez inquiétant ; mais, en le voyant rester une heure avec le roi sans que personne entrât ni sortît, les deux jeunes gens s'alarmèrent tout à fait.

Fontrailles surtout avait un mauvais pressentiment.

— Monsieur, dit-il à Cinq-Mars, je crois qu'il est temps de partir.

Cinq-Mars ne voulut point.

— Soit, dit Fontrailles ; pour vous, monsieur, vous serez encore d'une belle taille quand on vous aura ôté la tête de dessus les épaules ; mais, moi, — même avec la tête, — je suis en vérité trop petit pour risquer cela.

Et, revêtant un habit de capucin qu'il tenait prêt à tout hasard, il quitta la ville à l'instant même.

Fontrailles essaya de passer en Espagne ; mais, n'y pouvant parvenir, il se retira en Angleterre, où il attendit tranquillement la mort du cardinal. Il avait mis son bien à couvert avant de s'engager dans le complot ; cela en valait la peine : il avait vingt-deux mille livres de rente en terres, c'est-à-dire quatre-vingt mille de nos jours.

Il ne souffrait point qu'on le plaisantât sur sa bosse; mais, sur tout le reste, il entendait parfaitement raillerie. Il était des esprits forts du Marais qui, à cette époque, donnaient le ton à tout Paris. Ces messieurs ayant imaginé de remettre à la mode les souliers à la poulaine, quelques capitaines aux gardes s'en moquèrent en dansant, ce que l'on appela le ballet des *longs pieds;* Fontrailles prit cela pour un défi, et, avec Ruvigny et Fiesque, amena sur le terrain trois des railleurs. Le comte de Fiesque et son homme se blessèrent mutuellement, Fontrailles fut culbuté par son adversaire, Ruvigny désarma le sien.

Le Marais, comme le reste de Paris, était alors infesté de voleurs; cela nuisait aux soirées des belles dames qui demeuraient là : Ninon, Marion Delorme, etc., etc. Messieurs du Marais résolurent de faire eux-mêmes la police; il chargèrent les voleurs et leur firent une si rude chasse, qu'on n'en revit plus un seul dans le quartier! Ce fut ainsi que le Marais conquit cette réputation d'honnêteté qu'il a conservée jusqu'à nos jours.

Le cardinal — pour en revenir à lui — était fort mal, et comme santé, et comme faveur, lorsqu'il découvrit si miraculeusement le complot tramé contre lui. Il se retirait, et, contre l'habitude, le roi le laissait se retirer sans mot dire. C'est que Louis XIII lui-même se sentait mourir et devenait indifférent à toutes choses. Il s'endormait dans une vie, pour ainsi dire, végétative, n'ayant plus même la force de s'ennuyer.

Cependant, Chavigny et des Noyers ayant fini par lui mettre le feu sous le ventre, il partit avec toute sa cour, — M. le Grand comme les autres, — et arriva à Narbonne.

Là, Cinq-Mars commença enfin à s'apercevoir que les choses tournaient mal pour lui; il quitta furtivement l'hôtel de ville, qu'habitait le roi, et courut se cacher chez un bourgeois dont la fille avait des accointances avec son valet de chambre Belet, lequel l'introduisit dans la maison.

La nuit venue, le grand écuyer dit à un de ses domestiques d'aller voir si, par hasard, on n'aurait pas laissé ouverte quelque porte donnant sur la rue; ce domestique répondit qu'il avait déjà de lui-même fait cette visite, et que toutes les portes étaient soigneusement fermées.

Il mentait : non-seulement, il ne s'était aucunement dérangé, mais justement une porte était restée ouverte et le resta toute la nuit pour faire entrer le train de M. de la Meilleraie.

On sait comment Cinq-Mars fut dénoncé par son hôte, et comment lui et de Thou, ayant été arrêtés, remontèrent le Rhône dans une barque, à la remorque de celle du cardinal.

Pendant le trajet, un petit laquais catalan qui était à M. de Cinq-Mars, parvint à lui jeter du rivage une boulette de cire; cette boulette contenait un billet de la princesse Marie.

Cinq-Mars avait commencé par nier obstinément le complot dont on l'accusait; mais, à Lyon, le chancelier répéta tant au pauvre garçon que le roi l'aimait trop pour permettre qu'on lui fît aucun mal, et qu'il en serait quitte pour quelques jours de prison, qu'il finit par tout confesser. Son opinion, à lui aussi, était que le roi se contenterait de l'éloigner, et que, bien tranquillement dans l'exil, il attendrait la mort du cardinal. Il était loin de se douter que, pendant ce temps, le roi débitait cent puérilités contre lui, disant, par exemple, que c'était un méchant garçon auquel il n'avait jamais pu apprendre à réciter son *Pater*, ou bien encore — comme on était en train de faire des confitures — que l'âme de M. de Cinq-Mars était aussi noire que le cul du poêlon.

Que ne pouvons-nous une bonne fois obliger l'histoire à appeler les rois par leurs vrais noms, et, au lieu de dire : Louis le Chaste ou Louis le Juste, à dire : Louis l'Idiot ou Louis le Misérable!

Cinq-Mars, du reste, fit ses aveux d'une façon parfaitement dégagée, et en termes dignes d'un gentilhomme : il dit qu'il était vrai que M. de Thou connaissait le traité avec l'Espagne;

mais que, loin d'y avoir aidé, il s'y était, au contraire, opposé de tout son pouvoir.

L'innocence du malheureux de Thou, était, en effet, si patente, que M. de Miromesnil eut le courage d'ouvrir l'avis d'une entière absolution; — si le cardinal eût vécu, M. de Miromesnil n'eût probablement pas porté cette hardiesse en paradis! — Mais, un autre commissaire ayant fait valoir que l'aïeul de l'accusé, le président de Thou, avait jadis condamné à mort un homme de qualité comme coupable du crime de non-révélation, cet argument nuisit fort au petit-fils du sévère justicier.

Avant de lire à M. le Grand sa sentence, on voulut lui faire prendre quelque nourriture, afin de lui donner de la force; mais il prévoyait si peu un résultat fatal, qu'il répondit :

— Non, non, je ne mangerai pas, j'ai besoin de me purger ; on m'a ordonné des pilules et je vais les prendre.

Et, comme on insistait, il mangea, mais fort peu.

Quand il eut fini, on l'appela et on lui lut sa sentence : il était condamné à mort.

Quoiqu'il ne s'attendît point à ce coup, il le supporta bravement, et ne laissa rien paraître au dehors de ce qu'il éprouvait.

On avait résolu de ne lui point donner la question. Cependant, comme le jugement portait qu'elle lui serait appliquée, on le conduisit dans la salle des tortures, pour faire le simulacre. Lui, sans pâlir, se mit tranquillement à déboutonner son pourpoint. On lui apprit alors que, par grâce du roi, cette peine lui était épargnée, et qu'il suffirait qu'il levât la main en jurant de dire la vérité.

Il leva la main, et répondit :

— Il est inutile que je jure ; j'ai tout révélé.

L'heure de l'exécution arrivée, les deux jeunes gens furent menés au lieu du supplice, — c'est-à-dire place des Terreaux, — chacun dans un carrosse et assisté d'un frère jésuite.

Cinq-Mars garda jusqu'au bout sa tranquillité : il monta le premier sur l'échafaud, et ne s'amusa point à haranguer la foule ; seulement, il salua ceux des spectateurs qu'il reconnut aux fenêtres de la place. Quand l'exécuteur lui voulut couper les cheveux, il lui ôta les ciseaux des mains et les passa au frère jésuite, ne se laissant couper que ce qui était absolument nécessaire ; puis il ramena les autres par devant, et, sans souffrir qu'on lui liât les mains, ni qu'on lui bandât les yeux, il s'agenouilla près du billot.

Lorsque l'épée lui trancha la tête, on remarqua qu'il avait les yeux tout grands ouverts.

Il tenait le billot si ferme, qu'on eut toutes les peines du monde à lui desserrer les bras.

Sa tête était tombée d'un seul coup.

M. de Thou mourut vaillamment aussi, quoique un peu plus en moine, demandant plusieurs fois s'il n'y avait point de vanité mondaine dans son calme et dans son humilité. Quelques heures avant sa mort, il fit des inscriptions de vœux et des fondations, et écrivit une longue lettre à une dame de ses amies, qu'on supposa être madame de Guéménée. C'était, du reste, bien plus un cavalier qu'un homme de robe : il avait servi en volontaire, et s'était fait casser un bras. Sa chimère et celle des siens était de descendre des comtes de Toul. Il avait un caractère tellement irrésolu, tellement craintif, que Cinq-Mars l'appelait *Son Inquiétude*, comme il appelait le roi *Sa Majesté*.

Lui aussi fut tué du premier coup, quoique sa tête n'eût pas été entièrement tranchée.

Le roi s'était fait exactement informer de l'heure à laquelle M. de Cinq-Mars devait être exécuté.

A cette heure juste, il tira sa montre de son gousset, et, avec un de ces sourires qui n'appartenaient qu'à lui :

— A l'heure qu'il est, dit-il, *le cher ami* fait une vilaine grimace !

Ce fut l'oraison funèbre de Cinq-Mars.

XVII

Au milieu de toutes ces intrigues sanglantes, c'est-à-dire le 21 septembre 1640, la reine était accouchée d'un second fils, qui avait reçu le nom de duc d'Anjou.

Le mois de septembre, consignons le fait en passant, avait eu une singulière influence sur le siècle.

Le cardinal était né le 5 septembre 1585 ; le roi était né le 27 septembre 1601 ; la reine était née le 22 septembre 1601 ; le dauphin était né le 5 septembre 1638 ; enfin, le duc d'Anjou venait de naître le 21 septembre 1640.

Ceci une fois dit, en manière de parenthèse, revenons à M. de Richelieu.

Après avoir traîné Cinq-Mars et de Thou derrière lui sur le Rhône, il eut grand'peine à gagner la Loire ; car lui-même était horriblement malade. Il avait pris, dans la Gaule Narbonaise, une de ces fièvres terribles dont mouraient autrefois les consuls romains, et dont meurent encore aujourd'hui les habitants d'Arles et d'Aigues-Mortes ; de sorte que, ne pouvant aller ni en carrosse ni en voiture, il se faisait porter dans une immense litière qui, trop large pour entrer par la porte des maisons, et quelquefois même par celle des villes, forçait d'abattre des pans de mur et de rempart sur son passage. Si le logement préparé pour le cardinal était au premier ou au second étage, on établissait une pente douce pour que le malade n'eût point la secousse des escaliers, et l'on entrait par les fenêtres. Douze hommes portaient l'énorme machine et étaient relayés par douze autres qui suivaient. Une fois qu'on eut gagné la Loire, ce fut plus facile : on choisissait des logis proches du fleuve, et l'on n'avait qu'à porter l'illustre malade du fleuve à son logis. Madame d'Aiguillon et toute sa cour le suivaient dans des bateaux à part : c'était comme une petite flotte. Enfin, deux compagnies de cavaliers l'escortaient, longeant, l'une la rive droite, l'autre la rive gauche. Quand les eaux étaient basses, on creusait un chemin pour donner de la profondeur au fleuve, et, lorsqu'on arriva au canal de Briare, qui était presque tari, on lâcha les écluses.

De retour à Paris, cependant, la première pensée du cardinal fut pour une tragi-comédie qu'il avait laissée à exécuter au poëte Desmarets, son collaborateur ordinaire ; elle s'appelait *l'Europe ;* elle était en cinq actes, avec prologue. Le cardinal, à son retour, y ajouta une espèce d'épilogue intitulé : *la Prise de Sedan, ou l'Antre des monstres ;* c'était un manifeste contre la maison d'Espagne : comme toujours, Richelieu en avait fait le plan, et Desmarets les vers.

La pièce fut jouée avec une grande pompe sur le théâtre de l'hôtel de Bourgogne ; mais le cardinal ne put y assister.

Il avait fait les répétitions et payé les costumes.

On reconnut, à son absence, qu'il devait être bien malade !

Au retour du théâtre, madame d'Aiguillon le trouva avec M. de Mazarin.

— Ma nièce, lui dit-il en montrant son futur successeur, pendant que vous étiez à la comédie, j'instruisais un ministre d'État.

Le cardinal, se sentant plus mal, avait nommé un conseil ; mais c'était une dérision : pour que ce conseil le rendît, lui, Richelieu, plus indispensable encore que s'il ne l'eût point institué, il avait fait M. de Saint-Chaumont ministre d'État.

Une anecdote donnera idée de la valeur de M. de Saint-Chaumont.

Convaincu que la distinction dont il venait d'être l'objet était accordée à son mérite, et rencontrant Gorde, le capitaine des gardes du corps :

— Eh! Gorde, lui dit-il, sais-tu l'honneur que le roi me fait?

— Ma foi, non, lui répond le capitaine des gardes; mais dites, je le saurai.

— Le roi m'a nommé ministre d'État.

— Bon! comme je vais croire cela, attendez!

Et Gorde entre chez le roi en riant à gorge déployée.

Louis XIII ne riait guère; aussi était-il toujours étonné d'entendre rire les autres.

— Pourquoi riez-vous ainsi, monsieur? demanda-t-il.

— Oh! une excellente plaisanterie que vient de me faire Saint-Chaumont, sire.

— Quelle plaisanterie?

— Il va disant qu'il est nommé ministre d'État.

— Il vous l'a dit?

— Oui, sire.

— Et que lui avez-vous répondu?

— Je lui ai répondu: « Cherchez un sot qui vous croie, mais ce ne sera pas moi. »

— Voici son ordonnance, dit le roi.

Et il montra à Gorde l'ordonnance qui nommait Saint-Chaumont.

Gorde en demeura abasourdi.

Le cardinal, si malade qu'il fût, croyait revenir de sa maladie; il en donnait une preuve dans l'insistance qu'il mettait à poursuivre M. le duc d'Orléans, dont il voulait si bien établir la réputation, qu'en cas de mort du roi, on lui enlevât la régence pour la donner à la reine. Quant à celle-ci, outre qu'il s'était un peu rapproché d'elle, Richelieu espérait la gouverner par le cardinal Mazarin, sa créature. En le lui présentant pour la première fois, — après le traité de Casal, qui commença la fortune de Mazarin:

— Madame, lui avait-il dit, vous aimerez bien celui-là, je l'espère; il ressemble à M. de Buckingham.

Dès ce moment, en effet, la reine parut avoir de l'inclination pour Mazarin.

Mais, si Richelieu s'était rapproché d'Anne d'Autriche, il n'en était pas ainsi avec le roi. Jamais la haine que Louis XIII portait à son ministre n'avait été plus profonde, et cela, grâce surtout à M. de Tréville.

On connaît M. de Tréville : Henri-Joseph de Payre, comte de Troisville, — on prononçait Tréville ; — nous en avons fait un des personnages principaux de notre roman des *Trois Mousquetaires*.

Le cardinal avait su, par la déposition de M. de Cinq-Mars, qu'un jour le roi lui avait dit en montrant M. de Tréville :

— Cher ami, voici un homme qui, lorsque je voudrai, me défera du cardinal.

Tréville, en effet, commandait les mousquetaires à cheval, qui accompagnaient le roi partout, à la chasse, à la promenade et jusqu'au couvent où il visitait mademoiselle de la Fayette.

Le cardinal avait gagné la cuisinière de M. de Tréville pour espionner son maître, et peut-être faire pis ; il donnait à cette femme quatre cents livres par an. Mais il pensa bientôt que la précaution n'était point suffisante, et qu'il fallait éloigner l'homme dans lequel le roi avait une si grande confiance.

En conséquence, il envoya Chavigny pour inviter le roi à chasser son capitaine des gardes.

Chavigny exposa au roi la commission dont il était chargé.

— Mais, monsieur, répondit humblement Louis XIII, considérez, je vous prie, que le cardinal est exigeant, que cela me perd de réputation, que Tréville m'a bien servi, qu'il en porte les marques, et que c'est un de mes plus fidèles !

— Mais, sire, repartit Chavigny, vous devez considérer aussi que M. le cardinal vous a bien servi, qu'il est fidèle, qu'il est nécessaire à votre État, et que vous ne devez pas le mettre dans un plateau de la balance, et M. de Tréville dans l'autre.

— N'importe, fit le roi; M. le cardinal dira ce qu'il voudra, je ne chasserai pas Tréville.

Chavigny revint avec ce refus et raconta au cardinal ce qui venait de se passer.

— Comment! s'écria Richelieu, vous n'avez pas insisté plus que cela?

— Voyant que le roi y tenait si fort, je n'ai point osé, dit Chavigny.

— Retournez, retournez, et dites au roi qu'il faut que M. de Tréville soit chassé.

Et M. de Tréville fut chassé le jour même, c'est-à-dire le 1er décembre.

Mais le roi lui fit dire qu'il avait eu la main forcée, qu'il l'aimait toujours, qu'il eût à lui rester fidèle, et qu'il lui promettait que son exil ne serait pas long.

En effet, dans les derniers jours de novembre, le cardinal était devenu très-souffrant; le 29, ses douleurs s'étaient tellement accrues, qu'il avait fallu recourir aux médecins; le 30, Son Éminence avait été saignée deux fois; et, de cette double saignée, il était résulté si peu de bien, que M. de Brézé, M. de la Meilleraie et madame d'Aiguillon avaient cru devoir coucher au Palais-Cardinal.

Le lundi 1er décembre, jour du congé de M. de Tréville, le malade se trouva un peu mieux; mais, vers les trois heures de l'après-midi, la fièvre redoubla et prit une effrayante intensité; toute la nuit, le cardinal cracha le sang, éprouvant des difficultés incroyables à respirer.

Bouvard, premier médecin du roi, passa cette nuit au chevet de Son Éminence, qu'il saigna encore deux fois sans obtenir aucune amélioration.

Le mardi matin, il y eut consultation.

Vers deux heures, on annonça le roi.

Le cardinal fut vivement impressionné de sa venue; car, au point où il en était avec Sa Majesté, cette visite avait l'air d'une réconciliation au lit de mort.

Lorsque Richelieu vit le roi s'approcher de son lit, il fit un effort et se souleva.

— Sire, lui dit-il, je vois bien qu'il me faut partir et prendre congé de Votre Majesté; mais, au moins, je meurs avec la satisfaction de ne l'avoir jamais desservie, de laisser son État florissant et tous ses ennemis abattus. En reconnaissance de mes services passés, je supplie Votre Majesté d'avoir soin de mes parents. Je laisse après moi plusieurs personnes fort capables et bien instruites des affaires; ce sont MM. des Noyers, de Chavigny et le cardinal Mazarin.

— Soyez tranquille, monsieur le cardinal, dit le roi, vos recommandations me seront sacrées, quoique j'espère n'avoir point encore de sitôt à y faire droit.

Puis, comme on apportait au malade une tasse de bouillon, le roi la prit des mains du valet, et la présenta lui-même à son ministre.

Richelieu salua le roi, vida la tasse à moitié, et la remit au valet.

Alors, le roi, ayant vu tout ce qu'il voulait voir :

— Monsieur le cardinal, dit-il, j'aurais plaisir à rester plus longtemps avec vous; mais, en prolongeant ma visite, je craindrais de vous fatiguer. Je vous quitterai donc en vous souhaitant meilleure santé.

Et, sur ce, il se leva et sortit.

En sortant, il était si joyeux de voir que le cardinal en avait tout au plus pour vingt-quatre heures, qu'il ne put s'empêcher de rire aux éclats, bien qu'il fût suivi du maréchal de Brézé et du comte d'Harcourt, deux des meilleurs amis du cardinal.

Lorsque le comte d'Harcourt revint de conduire le roi, le cardinal, qui avait dû entendre les rires de Sa Majesté, et que ces rires avaient sans doute éclairé sur sa situation, le cardinal tendit la main au comte, et lui dit :

— Ah! monsieur d'Harcourt, vous allez perdre en moi un bien bon ami!

Le comte avait l'intention de rassurer le cardinal sur son état; mais l'émotion fut la plus forte : aux premiers mots qu'il essaya de prononcer, il éclata en sanglots.

Richelieu, le laissant à ses larmes, se tourna vers madame d'Aiguillon.

— Ma nièce, lui dit-il, je veux qu'après ma mort, vous fassiez...

Mais ce qu'il voulait recommander à sa nièce ne devait probablement pas être connu des étrangers qui étaient là, car il baissa tout à coup la voix, et madame d'Aiguillon seule put entendre ce que son oncle lui disait.

Elle se leva et sortit en pleurant.

Alors, le cardinal appela les deux médecins qui se trouvaient dans la chambre.

— Messieurs, leur dit-il, je suis très-fermement résolu à la mort. Dites-moi donc, je vous prie, le temps qu'il me reste à vivre.

Les médecins se regardèrent; ni l'un ni l'autre n'osa prendre la parole.

— Messieurs, insista le moribond, je vous en prie!

— Monseigneur, répondit un des médecins, Dieu, qui vous voit si nécessaire au bonheur de la France, fera un coup de sa main pour vous conserver la vie.

— C'est bien, murmura le cardinal; qu'on fasse venir Chicot.

Chicot était le médecin particulier du roi; Richelieu avait la plus grande confiance en lui, et, cette confiance, Chicot la méritait, car c'était un homme très-savant.

— Ah! Chicot, mon ami, venez! dit le cardinal dès qu'il l'aperçut, je vous demande, non pas comme à un médecin, mais comme à un frère, de me dire combien il me reste de temps à vivre.

— Vous me faites venir pour cela, monseigneur? demanda Chicot.

— Oui, car je n'ai confiance qu'en vous seul.

— Alors, vous m'excuserez si je vous dis toute la vérité?

— Je vous en serai reconnaissant.

Chicot lui fit tirer la langue et lui tâta le pouls.

— Monseigneur, dit-il en laissant retomber la main du malade, dans vingt-quatre heures, vous serez mort ou guéri.

— A la bonne heure! dit Richelieu, voilà qui est parler.

Et, remerciant Chicot, il lui fit signe qu'il désirait rester seul.

Sur le soir, il y eut un redoublement de fièvre, et le cardinal fut encore saigné deux fois.

A minuit, il fit demander le viatique.

Dès la veille, le curé de Saint-Eustache avait été averti; au premier désir de Son Éminence, il fut donc à son chevet.

En entrant, le prêtre avait déposé l'hostie sur une table préparée à cette intention.

Le cardinal se tourna vers l'hostie.

— Voilà mon juge! dit-il, celui qui me jugera bientôt! Je le prie de bon cœur pour qu'il me condamne si j'ai jamais eu dans le cœur autre chose que le bien de la religion et de l'État.

Puis il communia.

A trois heures après minuit, il reçut l'extrême-onction.

Alors, il avait abjuré jusqu'à l'apparence de cet orgueil qui avait été le mobile de toute sa vie.

— Mon pasteur, dit-il au curé, parlez-moi comme à un grand pécheur, et traitez-moi comme le plus chétif de votre paroisse.

Le curé lui ordonna de réciter le *Pater Noster* et le *Credo* :

ce que fit le cardinal avec beaucoup d'onction, mais d'une voix si faible, qu'on attendait à chaque moment son dernier soupir.

Madame d'Aiguillon était hors d'elle-même; elle ne put supporter plus longtemps le spectacle de l'agonie de son oncle : elle rentra chez elle éclatant en sanglots, et il fallut la saigner.

Le lendemain, les médecins déclarèrent qu'ils ne pouvaient plus rien pour le mourant; de sorte que, selon l'habitude, on l'abandonna aux empiriques.

A onze heures du matin, il était si mal, que le bruit de sa mort se répandit.

Alors se présenta un charlatan de Troyes en Champagne, qui dit se nommer Lefèvre et demanda de faire une tentative pour guérir le moribond.

Introduit près du cardinal, il lui fit prendre une pilule de sa composition. Quelques instants après, un mieux sensible se manifesta.

Vers quatre heures du soir, le roi se rendit au Palais-Cardinal, espérant trouver son ministre mort : il apprit, avec un grand désappointement, qu'une amélioration inespérée s'était produite dans son état.

Il entra pour en juger par ses yeux : en effet, le cardinal semblait revenir à la vie!

Sa Majesté resta une heure environ près de lui, et sortit fort triste : le mieux était sensible.

La nuit, comparativement aux précédentes, fut plutôt bonne que mauvaise; la fièvre avait baissé au point que, le lendemain matin, tout le monde croyait le cardinal en convalescence.

Vers huit heures, il prit une médecine, laquelle parut le soulager beaucoup et augmenta les espérances de ceux qui l'entouraient. Lui seul ne se laissa point abuser par ce retour apparent à un état meilleur; car un gentilhomme étant venu, dans la journée, lui demander, de la part de la reine, comment il se trouvait :

— Mal, monsieur! répondit-il; et dites à Sa Majesté que, si, dans le cours de sa vie, elle a cru avoir quelques griefs contre moi, je la prie bien humblement de me les pardonner.

Le gentilhomme se retira.

A peine la porte se fut-elle refermée derrière lui, que le cardinal se sentit comme frappé à mort.

Alors, se tournant vers madame d'Aiguillon :

— Ma nièce, dit-il, je me sens bien mal... je vais mourir... Éloignez-vous, je vous prie : votre douleur m'attendrit trop! N'ayez pas ce déplaisir de me voir rendre l'âme.

Madame d'Aiguillon essaya de rester; mais le cardinal lui fit tout à la fois un geste si tendre et si suppliant, qu'elle se retira sans insister davantage.

Le cardinal la suivit des yeux; mais à peine eut-elle disparu, qu'il fut pris d'un éblouissement, battit l'air de ses bras, puis, laissant retomber sa tête sur l'oreiller, rendit le dernier soupir.

Il avait cinquante-huit ans.

Cette fois, il était bien trépassé! La mort, de sa main puissante, avait enfin soulevé la montagne qui pesait sur la poitrine du roi.

De même que, le cardinal Dubois mort, le régent écrivait à Nocé : « Morte la bête, mort le venin! » de même, le cardinal de Richelieu mort, Louis XIII écrivit à Tréville, à des Essarts, à Lassalle, à Tailladet de revenir, fit sortir de la Bastille Bassompierre, le maréchal de Vitry et le comte de Cramail, et ordonna que les restes de sa mère fussent ramenés à Paris.

La pauvre femme était morte, comme nous l'avons dit, dans la maison de son peintre Rubens, sans autres soins que ceux d'une vieille gouvernante, sans autre argent que celui qu'elle tenait de la pitié de l'électeur. Elle avait demandé, dans son testament, que ses restes fussent rapportés à Saint-Denis ; mais la haine du cardinal était une haine tenace qui s'attachait aux morts comme aux vivants, et, pour ne pas désobliger Son Éminence, le roi avait laissé pourrir le corps de sa mère dans la chambre où elle était morte !

Un gentilhomme fut envoyé pour recueillir et ramener ces pauvres restes qui réclamaient leur place dans le tombeau des rois. Un service solennel fut célébré à Cologne ; puis le corbillard se mit en route pour la France. Au bout de vingt jours de marche, le cercueil entrait à Saint-Denis.

Dans ce moment, on parlait d'une campagne à la cour, mais pour parler de quelque chose ; car, en voyant le roi, personne n'y croyait. On eût dit, tant il changeait rapidement et inclinait d'une façon visible vers la tombe, que, de dessous terre, le cardinal l'attirait à lui : esclave de cet homme pendant sa vie, il lui obéissait encore après sa mort.

Vers la fin de février, le roi tomba sérieusement malade. Par malheur, le fameux journal de son médecin Hérouard s'arrête à 1626 ; de sorte que l'on a peu de détails sur cette maladie.

Aux symptômes rapportés, on peut juger que c'était une gastro-entérite.

Dans les premiers jours d'avril, il parut se rétablir : le 2, après un mois de souffrances, se trouvant mieux, il se leva et se mit à peindre des caricatures ; ce qui fut une des dernières distractions de sa vie.

Le 3, il se leva comme la veille, et voulut faire un tour dans la galerie. Souvré, son premier gentilhomme, et Charrost, son second capitaine des gardes, le soutenaient par-dessous les bras et l'aidaient à marcher, tandis que son valet de chambre Dubois suivait, portant un siége sur lequel, de dix pas en dix pas, le roi s'asseyait.

Ce fut sa dernière promenade.

Il se leva bien encore quelquefois, — se traînant de son lit à son fauteuil, et de son fauteuil à la fenêtre, — mais il ne s'habilla plus, et alla s'affaiblissant jusqu'au dimanche 19 avril.

Le matin de ce jour, après avoir passé une mauvaise nuit :

— Messieurs, dit-il à ceux qui l'entouraient, je me sens tout à fait mal, et vois mes forces qui diminuent... Cette nuit, j'ai fait une prière à Dieu.

Les assistants attendaient respectueusement que Sa Majesté dît quelle prière elle avait faite.

— J'ai demandé au Seigneur, reprit Louis XIII, que, si c'était sa volonté de disposer de moi, il daignât abréger mes souffrances.

Puis, s'adressant à son médecin, Bouvard, que nous avons vu au chevet du cardinal :

— Bouvard, lui dit-il, vous savez qu'il y a longtemps que j'ai mauvaise idée de cette maladie ; dites-moi votre opinion bien sincère sur mon état.

— Sire..., balbutia Bouvard.

— Plusieurs fois déjà, je vous ai fait cette question, mais vous n'avez pas voulu me répondre : j'en ai auguré que mon mal était sans remède, j'en ai auguré qu'il me fallait mourir, et, ce matin, j'ai demandé M. de Meaux, mon aumônier.

— Dans quel but, sire ? demanda Bouvard.

— Je désire me confesser, répondit Louis XIII, et recevoir les sacrements.

Il espérait que Bouvard allait se récrier, dire que rien ne pressait, mais Bouvard se tut ; le roi comprit, poussa un soupir, et fit signe à ceux qui étaient là de se retirer.

Vers deux heures, on l'étendit sur une chaise longue, auprès de la fenêtre, afin qu'il pût, suivant son désir, voir de là sa dernière maison ; — or, *sa dernière maison*, c'était l'église de Saint-Denis, dont on apercevait le clocher, des fenêtres du château neuf de Saint-Germain.

Le lundi 20 avril, le roi déclara la reine régente du royaume.

La nuit fut mauvaise.

Le 21 au matin, comme plusieurs gentilshommes étaient venus demander des nouvelles de l'auguste malade, Dubois, son valet de chambre, tira les rideaux du lit pour l'enfermer derrière, et pouvoir le changer de linge.

Alors, le roi se regarda.

— Ah! Jésus! dit-il, que je suis maigre!

Et, passant son bras à travers les rideaux :

— Pontis, dit-il, voilà cependant la main qui a tenu trente-deux ans le sceptre! voilà cependant le bras d'un roi de France! Ne dirait-on pas la main et le bras de la Mort même?

Le dauphin n'était pas encore baptisé; le roi voulut que cette cérémonie s'accomplît immédiatement. Il décida que l'enfant royal se nommerait Louis, et qu'il aurait pour parrain le cardinal de Mazarin, et pour marraine madame la princesse Charlotte-Marguerite de Montmorency. — La princesse Charlotte avait été, on se le rappelle, la dernière passion de Henri IV, et était la mère du grand Condé, né à la Bastille, et commandant, à cette heure, un corps des armées du roi.

L'enfant fut baptisé dans la chapelle du château de Saint-Germain. Il portait un costume magnifique que lui avait envoyé le pape Urbain VIII.

Après la cérémonie, on le ramena dans la chambre de son père.

Le roi le fit mettre sur son lit.

— Comment t'appelles-tu? lui demanda-t-il.

— Louis XIV, répondit l'enfant.

— Pas encore, pas encore, dit Louis XIII; mais prie Dieu que ce soit bientôt.

Le lendemain 22, l'état du roi alla empirant; les médecins lui déclarèrent que, s'il voulait communier, il était temps qu'il y songeât.

On avertit la reine, afin qu'elle amenât ses deux enfants et qu'ils reçussent la bénédiction de leur père.

La communion accomplie :

— Croyez-vous que ce soit pour la nuit prochaine, Bouvard? demanda le roi se tournant vers son médecin.

— Sire, répondit Bouvard, à moins d'accidents imprévus, ma conviction est que Votre Majesté n'est pas si près de la mort qu'elle l'imagine.

—Dieu est le maître! dit le roi avec un signe de résignation.

Le lendemain, il reçut l'extrême-onction.

Comme le prêtre venait de sortir, un de ces beaux rayons de soleil qui annoncent le printemps entra dans la chambre du mourant. Par mégarde, M. de Pontis se plaça entre le roi et ce rayon de soleil.

— Eh! Pontis, lui dit Louis XIII, ne m'ôte donc pas ce que tu ne saurais me donner.

Dans la journée qui suivit, le roi se trouva mieux, à tel point qu'il ordonna à Lenyers, son premier valet de garde-robe, de prendre son luth et de l'accompagner ; puis il se mit à chanter, avec trois ou quatre gentilshommes qui étaient là, des airs qu'il avait composés sur des paraphrases de David par l'évêque de Vence. Le bruit de toute cette musique se répandit dans les corridors; on prévint la reine que le roi chantait : elle accourut, et complimenta Sa Majesté, qui se montrait en si bonne disposition.

Quelques jours se passèrent dans des alternatives de bien et de mal; mais, le 6 mai, le roi retomba plus bas qu'il n'avait jamais été.

Enfin, il se sentit si faible, qu'il dit à Chicot :

— Quand donc me donnera-t-on cette bonne nouvelle, qu'il me faut partir pour aller à Dieu?

Le 8, la maladie empira encore. Le 9, le roi tomba dans un tel assoupissement, que les médecins s'en inquiétèrent, et dirent qu'il fallait, à tout prix, le réveiller.

Alors, le père Dinet, son confesseur, s'approcha de son oreille, et par trois fois cria :

— Sire, que Votre Majesté se réveille, s'il lui plaît ; il y a longtemps qu'elle n'a pris aucun aliment, et l'on craint que ce sommeil ne l'affaiblisse.

A la troisième fois, le malade se réveilla.

— Oui, je vous entends, mon père, dit-il, et je ne vous en veux pas de me réveiller ; mais j'en veux à ceux qui, sachant que je ne dors pas la nuit, me réveillent maintenant que j'ai un peu de repos.

Le lendemain 10, il était plus mal encore, et si faible, qu'on eût dit à chaque instant qu'il allait passer. On le tourmenta pour lui faire prendre un peu de gelée fondue.

— Eh ! messieurs, dit-il, avec un léger mouvement d'impatience, faites-moi donc la grâce de me laisser mourir en paix !

Et il se rendormit.

Pendant son sommeil, on fit entrer le dauphin.

Les rideaux du lit étaient ouverts ; les traits du roi commençaient à s'altérer. Le jeune prince s'approcha du lit.

— Monseigneur, lui dit le valet de chambre Dubois, regardez bien comme le roi dort, afin qu'il vous souvienne de votre père quand vous serez grand.

L'enfant regarda le mourant avec terreur.

— Avez-vous bien vu le roi, demanda Dubois, et vous le rappellerez-vous ?

— Oui, répondit l'enfant ; il a la bouche ouverte et les yeux tout tournés.

Vers six heures, le roi s'éveilla en sursaut. Il vit M. le prince Henri de Bourbon qui se tenait dans la ruelle de son lit, et il le reconnut.

— Oh ! monsieur, lui dit-il, que je viens de faire un beau rêve !

— Plaît-il à Votre Majesté de nous le raconter ? demanda le prince.

— Je rêvais que M. le duc d'Enghien, votre fils, en était venu aux mains avec l'ennemi, et qu'après un rude combat, la victoire lui était demeurée.

C'était un rêve prophétique : à dix jours de là, le duc d'Enghien remportait la victoire de Rocroy.

Le 11, l'état du roi fut désespéré; toute la journée, il se plaignit. On voulut en vain lui faire prendre quelque chose : il ne put rien avaler.

Le 13, comme on cherchait à lui faire boire quelques gorgées de petit-lait :

— Ne me pressez pas, dit-il; si vous me forcez à faire le moindre mouvement, je sens que je vais mourir.

Le jeudi 14, il appela ses médecins.

— Messieurs, dit-il, ne croyez-vous pas que je puisse aller jusqu'à demain?

Et, comme ils se regardaient entre eux :

— Faites ce que vous pourrez pour cela, reprit-il; le vendredi m'a toujours été un jour heureux : j'ai triomphé de mes ennemis et gagné mes batailles le vendredi; je suis convaincu que je ferais une meilleure mort, si je mourais le jour où expira Notre-Seigneur.

— Sire, dirent les médecins, nous ferons ce que nous pourrons; mais nous ne croyons pas que vous alliez jusqu'à demain.

— Eh bien, soit! dit le roi; je n'en louerai pas moins Dieu. — Faites venir la reine.

On fit venir la reine.

Le moribond l'embrassa tendrement, lui dit une foule de choses qu'elle seule put entendre; puis il embrassa le dauphin, puis son frère, le duc d'Orléans; après quoi, les évêques, de Meaux et de Lisieux, et les pères Ventadour, Denis et Vincent entrèrent dans la ruelle de son lit, qu'ils ne quittèrent plus.

Dans un moment, le roi appela encore Bouvard.

— Tâtez-moi, lui dit-il.

Le médecin obéit.

— Eh bien, que pensez-vous?

— Sire, mon opinion est que Dieu vous délivrera bientôt : je ne sens plus votre pouls.

Le mourant leva les yeux au ciel.

— Mon Dieu! dit-il, recevez-moi dans votre miséricorde!

Puis, se tournant vers l'évêque de Meaux :

— Vous verrez bien, n'est-ce pas, mon père, dit-il, quand il faudra lire les prières des agonisants?... Vous les trouverez facilement : je les ai marquées d'avance.

Cinq minutes après, il entrait dans l'agonie, et monseigneur de Meaux lisait les prières.

A une heure, le roi ne parlait plus et n'entendait plus. Peu à peu les esprits de la vie semblaient se retirer de lui, indiquant leurs adieux par des frissonnements et leur départ par l'immobilité; toutes les parties du corps semblaient mourir les unes après les autres : ce furent d'abord les pieds, puis les jambes, puis les bras.

Enfin, à deux heures trois quarts, Louis XIII rendit le dernier soupir, après un règne de trente-trois ans, — moins une heure.

C'était le 14 mai 1643, jour de l'Ascension.

FIN.

CLICHY. — Imp. Maurice LOIGNON et Cie, rue du Bac-d'Asnières, 12.

Imprimerie L. Toinon et Ce, à Saint-Germain

www.ingramcontent.com/pod-product-compliance
Lightning Source LLC
LaVergne TN
LVHW010539100826
845148LV00001B/232